LA ESPAÑA QUE SOBREVIVE

LA ESPAÑA QUE SOBREVIVE

Fernando Díaz-Plaja

Miembro Correspondiente,
Real Academia de la Historia

William W. Cressey

Georgetown University
Council on International Educational Exchange

Georgetown University Press / Washington, D.C.

Georgetown University Press, Washington, D.C.
© 1997 by Georgetown University Press. All rights reserved.
Printed in the United States of America

10 9 8 7 6 5 4 3 2 1   1997

Library of Congress Cataloging-in-Publication Data

Díaz-Plaja, Fernando.
  La España que sobrevive / Fernando Díaz-Plaja, William W. Cressey.
          p. cm.
  Includes bibliographical references (p.   ).
  1. Spanish language--Readers--Spain--Civilization. 2. Spain--Civilization.
  I. Cressey, William W.   II. Title.
  PC4127.S63D53   1997
  468.6'421--dc20
  ISBN 0-87840-631-X (pbk. : alk. paper)   96-26244

ÍNDICE

PREFACE TO THE INSTRUCTOR

La España que sobrevive is intended for the advanced student of Spanish who wishes to learn more about contemporary Spanish institutions and develop his or her knowledge of vocabulary related to historical and political themes. The book can serve to help bridge the gap between intermediate readers (which are usually based on fairly simple texts and which offer considerable assistance to the student) and texts written for a Spanish or Latin American educated adult reader. Thus in the early chapters we offer considerable student aids: vocabulary and footnotes, preliminary introductions to the main themes of the chapters, questions for classroom use, notes on rhetorical structure, sections on grammatical points, and exercises of various sorts. As the book progresses, materials of this type are decreased and gradually phased out. We leave Chapter 11, the book's conclusion as a stand-alone reading without supplementary materials and with a minimum of modification of the original text.

We intend this edition to be a contribution to two trends that have proven effective in advanced foreign language instruction: foreign language across the curriculum and foreign language instruction through content. A preliminary version of the book was used with considerable success in an eighth semester course with a writing emphasis at Georgetown University. Individual chapters have been used successfully in a sixth semester course. In both cases, students were advised prior to registration that the material to be covered included an emphasis on historical and political themes, and the registrants (enrolled primarily in Georgetown's School of Foreign Service) were pleased and well served by the particular subject matter focus which differs from the literary emphasis which frequently dominates in foreign language departments.

We suggest that the book could be used in the following sorts of courses: As a supplementary text in a third year college course (preferably spaced out over en entire academic year), as the sole text for a fourth year course with a writing focus, in a "culture and civilization" course along with other readings dealing with other periods, in a Spanish history course intended for students who had completed three years of Spanish, as the primary text for a three week intensive pressession or as the text for an anchor course for a study abroad program in Spain.

Our hope is that students who come into contact with *La España que sobrevive* may be bitten by the bug and motivated to learn more about this exciting period in the development of Spanish society.

* * *

(Regarding matters of editorial style and protocol this edition is based on the EL PAIS Libro de Estilo (Madrid: Ediciones EL PAIS, 1990)

INTRODUCTION

The final quarter of the twentieth century has been marked by an encouraging political trend worldwide. Totalitarian regimes of both the left and the right have given way to democracies in several countries. In some cases, the transitions from dictatorship to democracy have been accomplished quite peacefully and with a minimum of disruption (Spain, Chile, Poland). In other instances impatience or intransigence has led to traumatic conditions and to devastating conflicts (Russia, Yugoslavia). This book deals with one of the earliest examples of this trend towards democratization; the very successful gradual change from dictatorship to democracy in Spain. On behalf of Spain's leaders, the author of this book says *«Una vez dimos una lección al mundo.»* What a pity that more of the world's leaders did not pay attention to this lesson.

La España que sobrevive was originally written in 1987. The author, Fernando Díaz-Plaja, is a Spanish scholar who has written numerous books on Spanish history, contemporary affairs, and literature. The essays included here deal with the aftermath of the Franco era in Spain: the transition to democracy, regionalism and nationalism, important institutions such as the military and the church, sexual mores, culture, the media, and politicized approaches to Spanish history.

The book you are holding is based on the original, although some changes have been made in order to render the text more accessible to an American audience. Even after editing, the book is full of references to people, places, and events that most Americans have never heard of. There is also a fair amount of vocabulary which will be new to many readers.

There are two possible approaches to this material — one can read for the overall meaning without looking up unfamiliar words that can be guessed at, and without being concerned about the identification of all the protagonists. Alternatively, it is possible to use these chapters as a springboard for gaining an in-depth knowledge of many aspects of contemporary Spain, and for learning a considerable amount of new formal vocabulary. Ask your instructor what approach is best suited for the course you are taking.

For those interested in obtaining at least basic information about the people, places, events, and institutions that the author mentions, there is a **Glosario onomástico** at the back. In it you will find a brief identification of most proper nouns which appear in the text. (Items which are included in the **Glosario** are printed in the text in SMALL CAPS.) To locate an item alphabetically in the **Glosario**, look it up under the first word that appears in small caps. Thus GARCÍA LORCA will be found under *García,* while Dámaso ALONSO will be found under *Alonso.* There are also suggested readings to guide those who wish to pursue the subject matter further. When the identification of a proper noun seems crucial to the meaning of the passage, a footnote has been included in the text. Finally, for the reader who would prefer to learn some of the background information before starting **La España que sobrevive,** the **Lección preliminar** includes a very brief historical synopsis of some relevant aspects of the fifty years just prior to the period discussed by Díaz-Plaja in his essays.

An approach to the text: Reading for basic ideas.

For the benefit of the general reader, let's take a look at a specific selection of text from ¶2 of **La dulce y suave transición**, and offer some suggestions about how to deal with unfamiliar items.

> *La extrema derecha sí gritó al ver desaparecer sus privilegios de dominadora de España y aunque pocos, los coletazos de esa actitud fueron sangrientos como muestran Montejurra, la matanza de Atocha, los asesinatos del Retiro y de la calle de Libreros.*

These sentences occur right after a statement pointing out that the first elections had been held in Spain without an aftermath of widespread violence on the part of the losers. The extreme right, we are told, did shout a bit upon losing its privileges. Then we are told that the *coletazos* of this attitude were *sangrientos* and we are given a few examples: *Montejurra, Atocha, Retiro, Libreros.* What are *coletazos*? and What happened at all these places? Can we follow the text without these answers? The key may be in the word *sangrientos*, from *sangre*: 'blood.' There were some bloody *coletazos* as a result of bad attitudes on the right. **Some** violence, but not too much. Get that basic idea and move on.

In ¶4, we learn that the dramatic change from dictatorship to democracy took place *sin pedir cuentas al vencido.* We read that *la señora de Meirás, el doctor Martínez Bordiú*, and *Mari Carmen* have all been allowed to go about their lives without persecution. Who are these people? It really does not matter much. From the context we know they had something to do with the old order and the information contained in the paragraph is that they continued living their lives in peace. The important point is that unlike other transitions in Spanish history, this one has taken place without recriminations. Read for general principles, not for details.

Later in the chapter, Díaz-Plaja is discussing some problems faced by a Catalan candidate named Roca in the *Reformista* movement.

> *¿Tomará las medidas que interesen a la colectividad hispana o las que convengan especialmente a su región de origen? Creo que esa última pregunta produjo el descalabro de la posibilidad reformista. Desahuciado el más capacitado de sus líderes el barco se iba irremisiblemente a pique.*

What is a *descalabro*? What does it mean to be *desahuciado*? and what happens when something goes *a pique*? You may not know any of these words. Should you look them up? They are in the vocabulary at the end if you want to know what they mean; but couldn't we guess at the general idea? The question about Roca's basic loyalties somehow produced the "dis-whatever" of the reformist possibility. Their most capable leader had been "dis-something-ed", and their ship was going "irremediably" where? Get the picture? Good. Read for content, not for nuances.

Cognates.

Cognates are words which have the same basic form in Spanish and English. Cognates are your friends when you are reading. As we shall see later, they can sometimes be somewhat unreliable friends when you are writing, but in your reading they will not often lead you astray. The trick is to recognize cognates. You need to be up on some general ways of switching back and forth between English words which come from Latin, and Spanish words which come from Latin. Here are four groups of cognates from Unit 1.

1.	2.	4.
comprensible	sorpresa	maniobras
conglomerado	abstenerse	aterrado
presidido	refrena	procura
gestación		inmovilismo
ovaciones	3.	deshizo
espectro	relajante	enfrentarse
argüir	elegir	afrontar
heterogénea	adquiridas	satisfizo
ingenuo	pronóstico	

The first group is fairly straightforward. The English can be deduced by making some obvious changes: getting rid of the leading *e-* in *espectro*, supplying the English adjectival ending '-ous' to yield 'heterogeneous' and 'ingenuous', changing *-ción* to '-tion', replacing or eliminating other Spanish endings (*-ido* becomes '-ed', infinitival *-ir* is dropped).

Group 2 requires some experimentation with vowels: *sorpresa* becomes 'surprise.' The *e* of *abstenerse* and *refrenar* is changed to 'ai.'

In group 3, the problem is consonants. Leave one out to get 'acquired,' add one to get 'prognostic' and 'adjust.' For the other two, and many other words, learn to suspect that a Spanish *j* (or a *g* pronounced like a *j*) may be convertible to something pronounced [kt] ('elect') or [ks] (spelled x: 'relaxing') in English.

The final group is the hardest. If you are unfamiliar with these words, what do you guess they might mean? Write them down and watch for them as you read Chapter One. Sometimes context provides the best clue to a subtle change in meaning between the Spanish and the English.

Use the two helpers described here — contextual clues and cognates — together and the combination will probably save you some time and spare you the need to look up many words.

LECCIÓN PRELIMINAR

El autor de estos ensayos, Fernando Díaz-Plaja, nos habla de un período de cincuenta años en la historia de España que él caracteriza en términos de una herida física. Durante esas cinco décadas (o diez *lustros*), España ha visto: el fin de un régimen republicano, una sangrienta guerra civil que dividió el país en dos partes geográfica y espiritualmente, un régimen opresivo y brutal en el cual un hombre — Francisco Franco — se mantuvo en el poder durante casi cuarenta años, y por fin una *transición* de la dictadura a la democracia.

Díaz-Plaja quiere explicarnos la España de la transición con referencia a esos cincuenta años recientemente concluidos. ¿Cuál es la «herencia amarga» de la guerra civil? ¿Qué fantasmas del período de Franco siguen ejerciendo su influencia en las actitudes y emociones de los españoles? De todo lo que «sobrevive» de épocas anteriores, ¿qué elementos conviene preservar?, y ¿cuáles debería la sociedad española tratar de liquidar? A través de la presentación de estas preguntas Díaz-Plaja presenta un bosquejo de las instituciones más importantes de la sociedad española y el estado de ellas durante el período inmediatamente después de la muerte de Franco.

Los hechos y las circunstancias que Díaz-Plaja comenta son consecuencias de unos hechos históricos bastante dramáticos que vale la pena revisar muy brevemente.

En la década de los treinta, existían en España, y en Europa en general, dos tendencias políticas extremistas que constituían dos graves peligros para el sistema democrático. El primero era el comunismo con su programa de igualdad económica para todos los grupos de la sociedad. Según la filosofía de Karl Marx, el estado, en nombre del pueblo, sería el dueño de todos los medios de producción. El otro era el fascismo, que en España se llamaba La Falange Española. Los partidarios de la Falange querían restablecer la grandeza de España bajo líderes que serían escogidos por el partido, no por el pueblo. Vistos como filosofías, ambos puntos de vista son defendibles y podrían ser debatidos por personas razonables. Pero estas ideas competían en el contexto de circunstancias económicas bastante difíciles y en un ambiente de lucha entre las naciones por poder e influencia mundiales. Como resultado de estas circunstancias, los partidarios de los dos bandos opuestos perseguían sus metas sin considerar los derechos de los otros, sin respetar los principios de la democracia, y con la convicción que los fines justifican cualesquier medios — el asesinato, el terrorismo, la violencia, la guerra. En combinación con estas actitudes extremistas, el comunismo y el fascismo constituían peligros muy severos para la democracia y para la sociedad de la época.

> *Si el resultado [de las elecciones] es contrario, peligrosamente contrario, a los eternos destinos de España, la Falange relegará, con sus fuerzas, las actas [de las elecciones] al último lugar del menosprecio.*
>
> **José Antonio Primo de Rivera**
> **Jefe, Falange Española**
> **febrero de 1936**

En España el resultado de estas circunstancias históricas fue que ni los comunistas ni los falangistas estaban dispuestos a aceptar los resultados de unas elecciones libres.   Y la joven república, nacida en 1931, se veía constantemente atacada por violencia, pronunciamientos, golpes de estado, y por fin una guerra civil. Esta guerra, que comenzó en 1936, fue sangrienta y dura. Españoles de ambos lados mataban a otros españoles, incluso a los no combatientes, sin piedad.

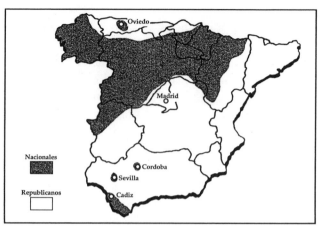

División de España en 1936.

Abundaron las atrocidades en ambas partes del país dividido.   Cuando concluyó la guerra en 1939 con la victoria de las fuerzas «nacionalistas» (muchos diríamos fascistas) de Francisco Franco, no hubo ningún esfuerzo de reconciliar las dos Españas.   Los del régimen de Franco perpetuaron los antagonismos de la época anterior.   Consideraban que el comunismo era el peligro más grave que España debía confrontar, y cayeron en el error de equiparar el liberalismo al comunismo.   Por lo tanto, cualquier esfuerzo de liberalizar las instituciones españolas siempre fue visto por los franquistas con extrema antipatía.

El régimen de Franco tuvo las características familiares de una dictadura —violación de los derechos humanos, control de las ideas, concentración del poder en manos de unos pocos hombres de confianza, brutalidad de las fuerzas de policía, y la falta absoluta de autodeterminación.

Durante todo el período franquista, hubo especulación sobre lo que pasaría después.   Algunos españoles, recordando la violencia de la guerra civil, temían una repetición de los conflictos violentos entre derecha e izquierda.   Franco había escogido al príncipe Juan Carlos, nieto de Alfonso XIII, como sucesor, y los franquistas tenían confianza que este nuevo Rey gobernaría en conformidad con los principios del régimen anterior.   Otros españoles, creyendo también que don Juan Carlos sería una continuación del franquismo, veían muy negativamente esta probable sucesión.

En noviembre de 1975, el generalísimo Franco murió, y España entró en el período de la «Transición», que es el tema básico del primer capítulo.   Díaz-Plaja nos habla de la moderación de este período, del papel que desempeñó el Rey en el paso a la democracia, de los partidos políticos que han gobernado, y de los de la oposición.

Hay algunos antecedentes importantes que el autor no menciona porque son bien conocidos por los lectores españoles.   En primer lugar, el rey Juan Carlos fue el heredero escogido por Franco para asegurar la continuación de su Movimiento Nacional.   Al acceder al trono, don Juan Carlos tuvo que jurar fidelidad a las leyes fundamentales del «Movimiento.» Pero sin que lo supieran los franquistas, don Juan Carlos se había dado cuenta que para progresar en la Europa del día, España necesitaba un gobierno democrático.

Segundo, como hemos visto, España no tenía una tradición de respeto al proceso democrático. Durante la Segunda República (1931-1936) hubo varias elecciones, y más de una vez los que perdieron en las elecciones llevaron el conflicto a la lucha callejera. Pensando en esa tradición, y recordando las actitudes de la guerra civil y del régimen de Franco, muchos españoles temían que sería imposible lograr un intercambio de poderes y filosofías en paz.

Por fin, la relación entre el gobierno y las fuerzas militares siempre ha sido en España muy diferente de lo que vemos en Estados Unidos y otros países democráticos. En las democracias, las autoridades civiles controlan las fuerzas militares. En España, en cambio, las fuerzas militares siempre han sido una fuerza importante en la vida política del país. Siempre había que estar consciente de las posibles reacciones negativas y violentas del ejército frente a cualquier cambio, cualquier esfuerzo de reconciliación, cualquier proyecto de distribución de poder, influencia, o bienes.

Mensaje al lector

Una mañana del invierno de 1943, una señorita estadounidense, Aline Griffith, estaba sentada en la oficina del jefe de la nueva agencia de espionaje del gobierno. «Tenemos una misión para usted señorita —dijo el jefe —en España. Pero antes de empezar tendrá que volver a la escuela y aprender cuánto pueda del país. Tiene que familiarizarse con la geografía y la historia, tiene que conocer las figuras políticas más importantes, las costumbres de los españoles, las principales instituciones del país y el papel de cada una en la sociedad.»

Su misión de usted, estimado lector, aunque por razones menos dramáticas, es similar:

* Aprender, en unas pocas semanas, cuánto pueda de la época posfranquista.

* Leer y comentar unos ensayos de Fernando Díaz-Plaja que presentan un panorama de la política y las instituciones sociales españolas.

Para ello le hará falta conocer unos datos básicos sobre España. En particular, debe prestar atención a este hombre:

Nombre: Juan Carlos I de Borbón
Profesión: Jefe de Estado
Título: Rey de España
Nacimiento: 1938
Nombrado heredero al trono: 1969
Proclamado Rey: 1975
Importancia:
1) A pesar de haber sido escogido
personalmente por Franco para continuar
su mandato autoritario, Juan Carlos fue
el arquitecto de la transición de la
dictadura a la democracia.
2) En 1981, cuando varios generales
intentaron un golpe de estado contra
el gobierno, Juan Carlos declaró que la
monarquía no estaba dispuesta a
tolerar tales medidas.

Otros Dos Personajes Importantes

Francisco Franco Bahamonde

Jefe del estado español desde 1939
hasta su muerte en 1975. Fue uno de los
militares que participó en el movimiento
que dio origen a la guerra civil. Fue
nombrado jefe de estado por los vencedores
y mantuvo una dictadura personal por casi
cuarenta años.

Felipe González

Presidente de Gobierno desde 1982
hasta 1996. Es Secretario del Partido Socialista
Obrero Español (PSOE) y el líder más
importante de ese partido.

ESPAÑA

Área: 505.050 km^2
(Tejas = 587.412 km^2

Población: 39.800.000
(California = 29.000.000)

PNB per cápita[1]: $8.078
(Francia = $16.419)
(EE UU = $19.789)

Industrias Principales	Ciudades Principales:	
Textiles	Madrid (cap.)	3.100.000
Indumentaria[2]	Barcelona	1.700.000
Comestibles	Valencia	732.000
Metalúrgica	Sevilla	655.000

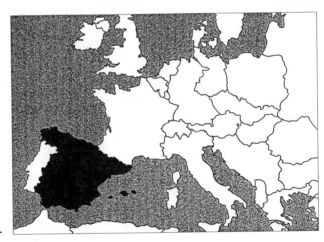

Gobierno

Monarquía Parlamentaria
Rey: Juan Carlos I
Presidente de Gobierno:
José María Aznar (1996)

---

1. PNB: Producto Nacional Bruto (*Gross National Product*) es el valor total de los productos y servicios producidos por un país durante un año.

2. Ropa y zapatos.

POLÍTICA

Ideologías

Izquierda	Derecha
Cambio y progreso	Valores tradicionales
Libertad del individuo	Moralidad y religión
Derechos humanos	Deberes del ciudadano
Igualdad y oportunidades	Clases sociales
Democracia del pueblo	Liderazgo por elites
Interés público	Propiedad privada
Perspectiva internacional	Patriotismo nacionalista
Economía regulada	Mercado libre

Estas características son generales. Siempre puede haber mezclas diferentes en el caso de partidos específicos. En ambos extremos hay tendencias totalitarias: La ultra-izquierda intenta establecer una dictadura que presume representar al proletariado. La ultra-derecha quiere imponer una dictadura basada en principios y políticas determinados por una minoría selecta.

España: Una monarquía parlamentaria.

En el sistema parlamentario hay partidos políticos y coaliciones de partidos. Una coalición puede ser más o menos permanente o puede formarse para votar juntos una sola vez. En España el parlamento se llama *Las Cortes.* Los partidos y coaliciones principales de la transición son los siguientes.

Izquierda.

IZQUIERDA UNIDA (IU). Coalición de partidos más a la izquierda que el PSOE, que incluye el Partido Comunista Español (PCE) y otros grupos marxistas y de ideología izquierdista.

Centro Izquierda.

PARTIDO SOCIALISTA OBRERO ESPAÑOL (PSOE). El partido del gobierno de 1982 hasta 1996. Antes de las elecciones de 1977, renunció a su identificación con la ideología marxista y actualmente tiene un programa moderado, progresivo y europeísta. Es de izquierda en nombre y por sus tradiciones pero en la actualidad se puede considerar de centro-izquierda.

Centro:

UNIÓN DE CENTRO DEMOCRÁTICO (UCD). Coalición de partidos del centro que se formó antes de la primeras elecciones (1977) y que ganó las elecciones de 1977 y 1979. Se disolvió después de perder en las elecciones de 1982, y en elecciones posteriores ha representado el centro el partido de Adolfo Suárez — Centro Democrático y Social (CDS).

Derecha
PARTIDO POPULAR (PP). Otros nombres: Alianza Popular (AP), Coalición Popular, (CP). La derecha que ha aceptado las reformas democráticas pero que quiere continuar algunas de las políticas de la derecha tradicional. Algunos de sus líderes son ex-oficiales del gobierno de Franco.

Además hay partidos regionalistas como el PARTIDO NACIONAL VASCO (PNV) y CONVERGENCIA Y UNIÓN (CiU) de Cataluña y algunos otros partidos que reciben muy pocos votos fuera de sus regiones.

Elecciones
En el cuadro que sigue, está el porcentaje del voto popular que ha recibido cada grupo. Trate de ver las tendencias generales que estos datos indican.

	1977	1979	1982	1986	1989	1993	1996
UCD,CDS	35%	35%	7%	9%	8%	2%	0%
PSOE	29%	31%	47%	43%	40%	39%	37%
PP,AP,CP	8%	6%	26%	26%	25%	35%	39%
IU, PCE	9%	11%	4%	5%	9%	10%	11%
otros	19%	17%	16%	17%	18%	14%	13%

Preguntas
1. ¿En qué años tuvo más éxito el centro?
2. ¿Cuál fue el porcentaje más grande obtenido por un partido? ¿Cuándo ocurrió esta victoria y cuál fue el partido?
3. ¿Cuándo ha tenido más éxito la derecha?

Con estos antecedentes, prestemos atención a esa «lección que España dio al mundo» tal como la describe Fernando Díaz-Plaja.

Las Cortes

1. LA TRANSICIÓN

Este capítulo contiene dos lecturas: un prólogo, en el que Díaz-Plaja presenta, en términos generales, los efectos espirituales de la guerra civil (1936-1939) y del régimen de Franco (1939-1975); y un ensayo sobre la transición a la democracia (1975-1982).

A. PRÓLOGO.

Palabras

En su prólogo, Díaz-Plaja describe la herencia amarga de la guerra civil y la época de Franco en términos de una herida física (a physical wound). ¿Qué puede pasar cuando una persona sufre una herida? ¿Cómo pueden ser similares una herida y una guerra? ¿y una dictadura? Lea el párrafo siguiente. ¿Puede usted deducir el significado de las palabras indicadas si no las conoce? Consulte el vocabulario al final del libro si tiene problemas.

El conflicto entre dos grupos de españoles es como una *herida* que el país ha sufrido durante muchos años. Cuando una herida *se infiere* en una parte del cuerpo humano, al principio la herida *sangra* y después *se cierra* y empieza a *cicatrizar*. Si hay un problema higiénico, puede haber *úlceras* o *brechas* que pueden *manar*. Cuando las brechas dejan de manar, o sea cuando *se secan* sabemos que la cura ha sido efectiva.

Ideas, Ideologías, Instituciones.

franquismo: la política del régimen de Francisco Franco (1939-1975): una política de derecha, católica, autoritaria, y nacionalista.

comunismo: filosofía económica basada en las ideas de Karl Marx: una política de izquierda, ateísta, autoritaria, e internacionalista.

masonería: sociedad secreta, secular y liberal.

separatismo: movimientos en varias regiones de España con el fin de establecer países independientes del gobierno central de España.

gobierno socialista: el gobierno de Felipe González. Fue elegido presidente en 1982 y sirvió en esa capacidad hasta 1996. Este libro trata principalmente la época de González. El Partido Socialista Obrero Español (PSOE), es socialista en nombre, pero sus programas son mucho más moderados de lo que el nombre implica.

monarquía: durante casi toda su historia, España ha sido una monarquía. La actual, de Juan Carlos I de Borbón, es una monarquía constitucional y democrática.

Ejercicio.

Considerando las ideologías y las instituciones de la sección anterior, ¿cuáles pueden corresponder a la derecha política? ¿Cuáles a la izquierda? ¿Hay alguna que no se clasifica fácilmente?

Oraciones sin sujeto expresado

Una característica del español que a veces causa problemas para el lector es su tendencia a eliminar algunas palabras siguiendo normas que son diferentes de las del inglés. Si el sujeto es evidente del contexto, puede y debe eliminarse en español mientras en inglés usaríamos un pronombre.

Juan llegó esta mañana. Vino en el tren.
'John arrived this morning. **He** came on the train.'

En la lectura siguiente, hay una serie de oraciones sin sujeto expresado en los párrafos uno y dos. ¿Qué frase del contexto inmediato sirve para identificar el sujeto de estos verbos?

Lectura: Una herencia amarga

¶1   Cincuenta años son muchos pero, para nosotros los españoles, han sido pocos. Unas circunstancias excepcionales —y desgraciadamente éste no es aquí un adjetivo **elogioso**— han hecho que la herida se mantuviera abierta, tanto en nuestra imaginación como en nuestra carne. **Se infirió** en el cuerpo del país en julio de 1936 y durante casi tres años sangró abundantemente. Se cerró en falso en 1939[1] y por ello siguió doliendo a causa de los **fusilamientos** realizados tras una paz oficial que, en realidad, había sido sólo la victoria total de unos sobre otros. Siguió presente en las lágrimas **derramadas** por otras víctimas de la represión recluidas en **penales** por veinte o treinta años; por los «topos»,[2] por los guerrilleros o simplemente por la ausencia de los **desterrados** en las dos Américas, que a su vez lloraban allí.

of praise
it was inflicted
executions
lloradas
cárceles
exiles

¶2   Luego fue **cicatrizando** lentamente aunque mientras hubiera FRANQUISMO, seguía habiendo la posibilidad de volver a humillar al español vencido por parte del español vencedor. Sólo en 1975, el **nuevo jefe de Estado** dijo lo que habíamos soñado oír un día: «Soy el Rey de todos los españoles.» Entonces, por vez primera, empezaron las úlceras a secarse, las **brechas** a dejar de **manar.** Por vez primera, tras tanto tiempo, se nos ha permitido libremente **calibrar** lo pasado, pesar lo presente, reflexionar sobre el futuro.

healing
Juan Carlos I
wounds   flow
measure

¶3   Porque ya estas tres posibilidades temporales no están predestinadas, sujetas a la ley **férrea de antaño**, cuando los

dura   del pasado

---

1. 1936 - 1939. Comienzo y fin de la guerra civil.

2. Topos (*moles*) se refiere a personas que tuvieron que esconderse.

aniversarios[1] eran sólo repeticiones monótonas de los mismos **tópicos**. *clichés*
Veinte años de franquismo significaban **cuatro lustros** de continuidad *veinte años*
y la promesa de otros cuatro **de la misma raigambre** en los que *iguales*
seguiríamos dando gracias a Dios por tener a un Franco que nos salvó
del COMUNISMO, de la MASONERÍA y del SEPARATISMO[2] y a quien
rogábamos que se mantuviera en el poder para mayor gloria de
España. Igual nos lo dijeron a los treinta años y a los treinta y cinco...
y casi llegamos a los cuarenta.

¶4   Hoy, al **vaticinar** lo que nos espera, cualquier posibilidad es *predecir*
fácil porque es cierta nuestra libertad de elección. Hoy tenemos un
GOBIERNO SOCIALISTA, que ha substituido a uno de centro, y que a su
vez puede **renovar su mandato** o dejar el sitio a uno de ALIANZA *ser reelegido*
POPULAR. Hay sobre la mesa una serie de cartas para elegir y somos
nosotros, simplemente nosotros, los que las **barajaremos** según nos dé *shuffle*
la **afición** o la experiencia tenida. Elegiremos: ese maravilloso verbo *inclinación*
que parecía desterrado del vocabulario español. Lo único que se
mantendrá igual —aunque también podríamos cambiarlo si quisiéra-
mos, que no querremos— es la cúpula de la Monarquía que, más que
pesar sobre los españoles, protege con su forma cóncava la libertad
que tenemos de enfocar nuestro destino como **nos plazca**. *queramos*

¶5   Esto en lo que se refiere a futuro. Pero no nos engañemos.
Cada uno, dice el QUIJOTE, es hijo de sus obras y lo que detrás
dejamos en el tiempo, no lo olvidaremos nunca aunque queramos; ha *engraved*
quedado **grabado** a fuego en nuestra mente y **por mucho que nos** *no matter how*
esforcemos no lograremos que deje de existir. Estamos en cierto *hard we try*
modo «programados» por años de violencia guerrera, de violencia
civil, de violencia eclesiástica[3], lavados de cerebro a cuenta de los
medios de comunicación; y tan grave es seguir esa línea de pensa-
miento porque es la que nos han enseñado a la fuerza, como repudiarla
por la misma razón. En ambos casos se trata de una postura artificial,
externa a nosotros, porque nos la hicieron creer o porque nos la
obligaron a odiar.

¶6   El «yo soy yo y mi circunstancia» ORTEGUIANO[4], tiene en
nuestro caso una significación intensa. Fue una guerra civil, una

---

1. Celebraciones de fechas importantes para el régimen.

2. El comunismo, la masonería y el separatismo son las tres supuestas amenazas de las que el franquismo
presumía proteger a España.

3. La iglesia, sus curas y obispos, desempeñaron un papel activista y no muy laudable durante la guerra civil
y época de Franco.

4. De José ORTEGA Y GASSET, pensador y ensayista del siglo veinte.

posguerra tiránica y un intento de superar ambas épocas por los caminos de la democracia y de la paz.

¶7   En las páginas que siguen intento presentar el actual estado del país a la luz de lo que nos dejó el ayer, externa e interiormente.

Preguntas.

1.   ¿Por qué dice Díaz-Plaja que cincuenta años han sido pocos?
2.   ¿Qué dificultades hay para establecer la paz después de una guerra doméstica?
3.   ¿Qué importancia tiene lo que dijo don Juan Carlos en 1975?
4.   ¿Cómo podemos aplicar la cita del Quijote a la situación en España?
5.   ¿Cómo podríamos interpretar aquí la frase «yo soy yo y mi circunstancia»?

Para conversar y escribir.

1. ¿Qué sabe Ud. de la guerra civil estadounidense y del período de posguerra (la reconstrucción)? ¿Hay paralelos entre el caso español y el de EE UU? ¿Hay diferencias?
2. Díaz-Plaja habla de una herencia amarga. En EE UU la guerra en Viet Nam dejó una herencia amarga para muchos ciudadanos. ¿Qué sabe usted de aquella época? ¿Hasta qué punto hemos podido liquidarla?

B. La transición.

Palabras.

Lea las frases siguientes. ¿Cuál es el significado de la palabra o frase indicada? Trate de determinar el significado del contexto. Si quiere, puede leer algo más del párrafo indicado, o puede buscar la palabra en el vocabulario.

Franco decía que él era el *valladar* contra el comunismo. En su opinión, estaba protegiendo el país de un gran peligro. (¶1)

El entusiasmo del público no se reflejaba en las *urnas*; la gente no votaba por él. (¶2)

Por primera vez no se insistió en *pedir cuentas* al vencido. Los victoriosos y los del régimen antiguo debatían con cortesía en las cortes. (¶4)

Un problema en España es que hay muchos *parados*; es difícil encontrar empleo. (¶10)

Este partido incluye algunos falangistas *arrepentidos*. Ya no son falangistas. (¶2)

Instituciones.

Las Cortes franquistas (¶2)

"Las Cortes" se refiere al Parlamento. ¿Cree usted que durante el franquismo, los miembros eran elegidos por el pueblo?

Falangistas (¶2)

Miembros o partidarios de La Falange Española, una organización política de derechas, básicamente fascista. Se fundó durante la Segunda República y fue una de las bases del franquismo.

El Mercado Común (¶9)

Uno de varios nombres que se usan para referirse a la comunidad de dieciséis países europeos que han firmado varios acuerdos para establecer una Europa más unida y estable. Actualmente el nombre "Comunidad Europea" es el que se usa más.

Etarras (¶10)

Miembros de ETA (Euskadi Ta Askatasuna — País Vasco y Libertad), un grupo terrorista que quiere la independencia del País Vasco.

En la lectura estos grupos e instituciones son mencionados en los siguientes contextos. ¿Qué contexto cree usted que pertenece a cada grupo?

(a)   Tienen reuniones cada año para conmemorar aniversarios franquistas.

(b)   Incorporar a España en este grupo fue uno de los éxitos del PSOE.

(c)   El PSOE no ha podido reprimir las actividades de este grupo.

(d)   Este grupo no participó en la transición a la democracia.

Personajes.

Considerando los datos breves que se dan a continuación sobre varios personajes, trate de clasificarlos en el espectro político de derecha a izquierda.

Manuel Fraga Iribarne

Político español que ocupó varios cargos en el régimen de Franco. Después fue líder de la Alianza Popular durante varios años.

Alfonso Guerra

Vicepresidente bajo González hasta renunciar en 1991. Sigue siendo el número dos del PSOE. Su imagen es el del político agresivo en contraste con la imagen simpática de González.

Adolfo Suárez

Líder de la Unión de Centro Democrático y Presidente de Gobierno desde 1976 hasta 1981. Fue él que llevó a la práctica la transición del régimen de Franco a la democracia.

La Pasionaria

Sobrenombre de Dolores Ibárruri. Fue una de las dirigentes de más carisma del Partido Comunista durante la Segunda República y la guerra civil. Se hizo famosa por su actitud de resistencia durante el ataque a Madrid por las tropas franquistas.

Blas Piñar

Presidente de Fuerza Nueva, partido de extrema derecha de los últimos defensores del franquismo. En las elecciones recientes no ha logrado ni un solo representante en las cortes.

En la lectura estos personajes aparecen haciendo y diciendo varias cosas. Trate de asociar cada personaje con sus acciones o su identificación básica.

(a) Líder de uno de los grupos comunistas en las primeras elecciones de la transición.

(b) Desempeñó un papel importante en la transición.

(c) Lo llaman el "demonio" de su partido.

(d) No ha podido lograr que la gente olvide su pasado franquista.

(e) Convoca manifestaciones masivas en contra de las nuevas tradiciones políticas.

Lectura: La dulce y suave transición

agitation
flippancy
take pride

Una vez dimos una lección al mundo. Ha ocurrido tan pocas veces en los últimos siglos, que vale la pena recordarlo con orgullo. Fue cuando salimos de una Dictadura para entrar en una Democracia con un mínimo **sacudimiento** ciudadano, sin **petulancias** ni represalias. Algo de que **vanagloriarse.**

Una transición con moderación.

defense dam
overflow
el comunismo
emphasized
sunk in
educada

fratricidal

¶1   Fue una sorpresa, fue una bella sorpresa y sobre todo, fue una relajante sorpresa. Durante cerca de cuarenta años se nos había hablado apocalípticamente del momento en que Franco muriera (sólo poquísimos ingenuos creían en su retiro voluntario). El «tras de mí el diluvio» de LUIS XV se expresaba de forma más política y concreta. Él, Franco, era el **valladar** contra el comunismo, la **presa** que impedía **desbordarse** el **río rojo.** O los españoles teníamos el cuidado de seguir sus instrucciones o pasaríamos a ser vasallos de Moscú como los rumanos o búlgaros. Esta idea **remachada** continuamente por prensa, radio y televisión, había **calado** más de lo que ahora puede creerse. He oído a gente culta y **preparada**, decir que, recordando los sufrimientos ocurridos en zona republicana durante la guerra civil, temen una repetición obligada de aquellos hechos. Y así a mis quejas del régimen de Franco contestaban: entonces ¿prefieres el comunismo? A lo que yo naturalmente respondía negando la obligatoriedad de esa alternativa. Se evocaban entonces los espectros sangrientos del pasado, los crímenes cometidos en ambos bandos, la tradición **cainita** del pueblo español. Yo y los que pensaban como yo, sólo podíamos argüir que precisamente una historia tan tristemente reciente haría que nuestros compatriotas actuasen con moderación a la hora de elegir nuevos caminos.

¶2   Afortunadamente tuvimos razón. Es cierto que la transición se hizo desde arriba con un autor —el Rey—, un director —FERNÁNDEZ MIRANDA— y un actor —Adolfo SUÁREZ[1]—, como la definió el segundo de la trilogía; es cierto que las CORTES FRANQUISTAS **coadyuvaron** al éxito al declararse fuera del juego, pero también es cierto que las hábiles maniobras políticas de la **cumbre** no hubieran servido para nada sin el deseo claro del pueblo español de cruzar el **torrente** sin ahogar en él las libertades recién adquiridas. Y así en las elecciones de 1977 los españoles se negaron a mantener a los antiguos franquistas en el poder, porque tenían larga experiencia de ellos. Pero también se negaron a confiar el Estado a un grupo —el comunista— contra el que habían estado prevenidos durante lustros. En cambio eligieron el centro: una heterogénea colección de LIBERALES, DEMOCRISTIANOS, FALANGISTAS **arrepentidos** y monárquicos JUANISTAS que se llamó la UNIÓN DE CENTRO DEMOCRÁTICO (UCD), dejando al margen, con mínimo número de votos, a la extrema derecha y a la extrema izquierda. Ante ello, y contra todo pronóstico basado en nuestra historia, no hubo reacción violenta. La extrema izquierda se calló al haber obtenido un reconocimiento legal que antes no existía y aunque **alborotaron** con centenares de huelgas y manifestaciones, no llegaron a la lucha callejera abierta, satisfechos de haber conseguido la mayoría de edad como partido. La extrema derecha sí gritó al ver desaparecer sus privilegios de dominadora de España y aunque pocos, los **coletazos** de esa actitud fueron sangrientos, como muestran Montejurra, la matanza de Atocha, los asesinatos del Retiro y de la calle de Libreros[2]. En política, es decir, aceptando las reglas del juego, promovieron el **auge** de Blas PIÑAR, que resultó un meteoro de intensa y breve luminosidad. Al vivir en lo alto de Torre de Madrid, he sido testigo de las **concentraciones** anuales en la plaza de Oriente y de verdad eran impresionantes: masas de **camisas azules**, bosques de brazos en alto. Parecía que el fascismo seguía vivo y muy vivo amenazando a la joven e inexperta Democracia ... y sin embargo... la última vez que se reunieron, la voz de Blas Piñar se hizo patética al contestar a las ovaciones que no terminaban nunca, que «por favor le aplaudieran menos y le votasen más». Porque ocurría que ese entusiasmo callejero no se reflejaba luego en las **urnas.** En la plaza de Oriente se reunían, aparte de algunos jóvenes fanáticos y algunos viejos irritados (porque les quitaban el poder), una

ayudaron

top

flood

repentant

perturbaron

repercussions

éxito

mass meetings
falangistas

ballot boxes

---

1. El Rey nombró a Fernández Miranda al puesto de Presidente del Consejo del Reino y éste logró que Suárez fuese incluido en la lista de tres candidatos para el puesto de Presidente de Gobierno que el Consejo presentó al Rey.

2. Montejurra, Retiro, Calle de los Libreros son lugares donde ocurrieron actos de violencia de parte de los franquistas.

terrified

robberies   scorn

gente joven

excesses

en silencio

serie de burgueses **aterrados** ante la subida de la pornografía, los **atracos** y asaltos callejeros, el **escarnio** a la religión, la libertad de expresión de los **mozos,** la llegada masiva de la droga. Éstos gritaban y aplaudían cada vez que Blas Piñar atacaba a un gobierno que permitía tales **desmanes,** recordando los tiempos felices en que esas cosas no pasaban. Pero cuando, ya **afónicos** volvían a su casa, reflexionaban lo que sería intentar resucitar un franquismo con Blas Piñar como caudillo y acababan dando el voto a UCD o como mucho a FRAGA IRIBARNE, la derecha que había aceptado las reglas del juego.

¶3   (La última tentativa derechista para retrasar el reloj de la historia fue, como es sabido, la del 23 de febrero de 1981, de la que trataremos en el capítulo dedicado al Ejército.)

Una transición sin represalias.

proclaimed

gran cambio

call to account

outcast

discutió

usurped

¶4   Esa tendencia moderada, en la que se **preconizaba** un cambio sin traumas, se mantuvo en el aspecto humano de forma ejemplar. El país había dado un **giro copernicano** desde la dictadura a la libertad, pero por vez primera en nuestra atormentada historia, ese giro se llevó a cabo sin **pedir cuentas** al vencido. No hubo «ni una persona **proscrita**», recordó orgullosamente Julián Marías en una conferencia dada en Barcelona el 2 de noviembre de 1985. Y además de ello tampoco se **aireó** con ánimo de persecución, los más que posibles negocios ilícitos realizados durante el franquismo, por los grupos que **detentaban** entonces el poder. La familia del Generalísimo mantuvo sus títulos y prerrogativas sociales, su libertad y su dinero. La señora de MEIRÁS quedó tranquilamente en su casa de Madrid y el doctor MARTÍNEZ BORDIÚ siguió trabajando en su clínica; quienes fueron a vivir al extranjero como MARI CARMEN[1] lo hicieron por gusto y sin la menor coacción. Y durante la transición cuando la prensa se ocupaba de ellos se referían a lo que hacían en esa época —bodas, cacerías, desfiles de moda — y no a lo que habían hecho antes. Y eso es bueno.

ofendido

¶5   Pero hay más. En el Parlamento español, donde se encuentran personas tan distintas, y más polémicas son las opiniones, donde es fácil y humano el recuerdo **agraviado** para atacar al oponente, no ha habido prácticamente ningún ajuste de cuentas verbal. Observando el salón de sesiones era posible reconocer en los bandos de la izquierda

---

1. La sra. de Meirás, el doctor Bordiú y Mari Carmen son la esposa, el yerno, y la nieta de Franco.

a quien había estado en la cárcel por mandato de los que se sentaban en los bancos de la derecha y sin embargo no se oyó a nadie echarlo en cara: «¿Cómo se atreve Su Señoría a hablar de libertades cuando me encerró a mí sólo por ser socialista?» Sería incluso comprensible y sin embargo se ha procurado siempre evitar cualquier alusión que pareciese un reproche histórico. El 31 de octubre de 1985, el ministro de Sanidad contestaba en el Congreso a un **diputado** y empezó con estas palabras: «El señor Gómez cuando ocupaba un cargo en el antiguo régimen... — de los bancos de la oposición surgieron varios murmullos — ¡No, no! — **precisó** el señor Lluch —justamente iba a decir que lo desempeñó con gran bondad y profesionalismo.» *member of parliament* — *dijo*

¶6   Y si ha habido excepciones en ese pacto entre caballeros generalmente ha sido provocado por la derecha, como cuando Fraga aseguró públicamente que, **de estar** en el Gobierno, acabaría con el terrorismo en tres meses. Acusado de inmovilismo por esas palabras, el PSOE saltó sobre la ocasión que le ofrecían, recordando la actuación del presidente de Alianza Popular cuando era ministro del Interior y los sucesos — Vitoria, Montejurra— que habían ocurrido durante su mandato. Fue la única ocasión en que se volvió a hablar de dictadura fascista y de libertad y afortunadamente no **sentó** precedente. Al pasado se ha vuelto luego más fuera del Parlamento que dentro de él, por aniversarios significativos como los diez años desde la muerte de Franco y ahora el cincuentenario de la guerra civil pero nunca, afortunadamente, con intento de reproche. *si estuviera* — *estableció*

Partidos Políticos

¶7   **La Unión de Centro Democrático (UCD)** cumplió un papel importante en la historia reciente de España, pero al tener un valor puramente negativo «no a la supervivencia franquista, no a la extrema izquierda», **se deshizo** cuando tuvo que **enfrentarse con** los problemas y actuar de forma positiva, es decir, cuando tuvo que legislar para el futuro. Porque entonces se descubrió el **conglomerado** de que estaba hecho; leyes como las del divorcio y la reforma fiscal agradaban a la izquierda de UCD y molestaban a la zona democristiana. Incapaz de unificar criterios tan distintos, cayó Suárez; debilitado por las disputas internas, y para no ofender a cualquiera de los grupos en su seno, la UCD decidió no decidir. *fell apart /deal with* — *mezcla política*

¶8   **Partido Socialista Obrero Español (PSOE).** Parece claro que los diez millones de votos que obtuvo el PSOE en las elecciones de 1982, se debieron en buena parte a unos frustrados votantes del Centro, que llegaron a la conclusión de que era mejor lo «malo por

conocer» que la inmovilidad paralítica. Al menos, pensaron, el país
sería dirigido y caminaría en una dirección, aunque ésa pudiera ser
joined   peligrosa. Otros disidentes **se apuntaron a** Alianza Popular, duplican-
do el número de sus diputados, hecho que, curiosamente, apenas fue
comentado   **destacado** por los comentaristas políticos. Los diez millones de votos
socialistas era una cifra mágica que hacía olvidar los cinco que
votaron   **apostaron** por la derecha.

éxitos   ¶9   Los **logros** y los errores del PSOE hasta el día de hoy están a
la vista. Entre los primeros figura la reconversión industrial[1], una
medida que todos los economistas de cualquier color político asegura-
shipyards   ban que se había de tomar para que nuestras fábricas y **astilleros**
compitiesen con los de Europa, pero que nadie se había atrevido a
causaría   afrontar, por temor a la impopularidad segura que ello **acarrearía.** El
PSOE sí se atrevió, a sabiendas de que el daño económico más grave
naturales *laborers* sería en las familias de sus votantes **natos,** es decir, los **obreros.** Y
además tomó esa iniciativa mucho antes que la que más podía
satisfacer a esas mismas masas, como la Reforma Agraria, algo que
sólo podía irritar a unos propietarios que en principio ya no eran
famoso   partidarios de Felipe González. Otro triunfo **sonado** ha sido el **ingreso**
entrada *iniciación* de España en el MERCADO COMÚN aunque su **gestación** haya corres-
pondido a gobiernos anteriores de distinto signo político.[2]

¶10   Los fallos mayores han sido evidentemente la imposibilidad de
unemployed   reducir el número de **parados** que, por el contrario, se han multiplica-
do por casi tres desde el triunfo electoral del PSOE, y la inseguridad
ciudadana (que en cuanto se escuda en razones políticas se llama
NATO   terrorismo ETARRA), así como el problema de la **OTAN**, donde el
presidente González resultaba víctima de sus propias promesas
expresión   electorales a pesar del **matiz** «de entrada no»[3] que no satisfizo a
nadie.

¶11   **Los otros que están en la lista.** El Partido Comunista de
asustado   España ha **desmayado** a sus posibles simpatizantes con las luchas
internas   **intestinas,** como lo demostraron claramente las elecciones de 1986.
Dividido en cuatro grupos: el de LÍSTER y el de GALLEGO pro-soviéti-
cos, el oficial de IGLESIAS y la PASIONARIA y el heterodoxo de

---

1. Un extensivo programa de modernización de las fábricas y los medios de producción con la frecuente
sustitución de máquinas por trabajadores.

2. El proyecto de lograr que España entrase en el Mercado Común fue patrocinado originalmente por la UCD.

3. «De entrada no» fue el lema de una campaña contra el ingreso de España en la OTAN llevada a cabo por
el PSOE antes de conseguir el poder. (ver capítulo 4)

CARRILLO[1]; la extrema izquierda no representa ningún atractivo para neófitos desde el punto de vista político ni del humano.

¶12   Roto a pedazos el Partido Comunista tuvo que inventar una «IZQUIERDA UNIDA» donde estaban todos los restos de distintos **naufragios** incluido asombrosamente un Partido CARLISTA. La *failures* coalición utilizó los mismos argumentos que había empleado en la campaña contra la OTAN y volvió a perder **estrepitosamente.** Por *noisily* estas circunstancias las **encuestas** de intención de voto para las *surveys* elecciones seguían siendo favorables al PSOE. La izquierda no podía votar a otro partido. Así el Gobierno se quedaba sin enemigo a **babor** *port* y en cuanto a **estribor** ... *starbord*

¶13   El posible paso a la derecha de quienes llegaron al socialismo procedentes del Centro, lo hacía difícil un nombre que siendo un símbolo es al mismo tiempo una carga y que se llama Fraga Iribarne; alguien de evidentes méritos para la vida pública —inteligencia, memoria, capacidad de trabajo, honestidad— y de mayores defectos: apasionamiento, autoritarismo, **mesianismo;** características todas que *leader-worship* hacen recordar demasiado al ministro de Franco que fue y temer el ministro del Rey que aspira a ser. Y lo malo es que en la derecha no había otra **personalidad de recambio**; aun tratándose de gente *sustituto* preparada.

¶14   Persistían dos intentos de resucitar al Centro alegando con cierta lógica, que los millones de votos que le hicieron nacer pueden volver a él si se les ofrece una propuesta igual de convincente y si a ello se aplica con la tenacidad con que ha llevado siempre su vida política, Adolfo Suárez. Sobre sus posibilidades las opiniones varían mucho. En general se le admira por lo que fue y representó; por su capacidad de compromiso en los años 1976 a 1980 y por su capacidad de heroísmo ante el intento de golpe de estado de 1981, pero muchos parecen más dispuestos a respetarle en una **hornacina** que a depositar *shrine* su nombre en una **urna**[2]. Si alguien llama a eso ingratitud se les *ballot box* puede recordar el caso británico cuando el héroe de la guerra, Winston CHURCHILL, fue **defenestrado** en 1945 por el Partido Laborista y los *defeated* británicos lo explicaban pacientemente a los asombrados y escandalizados continentales: «Le agradecemos enormemente lo que hizo, pero eso no nos obliga a reelegirle. Las circunstancias actuales exigen

---

1. Los líderes comunistas mencionados no han podido ponerse de acuerdo, lo que causa la fragmentación del movimiento comunista y su total falta de éxito.

2. People are more likely to respect him as a figure in the background than vote for him.

helm   otro tipo al **timón,** un hombre más preocupado por la situación del trabajador inglés que por la suerte del Imperio Británico, que de todas maneras va a desaparecer.»

¶15   La causa perdida del Partido Liberal o Reformista podía salvarla sólo Miguel ROCA, la figura más interesante surgida en los ochenta como Suárez lo había sido en los setenta. Para empezar Roca hace buena la fama del catalán medio de poseer el «seny», el sentido común tan apreciado en este país precisamente por el poco uso que de él hacen los políticos. Donde los demás parlamentarios gritan, Roca razona; donde los otros fantasean, Roca precisa. Sus observaciones al

poner   Gobierno son siempre el intento de **asentar** los pies en el suelo de la realidad; con un estilo extremadamente respetuoso, sin olvidar nunca «el señor ministro» o «sus señorías» sus deducciones tienen mayor impacto que las violentas diatribas de un Fraga Iribarne porque **se**

van target   **encaminan** más directamente al **blanco.** Roca, pues, tiene casi todo para ser el futuro gobernante de España: inteligencia, trabajo, buen aspecto físico (imprescindible hoy en el mundo de la imagen), honestidad, elocuencia, preparación. Pero ese «casi», grave, se debe a su origen catalán — Roca forma parte del partido que hoy gobierna Cataluña y los españoles de fuera de ella no parecen estar totalmente seguros de cuánto le va «a tirar» esa procedencia cuando se trate de gobernar España como a un todo. Su procedencia y la duplicidad que

distorted   implica, cierta o **invertida,** podía ser el más fuerte obstáculo en camino de un hombre que se merece el éxito.

¶16   Y lo fue:[1] llegó la campaña... y el Gobierno astutamente empleó el arma de la televisión para subrayar esa característica

repel   catalana que tenía que **repeler** visceralmente a muchos españoles.

¶17   Así, TELEVISIÓN ESPAÑOLA (TVE) dedicaba a Roca los mismos minutos que a los demás participantes en las elecciones pero daba mayor énfasis a las actuaciones del candidato reformista cuando se realizaban en pueblos catalanes y donde, lógicamente, se expresaba

catalán   en **su lengua nativa** que era traducida en letreros sobreimpuestos a la imagen. El PSOE sabía que ese lenguaje irritaría a los posibles votantes de Murcia, de Extremadura, de Castilla, de Andalucía, de Aragón. «¿Cómo? ¿este señor quiere gobernarme y me tienen que traducir sus palabras?»

¶18   La idea (tan diabólica que se atribuyó al «demonio oficial» del PSOE (o sea Alfonso GUERRA) tenía mayor eficacia por la imposibili

---

1. 'And it was', ie: his Catalan identification was his biggest obstacle.

dad del candidato de presentar una protesta. «¿Qué dice usted? — le hubieran contestado — ¿no es cierto que en ese día hablaba usted en catalán? ¿Se avergüenza de utilizar su lengua ante el pueblo español?»

¶19   La maniobra tuvo fortuna porque ratificó la sospecha de los muchos indecisos que antes mencionábamos. Si ese hombre sube al poder ¿qué va a sentirse antes? ¿Catalán o español? ¿Tomará las medidas que interesen a la colectividad hispana o las que convengan especialmente a su región de origen?

¶20   Creo que esa última pregunta produjo el **descalabro** de la posibilidad reformista. **Desahuciado** el más capacitado de sus líderes el barco **se iba irremisiblemente a pique**. Así se hundió un proyecto bien organizado, económicamente protegido y con una cabeza digna de mejor suerte.

setback
hopeless
it sank

¶21   Quedaba la derecha política — Alianza Popular. A Fraga le irrita mucho que mencionen los periódicos el «**techo**» al que habrá llegado, pero el resultado de las elecciones de 1986 demuestra que ese «techo» existe aunque más que de un límite de la derecha en general se trate de una barrera al propio **presidente de Alianza Popular**. Los «suyos» siguen siéndolo fervorosamente, pero no convence a nadie más de sus posibilidades.

ceiling

Fraga

¶22   El partido de Felipe González sigue, pues, **destacado** en cabeza. La mínima pérdida en votos que ha sufrido en 1986 es ridícula para una agrupación que en cuatro años no ha conseguido eliminar a ETA ni la inseguridad ciudadana en general y ha triplicado el número de **parados** aunque haya conseguido disminuir la inflación y **relanzar,** con medidas audaces como la reconversión antes señalada, la economía española. Su triunfo se debe evidentemente a que aun cuando todos los españoles comprueban diariamente sus defectos, existen muy pocos que crean que otros lo harían mejor... especialmente los otros que están en la lista.

outstanding

unemployed
revitalize

Preguntas

1. La primera palabra que usa Díaz-Plaja para referirse a la transición es *sorpresa*. ¿Por que cree Vd. que el autor la considera una sorpresa? (¶1)
2. En la presentación de cómo se hizo la transición, ¿Qué significado tienen las palabras *autor, director* y *actor*? (¶2)
3. ¿Cómo contribuyeron al éxito de la transición los temores de los españoles? (¶2)
4. ¿Cómo se explica lo que pasaba en el caso de Blas Piñar? (¶2)

5. ¿Qué opina Vd. de las quejas de los de la derecha (pornografía, drogas, etc.) (¶2)

6. ¿Por qué es importante lo que pasaba en el Parlamento? (¶5)

7. ¿Por qué tuvo éxito al principio la UCD y por qué comenzó a tener problemas? (¶2,7)

8. A Díaz-Plaja le parece curioso que el aumento de votos por la derecha haya recibido tan poca atención. (¶8) Mire cuadro de las elecciones en la Lección Preliminar (p. 11). ¿Cree Vd. que el éxito de la derecha en 1982 merecía más atención?

9. Considerando los logros y los fallos del PSOE (¶9,10) ¿parece en realidad un partido socialista?

10. Hablando de posibles competidores a la derecha y a la izquierda, Díaz-Plaja sugiere que hay pocas posibilidades. (¶11-13) ¿Está Vd. de acuerdo? ¿Qué importancia ha tenido el factor del franquismo?

11. ¿Por qué es tan importante el origen catalán de Miguel Roca? (¶15-20)

Se **pasivo e impersonal**

En español se usa mucho menos la voz pasiva que en inglés. Cuando el punto de interés es la acción del verbo y no la persona (u otro agente) que lo hace (porque no se sabe quién es, o porque no importa), se suele usar una oración con **se**. Este uso de **se** aparece varias veces en este capítulo. En sus escritos Vd. debe tratar de usar esta forma en casi todas aquellas ocasiones en que se usaría una voz pasiva sin agente en inglés. Algunos ejemplos de la lectura son las oraciones siguientes:

La transición se hizo desde arriba.
'The transition was carried out from above.'
Se le admira por lo que fue y representó.
'He is admired for what he was and what he represented.'
Se atribuyó la idea al «demonio oficial» del PSOE.
'The idea was attributed to the official demon of the PSOE.'

A veces la frase correspondiente en inglés tiene un sujeto general como *one, they* o *you:*
Se les puede recordar el caso británico.
'You could remind them of the British case.'
Fue la única ocasión en que se habló de dictadura fascista.
'It was the only time that they spoke about fascist dictatorship.'
Esta idea había calado más de lo que puede creerse.
'This idea had stuck more than one might think.'

En realidad no importa tanto la traducción inglesa. Lo notable es que no se menciona la persona que causa el evento. El objeto puede preceder o seguir al verbo. En las oraciones siguientes, subraya el objeto (las primeras dos oraciones ya están hechas.)

El «tras de mí el diluvio» de Luis XV se expresaba de forma más política y concreta.

Se preconizaba un cambio sin traumas.

Esa tendencia moderada se mantuvo en el aspecto humano.

No se oyó a nadie echárselo en cara.

Se ha procurado siempre evitar cualquier alusión que pareciese un reproche.

Entonces se descubrió el conglomerado de que estaba hecho.

Fue una medida que todos los economistas de cualquier color político aseguraban que se había de tomar.

Daba mayor énfasis a las actuaciones del candidato reformista cuando se realizaban en pueblos catalanes.

Así se hundió un proyecto bien organizado.

Se evocaban entonces los espectros sangrientos del pasado.

Ejercicio Escrito

Escriba oraciones para expresar los siguientes conceptos. Trate de incluir un **se pasivo o impersonal.** Si hace falta, puede consultar el capítulo pero trate de usar otras expresiones, no las mismas que aparecen en el texto.

Ejemplo: The fears that kept some Spaniards from opposing the Franco regime. (¶1)

     Se temía el comunismo, la violencia y la guerra.

1. Which political points of view were rejected in the elections of 1977. (¶2)
2. The treatment of Franco's family and close associates during the transition. (¶4)
3. The sorts of criticisms that were avoided in the parliament. (¶5)
4. Public opinion of Adolfo Suárez in 1982. (¶14)
5. Doubts about Roca. (¶19)
6. Why people keep voting for González in spite of the deficiencies in his record. (¶22)

Organización del ensayo.

Este capítulo demuestra una estructura que no es rígida pero sí lógica. El tema se presta a varios conceptos de organización. El autor podría haber explicado la transición siguiendo estrictamente la cronología (primero las elecciones de 1977, luego las de 1979, 1982, y por fin 1986). O bien podría haber dividido el tema por filosofías políticas, analizando primero la derecha, luego el centro y por fin la izquierda. También hubiera sido posible presentar primero cuestiones económicas (como el paro, la renovación industrial) para pasar luego a asuntos sociales (pornografía, el divorcio), terminando con asuntos políticos (el parlamento, candidatos y partidos).

En vez de limitarse a un solo principio de organización, Díaz-Plaja ha basado su ensayo en una combinación de estos tres conceptos y algunos otros. En la versión original, este capítulo no tiene subtítulos. Se ha añadido algunos para que sea más evidente la estructura del capítulo. Las siguientes preguntas tienen el propósito de explorar más a fondo la organización de este capítulo. (A veces no hay una respuesta correcta definitiva — lo importante es que Vd. justifique su respuesta.)

1. ¿En qué oración o oraciones (máximo de dos) ve Vd. el tema central del capítulo?
2. Haga un pequeño esquema de la sección intitulada **Una transición sin represalias.**

¿Cuál es la idea central? ¿Cuáles son los conceptos que apoyan esta idea central?

3. Haga un esquema de los partidos políticos que hemos visto en este capítulo, a base de los términos «centro», «izquierda», y «derecha».

Para conversar y escribir.

¿Cuáles son las diferencias entre el sistema político de España y el de los Estados Unidos? ¿Qué similaridades ve usted?

¿Qué factores contribuyeron al éxito de la transición en España?

¿Cuáles son algunas de las características del PSOE?

¿Cuáles son algunos de los problemas que hay en España? ¿Cómo son similares a los que hay en su país? ¿Cómo son diferentes?

2. LAS AUTONOMÍAS

Introducción.

En España siempre ha existido una tensión entre las regiones y la unificación del país. En algunos períodos de la historia ha predominado la tendencia unificadora. En otras épocas han surgido, y han sido de mayor importancia, reinos independientes. En el siglo veinte, hemos visto un resurgimiento del espíritu autonómico durante la Segunda República (1931-1936), la imposición total de un gobierno central fuerte durante el régimen de Franco (1939-1975), y un esfuerzo de reconciliación durante la transición y cambio (1976-1982).

Las regiones que más han buscado un grado de independencia de Madrid han sido las del norte que tienen sus propias lenguas, sobre todo el País Vasco, Cataluña y en menor grado Galicia. En las dos primeras podemos distinguir dos tendencias políticas: algunos son separatistas —quieren separarse de España y formar una nación independiente— mientras que otros sólo insisten en cierto grado de autogobierno a nivel de región. Estos últimos se llamarían federalistas en muchos países, pero los españoles han resistido el uso de este término, prefiriendo referirse a **comunidades autónomas**.

La situación es complicada por la existencia de terroristas, especialmente del País Vasco (ETA), lo cual ha hecho que muchos españoles vean muy negativamente los deseos autonómicos de estas áreas.

En este capítulo Díaz-Plaja nos habla de algunas de las diecisiete comunidades autónomas que se formaron en España en 1979, 1981, y 1982 (ver mapa). Sobrevive en España tanto el aspecto positivo de la diversidad de cultura en las regiones como el conflicto de siempre entre el nacionalismo español y el regionalismo.

Las comunidades.

Andalucía. Es la comunidad autónoma del sur de España, que incluye las famosas ciudades de Cádiz, Córdoba, Granada, Málaga y Sevilla. Esta zona del país se dedica a la agricultura. Por muchos siglos los latifundios han sido el núcleo de la producción agrícola. Andalucía es famosa por las playas y las celebraciones de la primavera: la Semana Santa y la Feria de abril.

Aragón. Esta comunidad autónoma está en el norte de España, al lado de Cataluña. El rey Fernando el Católico fue de Aragón. Su matrimonio con la reina Isabel de Castilla fue el comienzo de la unificación de España.

Asturias. La reconquista de España, que empezó en el siglo ocho, comenzó en las montañas de Asturias. El titulo tradicional del heredero al trono español es «Príncipe de Asturias».

Baleares. El archipiélago de las islas Baleares está en el Mar Mediterráneo, cerca de Valencia. Está compuesto de cinco islas: Mallorca, Menorca, Ibiza, Formentera y Cabrera. Es una de las áreas turísticas más populares de España.

Canarias. El archipiélago de Canarias está en el Mar Atlántico a 715 km de la costa africana y 1150 km de la costa española. Las islas del archipiélago son Tenerife, La Palma, Gomera, Hierro, Gran Canaria, Lanzarote y Fuerteventura. Las Canarias son muy populares con los estudiantes que van allí por las vacaciones escolares.

Cantabria. Esta comunidad autónoma en el norte de España se conoce por las playas del Mar Cantábrico. Es una zona preciosa que tiene las montañas más altas de España: los Picos de Europa.

Castilla-La Mancha. La comunidad autónoma de Castilla-La Mancha fue el territorio del personaje más famoso de España: don Quijote de la Mancha. También, Castilla-La Mancha es donde se produce el queso manchego — un queso español muy fuerte y seco.

Castilla y León. Esta comunidad autónoma está en el noreste de España. Su ciudad más famosa es Salamanca, conocida por la universidad mas vieja de España. Salamanca todavía es un centro de estudiantes, y es popular con los estudiantes extranjeros.

Cataluña. Se encuentra en el noreste del país, al lado de Francia. Es una de las comunidades autónomas más ricas y productivas de España, lo que ha contribuido al movimiento a favor de la autonomía de Cataluña. El surgimiento del nacionalismo catalán ha creado debates intensos dentro de España sobre el futuro de la integridad del estado español.

Extremadura. Es una comunidad autónoma seca, con un clima que no es muy bueno. La mayoría de los conquistadores españoles que se fueron al Nuevo Mundo eran extremeños. Se dice que la vida dura de Extremadura preparó a los conquistadores para la aventura del descubrimiento.

Galicia. La gente de Galicia, en el noroeste de España, habla una lengua propia, el gallego, que tiene similaridades con el portugués. Es una zona pobre, basada en la agricultura. El nacionalismo gallego, comparado con los de Cataluña y el País Vasco, es menos áspero.

La Rioja. Situada entre las autonomías de Castilla y Leon, el País Vasco y Navarra, La Rioja es famosa por su vino tinto.

Madrid. Esta comunidad autónoma es también el capital de España. Está precisamente en el centro del país. En 1561 el monarca español decidió que el gobierno debía permanecer en un solo sitio e instaló su corte en Madrid, aunque no tenía ningún ventaja natural, porque debido a su altura se podía ver todo el panorama de la llanura circundante. Este aspecto de la tierra era muy importante para el fortalecimiento del poder del monarca.

Murcia. Esta autonomía, que se encuentra en el sureste de España, incluye la ciudad de Cartagena — una importante base naval en años pasados que en el siglo XIX quiso declararse independiente de España. Durante la ocupación árabe, Murcia fue un reino independiente.

Navarra. Esta comunidad autónoma está en el noreste del país, entre el País Vasco y Aragón. En el siglo XI, el reino de Navarra era el más poderoso de España. Pero al morir el rey Sancho el Mayor, se separaron de Navarra los reinos de Castilla y Aragón, y más tarde se perdió el País Vasco también. Desde entonces, Navarra ha quedado dividido.

País Vasco. La lengua de esta comunidad autónoma, que se llama vasco o vascuence en castellano y «euskera» en vascuence, no exhibe ninguna semejanza ni con el español, ni con el francés. El País Vasco tiene una economía fuerte que ha atraído a muchos inmigrantes españoles. Los vascos también están luchando por la independencia. Un grupo terrorista, ETA, está al frente de la lucha. Según ellos «no somos, no hemos sido, y no seremos jamás españoles.»

Valencia. Esta autonomía está en el este de España en la costa mediterránea, al sur de Cataluña. Una de las comidas españolas más famosas, la paella, es de Valencia. Durante la primavera, se celebran «Las Fallas» en Valencia. Es una fiesta en que la gente construye figuras gigantes hechas de *papiermache*. Unos jueces deciden cual es la mejor y las otras se queman por la noche en un gran espectáculo.

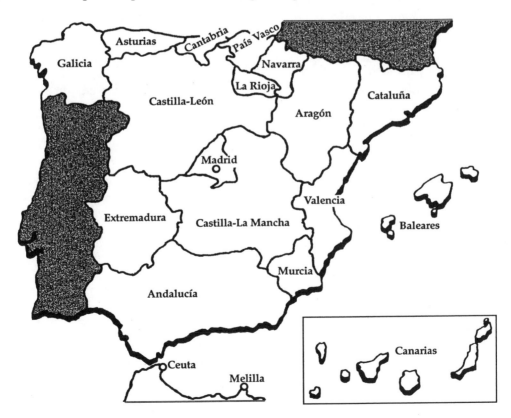

Palabras.

En la retórica política del conflicto entre la autonomía regional y la unificación española, hay varios términos que han usado los partidarios de ambos lados. Hay algunos *españoles periféricos* que apoyan el *separatismo* — la independencia total y la creación de una nación independiente. Cuando estas personas usan las palabras *nación, nacional, nacionalista, nacionalismo*, se refieren no a España sino a su *patria chica*. En su esfuerzo de lograr este propósito algunos extremistas practican el *terrorismo*. Hay otros que creen que se puede tener *autodeterminación* y *autogobierno* sin dejar de ser españoles. Para éstos, lo importante es no ser dominados por el *centralismo castellano*, y ellos han apoyado la idea de *estatutos de autonomía* que han establecido los *Parlamentos autónomos*, capaces de reconocer las *personalidades regionales*, y han establecido ciertas *libertades locales*.

Identificación del sujeto.

El orden de las partes principales de la oración (sujeto, verbo, objeto, otros complementos) es más flexible en español que en inglés. Esto produce una riqueza de posibilidades estilísticas, pero al mismo tiempo puede presentar dificultades para el lector. Por ejemplo, el sujeto gramatical puede ser el primer elemento de la oración, como en inglés (*Juan viene*), pero también existe el orden inverso *(Viene Juan)*. También a veces el objeto gramatical puede estar al principio de la oración, por ejemplo:
Lo que detrás dejamos en el tiempo no lo olvidaremos nunca. (1A,¶5)
Lo que detrás dejamos en el tiempo es el objeto pero está al principio de la oración porque es el **tema**. ¿Cuál es el sujeto?

Posibles claves para identificar el sujeto son las siguientes:

(a) Si la oración parece no tener sujeto expresado, trate de decidir si hay un sustantivo mencionado en el contexto inmediato que podría ser el sujeto entendido. Por ejemplo, en el primer párrafo de **Una herencia amarga** (p.14) ¿Cuál es el sujeto entendido de *se infirió, se cerró, siguió presente, fue cicatrizando*? En el párrafo introductorio de **Las autonomías** (p.29) ¿cuál es el sujeto entendido de *llegaron* y *han tenido*?

(b) Si no parece posible suponer un sujeto entendido, y si hay un solo sustantivo en la oración, ése debe ser el sujeto aun si no está al principio: *Así lo consideraban al menos los catalanistas de entonces.*(¶3) ¿Cuál es el sujeto de *consideraban*?

(c) Si hay más de un sustantivo humano, en general uno de ellos va precedido de *a*, por lo que sabemos que ése es el objeto y el otro es el sujeto. *Unamuno especialmente había ofendido a los catalanes.* (¶3)

(d) Si el primer sustantivo de la oración no es el sujeto sino el objeto esto frecuentemente se marca con un pronombre *(lo,la,los,las, le, les)* junto al verbo. *La causa perdida del Partido Liberal o Reformista podía salvarla sólo Miguel Roca.* (1B,¶15)
(¿Cuál es el sujeto de esta oración? ¿Cuál es el objeto?)

(e) La conjugación del verbo (persona y número) puede indicar cuál de dos sustantivos es el sujeto. *Era un arma propagandística que **aprovechaban** los católicos de izquierda.* (¶7) (¿Cuál es el sujeto de *aprovechaban*?)

LECTURA: Las autonomías: odiadas, queridas, aceptadas

Llegaron tras muchos años a veces siglos de espera de los directamente interesados y el **recelo** de los demás. Han tenido la suerte que la negación de su personalidad nacional/regional equivalga en la historia, a la **reacción** y al franquismo y eso les da de entrada la simpatía de quienes repugnaron aquel régimen. Esperemos que no **malgasten** el **caudal** de confianza que les han dado los otros españoles para que sigan siendo, aún con lazos más flexibles, sus hermanos.

temor

tradicionalismo

waste   wealth

El espíritu antiautonómico.

¶1   El español en principio aunque no lo admita es antiautonómico, sobre todo al tratarse de una lengua que él no pueda comprender. Cuando los trenes eran de banco corrido y la conversación audible para todos, recuerdo la irritación que producía a los castellano-parlantes que alguien hablase en catalán o vasco delante de ellos. Obsérvese que se trataba de gente que no conocían, que tenían una charla privada y que, lógicamente, usaban el lenguaje que les era familiar. Pero la reacción era más o menos ésta: deberían usar el castellano para que supiéramos de qué hablan. A lo que varias veces respondí de la mejor manera posible, que eso no importaba nada a él, a mí ni a los demás que íbamos en el departamento. Se quedaban muy sorprendidos porque para un extrovertido nato como es el hispano, estar juntos significa incorporarse a algo común; al coincidir en un departamento de ferrocarril **surge** la urgente necesidad de saber: a) destino del viajero, b) profesión, c) *status* familiar con descripción detallada de las características de los hijos y carrera que iban a **emprender**. Cualquier intento por parte de alguien de reservarse esta información se considera casi de mala educación, exactamente lo contrario de lo que ocurre en un tren anglosajón donde sería inoportuno y hasta grosero querer saber particularidades de la vida de un individuo con el que apenas se van a **compartir** unas horas.

hay

iniciar

share

¶2   Por ello, proteger la conversación privada con una barrera idiomática, se consideraba detalle de **pésimo** gusto, y la cuestión

muy mal

recibían
aspiraciones

lingüística no era de poca importancia en la reacción con que los españoles **acogían** las **pretensiones** catalanas o vascas antes de la guerra civil.

¶3   Eso explica que en los años de la SEGUNDA REPÚBLICA los enemigos de las libertades catalanas estuvieran tanto en la derecha como en el centro y aun en la izquierda. Así lo consideraban al menos los catalanistas de entonces que, en un dibujo de Mirador de Barcelona de 1 de octubre de 1931 colocaban los nombres de figuras de los tres grupos

wearing a cap

junto a las flechas que atravesaban a un San Sebastián **tocado de barretina**, alusión al pacto de aquella ciudad en 1930[1] que consideraban olvidado por las izquierdas. Miguel de UNAMUNO especialmente había ofendido a los catalanes al comparar la lengua española con un

shotgun
range
peasant
owl

máuser y a la catalana con una **espingarda** asombrándose de que, pudiendo elegir, prefirieran usar el arma de menor **alcance** y precisión. En otro chiste de Mirador un «**payés**» con barretina apuntaba precisamente con una espingarda a un **búho** situado en la rama de un árbol, búho en el que apenas se forzaba la caricatura para que apareciera la cara de Unamuno.

¶4   La renuncia voluntaria a la cultura hispánica es lo que más dolía a los españoles cultos. Mi hermano Guillermo [DÍAZ-PLAJA] me contaba la reacción visceral de Américo CASTRO, intelectual totalmente adicto a la República y que fue embajador de ella en Berlín, al visitar el Institut Escola de la Generalitat en Barcelona; toda su

---

1. Pacto de San Sebastián. Un pacto que garantizaba ciertos derechos a las regiones de Cataluña y el País Vasco.

predisposición liberal a las nuevas conquistas catalanas desapareció cuando comprobó que los chicos y chicas conocían muy bien a MARA- GALL y poquísimo a QUEVEDO.[1]

¶5   Pues bien. Esa antipatía a las manifestaciones catalanas que en aquel tiempo se daba en todas las tendencias políticas españolas ha dejado de existir o al menos no se publica ni se manifiesta. Y ello porque, gracias a la política de Franco y sus gobiernos, se ha asociado de tal manera la dictadura de derechas con la enemistad a las libertades catalanas (o vascas) que ningún parlamentario o periódico, a excepción de El ALCÁZAR[2], **pone en tela de juicio** la necesidad de que los   *duda* catalanes tengan su propia lengua oficialmente considerada, además de un Parlamento y un Gobierno para resolver sus asuntos internos.

¶6   El grado de comprensión de las autonomías entre el pueblo español depende bastante razonablemente, de las circunstancias históricas que las rodean. Así, en principio se comprenden mejor a las que llevan años pidiéndolas y que por sus características raciales e idiomáticas parecen tener fundamentos sólidos. Es el caso del País Vasco y de Cataluña. En un escalón inferior aunque aceptable está Galicia.

El País Vasco.

¶7   ... o EUZKADI[3] para sus habitantes y amigos comparte con los catalanes el dudoso honor de haber sido **blanco** preferido de las ansias   *target* centralistas del franquismo. En la guerra civil, la animosidad contra él era todavía mayor, y la razón era que a su «separatismo» los vascos unían un catolicismo que **desmentía** la postura de Franco como   *refuted* único defensor español de la Iglesia contra los incendiarios de templos y asesinos de curas[4]. Como es sabido, en Vizcaya, Guipúzcoa y Álava[5] siguió el **culto** normal y los combatientes vascos (los gudaris)   *devoción* contaron con **capellanes castrenses** en sus batallones, de forma   *military chaplains* idéntica a sus enemigos de enfrente. Era un arma propagandística

---

1. A Castro le pareció incorrecto que los alumnos conocieran mejor a un escritor catalán (Maragall) que a una de las figuras máximas del siglo de oro español (Quevedo).

2. El Alcázar: periódico de ultra-derecha.

3. Euzkadi es el nombre en vasco del País Vasco.

4. Incendiarios ... curas. Durante la guerra civil, las fuerzas de la izquierda perpetuaron numerosos actos de violencia contra la iglesia y los religiosos.

5. Vizcaya, Guipúzcoa, y Álava: provincias del País Vasco.

que aprovechaban en el extranjero los católicos de izquierda y por lo tanto, los franquistas consideraban que el vasco era un enemigo peligroso que había que reducir lo antes posible.

¶8   En junio de 1937 las fuerzas nacionalistas conquistaron Bilbao y con esa ciudad todo el territorio del País Vasco. La represión fue fuerte, y en el terreno idiomático el EUSKERA pasó a ser, como el catalán, lengua sólo permitida para uso familiar y nunca de forma pública ni siquiera en anuncios de comercio.

líderes   ¶9   Con la transición llegó la resurrección del país y sus **dirigentes** intentan re-crear la patria de los vascos en cuyo proyecto la lengua
foundation   ancestral es **baza** importantísima.   Sin embargo, las dificultades empiezan prontamente en ese terreno.   Aparte de que el idioma es hablado sólo por menos de la mitad de los habitantes (en Cataluña, en cambio, el 90 por 100 de los nacidos allí hablan catalán, y apenas hay diferencias dialectales) en Euzkadi basta una hilera de montañas para
habitante   diferenciar el lenguaje hasta hacerlo ininteligible para el **morador** del valle vecino.   Un taxista de San Sebastián vasco-parlante desde niño, me aseguró que él no podía comprender a un campesino de Vizcaya y viceversa.

depender de ¶10   Ante esa dificultad los vasquistas no pueden **acudir a** remedios
escuela   parciales como intercambiar niños de una «IKASTOLA» a otra; la fórmula sería a largo plazo y además ineficaz porque resolvería el problema de entendimiento de una forma europea, igual que un francés puede aprender inglés o viceversa, pero el vasco seguiría fragmentado. Entonces los especialistas, en lugar de aplicar medicinas lentas y
unificar   costosas, han decidido recurrir a la cirugía. No se trata ya de **enlazar** dialectos sino de reinventar un lenguaje que sirva, si no hoy, a las generaciones que vengan.   Ese lenguaje llamado «garúa» creado por especialistas ha sido sacado de las raíces más características y comunes de la lengua, un poco como se hizo con el esperanto[1] y ése es el idioma que se enseña en las escuelas dependientes del Gobierno Autónomo Vasco.

¶11   El experimento, audaz experimento, ha producido como es lógico estupefacción y a veces incluso resentimiento entre los vascos mayores a quienes de pronto se les dice que lo que hablaban desde hacía siglos en su familia no era correcto.   La camarera de un
de San Sebastián restaurante **donostiarra** me contaba el caso de su madre, una

---

1. esperanto: un idioma creado a base del inglés y otras lenguas europeas, para servir de lengua universal. No tuvo mucho éxito el proyecto.

«**cashera**»[1] a la que los hijos más sofisticados por su residencia en la ciudad, continuamente **gastaban bromas** ante su incapacidad de expresarse en castellano. Llega el ESTATUTO[2] y, en principio, la reivindicación de esa campesina a la que por fin se reconoce que su forma de hablar es tan importante como otras e incluso resulta oficial. Pero asombrosamente sucede que no es así. Ahora el nieto al volver de la escuela se ríe de ella: «Abuela, así no se habla el euskera.» Y la vieja asombradísima: «Tantos años burlándose de mí porque no sabía hablar en castellano y ahora resulta que tampoco sé mi propio idioma.»

housewife

se burlaban

¶12   La imagen del país vasco para el resto de los españoles ha empeorado grandemente en los últimos años, cambio tanto más asombroso porque la actitud general hacia esa región era muy favorable. Para muchos **peninsulares e isleños**[3] el vasco estaba adornado de todas las virtudes: Trabajador, leal, fuerte, sano, amante de la tradición. El equipo de fútbol bilbaíno (ATHLETIC DE BILBAO) compuesto, decíamos todos con admiración, sólo por jugadores de la **cantera** local, era el paradigma de esas virtudes y muchos seguidores de otros equipos (del Barcelona, del Sevilla, del Valladolid, del Madrid, del Valencia) afirmaban que, inmediatamente después de su equipo local, deseaban la victoria del Athletic. Esta actitud positiva ha cambiado y naturalmente la razón se debe a un movimiento dramáticamente famoso llamado ETA[4]. Ahora cuando salta a cualquier campo de juego español el equipo bilbaíno, es recibido con silbidos y gritos al asociarle con la agrupación terrorista. No se trata evidentemente de considerarles cómplices ni aun partidarios del asesinato; lo que les hace antipáticos ahora es su pertenencia a una mayoría representada por el PNV[5] que, durante muchos años, ha mostrado una ambivalencia desagradable al juzgar sin excesiva acritud el terrorismo explicándolo muchas veces por la incomprensión de Madrid hacia los problemas locales. Y al frente de esa actitud, lo que más irrita, están los obispos y la Iglesia en general de aquella zona.

españoles

training camp

Galicia.

¶13   La autonomía gallega tiene, como el carácter de sus habitan-

---

1. La palabra es *casera*. Díaz-Plaja pone *cashera* para imitar una pronunciación vascuence.

2. Estatuto: La legislación que creó las comunidades autónomas.

3. peninsulares e isleños: los habitantes de la península y de las islas españolas (Baleares y Canarias).

4. ETA: *Euskadi Ta Azkatasuna* una organización terrorista vasca que ha asesinado a muchísima gente.

5. PNV: Partido Nacional Vasco. Uno de varios partidos políticos vascos. No apoya activamente la violencia de ETA, pero tampoco la condena, y esta postura ambigua no se ve bien en el resto de España.

desagradable

lucrativa

iba

diligente

hacer puro

buscar   elementos

mujer de Guipúzcoa

tes una suavidad especial que no la hace **hiriente** para el resto de los españoles. La región en general es mirada con simpatía. «Pues sí, es verdad, pobres gallegos... a ver si así[1] resuelven la situación de pobreza y de abandono en que han vivido hasta ahora» y de la que ni siquiera les sacó el hecho de que el anterior jefe de Estado[2] fuera gallego. Esa circunstancia «paisana» que en todas partes ha favorecido al país afortunado con su nacimiento no valió para nada en la relación de Franco con Galicia. Ni hizo que le ayudaran en la pesca, ni en la industria ni siquiera en la más **rentable** de las inversiones que es la del Turismo. A pesar de que **acudía** allí todos los años viajando en automóvil, el estado de las carreteras no mejoró prácticamente en toda la época franquista y los accesos a la región eran los peores que existían en la Península.

¶14   La disparidad entre el lenguaje vivo y el oficial la encontré también en Galicia donde el Estatuto ha promovido la **afanosa** búsqueda del idioma más puro. Aquí no se notaba como en el País Vasco un acento tan diferente que pudiese alejar a gallegos de Lugo de los de Vigo. Aquí se trataba de **depurar** un idioma que había sufrido a lo largo de los siglos innumerables influencias del castellano. Había que **bucear** en sus orígenes, quitarle el **ramaje** espurio del español para devolverlo a su ser primitivo. Pero en este caso ese origen está en el lenguaje del vecino, es decir, en portugués al que se vuelven los galleguistas como única forma de conseguir separarse del castellano y esa orientación es la que triunfa en las escuelas. Con lo que una señora de Lugo me contaba una experiencia parecida a la **guipuzcoana** de antes: su hijo de nueve años al volver del colegio le corrige en su pronunciación y vocabulario: «¡Eso no es gallego, madre! —y ella irritada —Cuarenta años de hablar gallego y ahora resulta que lo que hablaba era otra cosa.»

1. así: con la creación de una comunidad autónoma.
2. Francisco Franco fue de Galicia, pero no ayudó mucho a su región natal.

ANDALUCÍA.

¶15   La sorpresa grande fue la petición de la autonomía andaluza.[1]
Años, decenios, quizá siglos de incomprensión de esa zona habían
conformado la imagen de un lugar alegre y divertido, algo así como   *creado*
el jardín donde el resto de los españoles bajaba a olvidarse de sus
preocupaciones con la gracia en el decir de sus habitantes, con la copa
y el baile. No servían para nada las protestas con que durante años se
habían manifestado los poetas andaluces contra aquel **tópico** e incluso   *cliché*
algo más dramático como las huelgas de hambre de MARINALEDA.[2]
Todos ellos nos recordaban el profundo drama que existía tras el **telón**   *sequined curtain*
de lentejuelas[3], el brillo de unos **caireles** y el **revoleo** de una **bata de**   *wigs   whirling*
cola[4]. Tampoco sirvió de nada el libro que en pleno franquismo sacó   *gown*
Antonio Burgos y que se llamaba acusadoramente «Andalucía tercer
mundo» y que sólo sirvió para irritar al alcalde de Sevilla de entonces:
«Oye, que nos trata como a unos salvajes». Nada consiguió **calar** en   *penetrar*
el concepto que los demás españoles seguíamos teniendo del sur.

¶16   Pero llegó la carrera de las autonomías y el pueblo andaluz se
puso de pie masivamente pidiendo la suya. Asombro en todas partes:
«¿También tú, hija? Pero si eres la niña bonita de todos los españoles,
si nadie te tiene antipatía, si todos recuerdan tu gracia y tu belleza
constantemente... ¿para qué querrás tú la autonomía?»

¶17   Al parecer sólo para **echar andar**. Resulta que este autogo-   *progresar*
bierno ha decidido de golpe **enzarzarse con** los mil problemas que   *confrontar*
durante siglos han **agobiado** al país, la **trastienda** de esa inmensa   *troubled   downside*
caseta de feria que creíamos todos que era la tierra andaluza. Y   *carnival booth*
efectivamente la autonomía ha servido, por de pronto, para que se
empezase a realizar allí la primera de las revoluciones pendientes que
tiene España y que nadie se había atrevido a **afrontar** desde la   *confrontar*
Segunda República: la Reforma Agraria.[5] Se acabó el folklore, el

---

1. petición de la autonomía andaluza: según la constitución, las regiones que querían constituirse en autonomías
oficiales debían hacer peticiones. El autor afirma que es asombrosa la petición de Andalucía, porque esta región
no tiene ni una tradición separatista, ni las características especiales de otras regiones, como por ejemplo una
lengua propia.

2. Marinaleda: un pueblo andaluz a la vanguardia de las reformas agrarias.

3. tras el telón de lentejuelas: detrás de (y menos visible que) la visión rosásea de Andalucía que tiene la
mayoría de los españoles.

4. brillo ... cola: imágenes de la Andalucía alegre.

5. La Reforma Agraria: proceso de hacer uso más efectivo de las tierras cultivables de la región.

clicking of heels **taconeo** y la **guasa**. Los andaluces han dejado de creer en Manuel
joking MACHADO y se han apoyado en su hermano Antonio[1]. Se visitan las
evalúa tierras, se las **valora**, se estudia lo que hace el propietario, se **dicta-**
decide **mina** si dan el máximo que pueden y si son «manifiestamente mejora-
bles» se las interviene obligando a que sirvan mejor a la comunidad a
la que pertenecen.

¶18   Naturalmente y como pasa siempre en medidas de este tipo, las
fuerzas políticas de diverso signo[2] han protestado enérgicamente:
«Ridículo e insuficiente», grita el PCE. «Robo a mano armada», protesta Alianza Popular. Y quizá en esa coincidencia negativa de ambos
extremos de la política esté la razón que asiste a la Junta de Andalucía.

¶19   ¿Para qué sirve la autonomía? Pues en este caso al menos
para llevar a cabo una política económica que muchos consideraban
come to grips with necesaria, pero a la que nadie se había atrevido a **meterle el diente**.
Cuando el PSOE de Madrid actúa con pies de plomo en la cuestión
pampering social **mimando** a los **empresarios**, el PSOE de Sevilla se lía la manta
negociantes a la cabeza[3] y hace buenas unas promesas electorales en las que ya no
creía casi nadie. Con lo que la vecina EXTREMADURA que comparte
gran parte de sus problemas agrarios y sociales, ha empezado a
firecracker imitarla encendiendo lo que puede ser una **traca** explosiva de
innovaciones importantes... siempre que prime la eficacia sobre la
demagogia.[4]

Otras comunidades autónomas.

with a foundation ¶20   Hasta aquí las autonomías **con solera**; evidente en unos casos
desde hace tiempo y revelada recientemente en la otra. Las demás son
producto de la actitud permisiva, por temerosa, del gobierno de UCD
que buscando contra reloj una paz urgente para los españoles, no
vaciló en conceder la autodeterminación a quienes la pidieran sin tener
en cuenta razones históricas o prácticas. En muchos casos se trató de
«no ser menos»: Aragón que Cataluña, Asturias que Galicia,

---

1. Los temas de Manuel Machado son más líricos, mientras que los de su hermano Antonio son más serios.

2. de diverso signo: de diferentes filosofías políticas.

3. se lía ... cabeza: toma las decisiones necesarias.

4. siempre...demagogia: con tal que se consideren más importantes los resultados que la política.

Cantabria que el País Vasco, Valencia que Cataluña...

¶21   «Valencia que Cataluña»... ahí se ha establecido una curiosa
relación de amor-odio entre dos regiones en principio hermanas, pero
como en el caso de muchas familias, con el temor de la pequeña de
que la domine la mayor. Así, mientras en Cataluña se ve continuamente **la pintada y el pasquín** anticastellano, en Valencia se lee la   *graffiti*
anticatalana: «Som valenciáns, no cataláns.» La razón es sencilla y se
repite en las Baleares[1] aunque allí la reacción esté dulcificada por el
carácter más acomodaticio de sus pobladores. El valenciano **de a pie**   *común*
siente, como tantos españoles periféricos, la necesidad de autogobernarse, de no tener que esperar de una oficina, lenta oficina, de Madrid
la solución a un programa local de urbanismo o de higiene. Pero por
otro lado, no quiere escapar del centralismo castellano para caer en uno
catalán, de llegar a encontrarse dominada por Barcelona en vez de por
Madrid.

¶22   En **la ciudad condal** detectan a menudo el mismo aire de   *Barcelona*
superioridad que sentían en la **Villa y Corte** cuando iban a solucionar   *Madrid*
algo y la expresión «paisos catalans» utilizada a menudo por los
medios de comunicación del **Principado** les hace pensar que en vez   *Cataluña*
de ser libres puedan cambiar de amo... un amo que lógicamente no
será político y militar, pero sí que puede ser intelectual; de ahí la
reiteración con que los periódicos de toda España reciben cartas de
lectores **reivindicando** la existencia de una «lengua valenciana» antes   *proclaiming*
de la catalana y la independencia de la cultura de Ausias MARCH[2] (la
verdad, hay que decirlo, con más patriotismo que ciencia de lenguaje).
Son los «blauers»[3], los que colocan una franja azul en la bandera de
las cuatro barras como signo de una personalidad distinta junto a las
armas comunes catalanas.

¶23   Exactamente por la misma razón lingüística está frente a ellos
la minoría culta, la de la universidad e intelectuales que al igual que
los de Baleares han aceptado de todo corazón incorporarse a esos
«paisos catalans» donde la lengua única, aunque dictada en Barcelona,
les permita pasar de ser escritores para unos miles de personas a

---

1. Las islas Baleares: Mallorca, Menorca e Ibiza. Islas mediterráneas por la costa de Valencia.

2. la cultura de Ausias March: la cultura valenciana.

3. «blauers»: 'valencianos'. Viene del catalán **blau** 'azul'. Se refiere a la franja azul que está en la bandera
valenciana junto a las cuatro barras catalanas.

alcanzar a casi seis millones[1]. El idioma es para ellos algo más que un instrumento de trabajo; es la forma de comunicar ideas y sentimientos y de ahí su antipatía a quienes quieren reducirla a límites locales.

¶24   La división entre los dos grupos creo que es grave. Unos tienen el poder como lo tenía la minoría «ilustrada» del siglo XVIII y su presencia llega por razones obvias, a los grandes medios de comunicación españoles; los otros son la masa y sólo pueden demostrar sus sentimientos en el fútbol o en la calle donde, en algunas ocasiones, han aprovechado ceremonias religiosas o cívicas para **llegar**

luchar   **a las manos** contra quienes, según ellos, están vendidos, sentimental si no económicamente, a los vecinos del norte. Es una disensión, que

causar   no se encuentra en otras autonomías y que puede **acarrear** problemas graves al menos mientras no crezcan las nuevas generaciones de niños valencianos que hayan aprendido en unas escuelas — hoy ya en manos de los catalanistas — que, efectivamente, forman parte de los «paisos catalans» y que el valenciano es sólo una variante del idioma común.

¶25   Y, sin embargo, al menos oficialmente, esa comunidad valenciana está al margen de la catalana lo que no ocurre en el caso

siente   de León[2] que, según parece no **experimenta** ningún placer en haber quedado unida a Castilla la Vieja en el momento de dibujar el mapa autonómico. Quien salga del hermoso hotel de San Marcos en la capital leonesa encontrará frente a la misma puerta la primera expresión del sentir de muchos habitantes de esa zona: «León, sin

graffiti   Castilla» y esa impresión se mantiene en otras **pintadas** y en la conversación con los habitantes. Se repite el caso: nadie quiere escaparse de que le gobierne Madrid para que en su lugar lo haga Valladolid[3], ciudad que por su fuerza agrícola e industrial es mirada

desconfianza   con **recelo** en el territorio (decía una pancarta en la plaza de toros de Palencia[4] hace años durante la feria: «Palencia saluda a todos los

visitors   **forasteros** excepto a los de Valladolid.») Efectivamente, aquí la esperanza autonómica ha fallado al disociar a una región de una capital central para unirla a otra provincial a la que no unen, más

---

1. miles...millones. Escribiendo en catalán, un intelectual valenciano tiene un público mucho mas extensivo que escribiendo en valenciano.

2. León y Castilla la Vieja forman una sola Comunidad Autónoma, aunque históricamente son regiones separadas. León, por ser la más pequeña de las dos, hubiera querido ser comunidad independiente.

3. Valladolid: Capital de la comunidad autónoma de Castilla y León — una ciudad castellana que los leoneses no consideran que pueda ser capital verdaderamente suya.

4. Palencia: una ciudad de León que está cerca de Castilla.

bien dividen, recuerdos históricos-literarios desde los tiempos del poema del CID.

¶26   Por razones parecidas quiso actuar Segovia que intentó nada menos que declararse región autónoma por sí sola y la misma idea apoyada en el pasado mueve a Cartagena respecto a Murcia. La región que dio origen al primer movimiento federal de la España moderna, el famoso «cantón» que llegó a amenazar al gobierno de Madrid con unirse con los Estados Unidos de América si no respetaba sus peculiaridades, tampoco está a gusto dependiendo de una capital de provincia que cree no tiene la **categoría** que requiere mandar a **la famosa base naval**[1]; como en otros casos, ese sentimiento se demuestra en pintadas, entre **soeces** e ingeniosas, como la que continuamente corrige las señales de la carretera para que Murcia se transforme en «**Furcia**».

status
Cartagena
vulgar

prostituta

¶27   En cuanto a otras autonomías muchas obedecen más al **anhelo** de protagonismo y de vanidad que a una necesidad básica. Cuando un periodista me pregunta qué opino de ellas, contesto que al menos sirven para enaltecer el «ego» del nativo procurándole en varios casos un mando y un cargo que siempre resultan gratificantes para colocar en la tarjeta tras el nombre. Antes, en las provincias españolas, había sólo un gobernador civil que casi siempre «doblaba» de jefe Provincial del Movimiento. Ahora, aparte de los jefes, secretarios, tesoreros de los partidos políticos locales que antes no existían, se puede ser personaje de las autonomías tales como presidente, consejero, presidente del Parlamento Autónomo, diputado del Parlamento Autónomo... en fin, una **gozada**.

deseo

a boondoggle

La comunidad autónoma de Madrid.

¶28   La autonomía más asombrosa de todas, la que tiene menos **raigambre** histórica, la que no ha pedido nadie empezando por los más interesados y obligatoriamente afectados por ella, es la autonomía de Madrid. La indiferencia del nativo ante esa posibilidad era lógica. Una autonomía se basa en la necesidad de autogobernarse en vez de aceptar las disposiciones de gente que por vivir en otro lugar, casi en otra galaxia, era difícil que comprendieran los problemas propios. Pero es que Madrid era justamente ese «otro lugar», esa otra galaxia

base

---

1. Por su situación estratégica, Cartagena fue en otra época una base naval importantísima. En 1873 hubo una insurrección y Cartagena se declaró cantón independiente, pero el gobierno central español restauró el control central en 1874.

navel

y sus residentes estaban acostumbrados a dar las órdenes y no a recibirlas. Constituían el **ombligo** de España en lo administrativo, el «rompeolas de todas las Españas»[1]. ¿Contra quién se iban a rebelar?

ties

¿De quién se iban a separar? ¿Qué **lazos** iban a romper? ¡Si los que tiraban de la cuerda eran ellos mismos!

¶29   Por eso no ha habido jamás manifiestos cargados de firmas[2] para pedir la autonomía madrileña; por eso en los archivos de prensa no hay una sola foto mostrando las manifestaciones por la Gran Vía[3] al grito de «libertad, amnistía y estatuto de autonomía» tan repetidas en Bilbao, Barcelona, o Santiago de Compostela. Un buen día, los que

Madrid

vivimos en **la ciudad del Oso y el Madroño** nos enteramos que nos habían concedido el regalo que nadie había solicitado, que Madrid no iba a ser menos que las provincias y que tendría su estatuto, su autogobierno y un presidente.

¶30   La verdad es que ante la inesperada noticia tampoco hubo

shrug

manifestaciones contrarias porque la gente se limitó a **encogerse** de hombros ¿y eso a qué viene?, lo que se reflejó claramente en la solemne proclamación celebrada en la calle San Bernardo desde la

hoisted

sede provincial de la Junta Autónoma. En el momento en que se **izó** la bandera había más gente en los balcones del edificio que en la calle;

on purpose

eran más los funcionarios que los curiosos... y empleo **adrede** este adjetivo porque de esos pocos oyentes, la mayoría eran transeúntes que circulaban en aquel momento y se detuvieron «a ver qué era aquello»...

¶31   La Junta se cambió luego a la Puerta del Sol en la antigua Dirección de Seguridad, traslado que se realizó con la misma indiferencia ciudadana. También tiene bandera propia que por cierto fue criticada por los expertos en la materia por no obedecer a ninguna de las reglas heráldicas que se suponen tienen que intervenir en la confección de un símbolo de tal categoría. Pero al menos los disidentes fueron unos pocos especialistas que escribieron a los periódicos quejándose de no haber sido consultados en la elaboración de la enseña. Fue mucho más grave y general la reacción cuando se hizo público el himno de la Comunidad, el que se supone tiene que ser

cantado

entonado en las gloriosas **efemérides** de este Madrid de nuestros

eventos importantes

---

1. «rompeolas ... Españas: caracterización de Madrid en un poema de Antonio Machado.

2. manifiestos...firmas: No han circulado en Madrid peticiones a favor de la Autonomía como en otras partes.

3. Gran Vía: calle principal de Madrid.

pecados; la música fue considerada **anodina**, pero la letra se consideró casi unánimemente como un ejemplo de lo absurdo, de lo irreverente y de lo frívolo, todo lo contrario de lo que se supone tenga que ser un himno. Unanimidad con la que no me siento identificado. A mí esa letra me pareció apropiada. Creo que un himno «**de coña**» es lo que le va a una autonomía «de coña».

insignificante

absurda

Conclusión.

¶32   Lo que parece claro es que, en general, la existencia de las autonomías y aún admitiendo el excesivo gasto y aún el **derroche** que ha representado la duplicación de los servicios en cada caso, es popular y aparte de algunos nostálgicos no parece existir arrepentimiento ni el deseo de que vuelvan los tiempos en que había que esperar que la todopoderosa Madrid condescendiese a escuchar los anhelos de los españoles «de provincias».

waste

¶33   Quizá el estado de las autonomías — no sé por qué se resisten a llamarlo «federal» que es lo que acabará resultando — sirva para que el **rompecabezas** español acabe teniendo sentido, es decir, que se comprenda que dada la disparidad social-económica de las distintas zonas españolas, se aplique una política distinta cada una sin hacer de ello una obligación demagógica para el gobierno central.

puzzle

Preguntas

1. ¿Por qué cree Vd. que produce irritación que alguien hable en catalán o vascuence en público? (¶1)
2. ¿Puede Vd. explicar el dibujo de *El Mirador*? (¶3)
3. Díaz-Plaja habla de la renuncia de la cultura hispánica. (¶4) ¿Cómo cree Vd. que le contestaría un vasco o un catalán?
4. ¿Cómo ha ayudado a las aspiraciones catalanas y vascas la política de Franco? (¶5)
5. Sabemos que Franco apoyaba fuertemente el catolicismo. ¿Cómo se explica, entonces, que él tuviera animosidad contra el País Vasco precisamente porque esta región era católica? (¶7)
6. ¿Por qué es un problema para los partidarios del País Vasco la fragmentación del idioma? (¶9)
7. ¿Le parece lógico o justo que los españoles vean menos favorablemente a los vascos por culpa de ETA? Explique su respuesta. ¿Ocurren casos similares en otros países? (¶12)
8. ¿Cómo es diferente Galicia de las otras regiones? (¶13)
9. ¿Por qué fue una sorpresa la petición andaluza? (¶15)

10. ¿Cómo puede contribuir el gobierno autónomo andaluz a la solución de los problemas locales? (¶19)

11. ¿Por qué sugiere Díaz-Plaja que hay una diferencia importante entre algunas peticiones de autonomía y otras? (¶20) ¿Está Vd. de acuerdo?

12. Explique la relación que existe entre Valencia y Cataluña. (¶21ff)

13. ¿Puede Vd. defender —o criticar— las aspiraciones de León, Segovia, Cartagena? (¶25,26)

14. ¿Cree Vd. que fue necesaria la creación de una autonomía de Madrid? (¶28ff) Explique su respuesta.

El subjuntivo tras expresiones hipotéticas.

En la lectura hay varias oraciones con el subjuntivo con una característica especial que vale la pena destacar. Se trata de verbos subjuntivos introducidos por una expresión de hipótesis (usualmente caracterizadas en términos de **duda, influencia, actitud** y **emoción**). Ejemplos comunes son:

Dudo que Juan venga.
Sugiero que María estudie más.
Es ridículo que ellos lleguen tan tarde.
Me alegro que estés aquí.

Los que queremos destacar aquí son diferentes porque la expresión que introduce el subjuntivo no es un verbo—puede ser un sustantivo, un adjetivo, o hasta un adverbio. Estudie los ejemplos. ¿De qué palabra o frase depende el modo del verbo señalado? ¿Entiende usted la razón por el uso del subjuntivo en cada caso?

*Nadie pone en tela de juicio la necesidad de que los catalanes **tengan** su propia lengua.*

*... con el temor de la pequeña de que la **domine** la mayor.*

*No parece existir arrepentimiento ni el deseo de que **vuelvan** los tiempos en que había que esperar a la todopoderosa Madrid.*

*Recuerdo la irritación que producía a los castellano-parlantes que alguien **hablase** en catalán.*

*... siempre que **prime** la eficacia sobre la demagogia.*

*Han tenido la suerte que la negación de su personalidad nacional/regional **equivalga** en la historia, a la reacción y al franquismo.*

En dos casos adicionales, no parece estar presente ninguna de las categorías semánticas que tradicionalmente se citan para el uso del subjuntivo.

*Ni siquiera les sacó el hecho de que el anterior jefe de Estado **fuera** gallego*

*Eso explica que en los años de la Segunda República los enemigos de las libertades catalanas **estuvieran** tanto en la derecha como en el centro y aun en la izquierda.*

En estos ejemplos no hay duda, ni un esfuerzo de influenciar, ni una actitud ni una emoción. En la primera oración la frase clave es *el hecho que*; en la segunda esta misma idea está incluida sin ser expresada:

Eso explica [el hecho que] en la Segunda República ...

Se usa el subjuntivo con *el hecho que* cuando la información que sigue no es la información principal que el hablante quiere comunicar. En el primer ejemplo, la idea central es que el hecho mencionado no ayudó a Galicia. En el segundo la idea central es que el hecho mencionado es explicado por la situación lingüística.

Organización del ensayo

Los subtítulos (algunos de los cuales fueron añadidos por el editor) indican una organización básicamente geográfica. La autonomía que falta es Cataluña. ¿En qué parte de la lectura se habla de Cataluña? Dentro de cada sección se puede ver una organización temática. Por ejemplo se puede resumir la sección sobre Andalucía del siguiente modo:

¶15. La petición andaluza fue una sorpresa.

   ¶16. Los otros españoles querían saber ¿por qué?

   ¶17. Para solucionar graves problemas (reforma agraria).

     ¶18. Las soluciones no satisfacen a todos.

¶19. Las autonomías sirven para encontrar soluciones locales.

La organización dentro de los párrafos demuestra una diferencia sutil entre la retórica anglosajón y la romance. En español es aceptable progresar de un tema a otro siguiendo un hilo de asociaciones que no forma necesariamente una parte importante del esquema global del ensayo. En inglés una secuencia de temas de este tipo no se vería bien, pero en español es parte de la elegancia del ensayo.

¶15. La petición andaluza:

     fue una sorpresa

     porque tenía una imagen de alegría

     no servían para nada las protestas

     había un profundo drama detrás de la imagen

     tampoco sirvió el libro de Burgos

        este libro irritó a los andaluces

En la retórica romance, esta secuencia implica una promesa algo como lo que el abogado le dice al juez «prometo establecer una relación entre este material y el tema principal.» En este caso, la promesa se cumple en el párrafo siguiente cuando el autor explica que, contrario a lo que se podría pensar, la gran mayoría de los andaluces querían una comunidad autónoma.

Ejercicio. Escriba un esquema para la sección **Otras comunidades autónomas**. Comente la organización de temas. ¿Cómo revela el autor su actitud frente a estas otras comunidades?

Para conversar y escribir

1. ¿Qué sabe Vd. de otros movimientos nacionalistas o separatistas (Irlanda, Yugoslavia, Czeckoslovakia, las regiones del antiguo URSS)? ¿Cómo son similares estos casos a la situación en España? ¿Cómo son diferentes?

2. ¿Hay alguna diferencia importante entre el sistema español de comunidades autónomas y el sistema federal estadounidense? ¿Está Vd. de acuerdo con el autor cuando dice que el estado español acabará siendo un sistema federal?

La estatua del Oso y el Madroño
Puerta del Sol, Madrid

3. LOS AMIGOS DICTADOS

Introducción.

La guerra civil española fue fundamentalmente un conflicto español, causado por problemas españoles, y dirigido por protagonistas españoles. Pero durante los años cuando tuvo lugar, Europa estaba dividida por conflictos ideológicos, económicos, y nacionalistas. Las tres ideologías básicas eran *la democracia* (Inglaterra, Francia), *el fascismo* (Alemania, Italia) y *el comunismo* (La Unión Soviética). En este contexto fue lógico que estos países identificaran con las facciones de la contienda española, creando fuertes intereses y amistades dentro de cada zona. Las fuerzas del fascismo y el comunismo también mandaron ayuda económica y militar a sus «clientes», como suelen llamarse los gobiernos beneficiados (y dominados) por una fuerza poderosa. Las democracias (Inglaterra, Francia, Estados Unidos) mantuvieron una actitud un poco ambigua — aunque se manifestaban en contra de la rebelión de los fascistas, tampoco querían identificarse demasiado con una República que tenía apoyo comunista. Al comienzo de la guerra civil, Francia e Inglaterra reconocían la legitimidad de la República, que tenía su capital en Madrid. Aunque nominalmente siguieron sosteniendo esa posición oficial durante todo el conflicto, no mandaron ayuda militar a la república, sino que respetaron una postura de «no intervención» que había sido declarada por la Sociedad de Naciones *(League of Nations)*, aunque esta postura no fue respetada por los regímenes fascistas.

Las amistades de base ideológica persistieron durante la época franquista, y aun hoy los españoles ven positiva y negativamente a ciertos países con referencia a temas políticos. En la lectura, Díaz-Plaja comenta las amistades internacionales de la época de la guerra, del franquismo, y de la actualidad.

Palabras.

Cuando un país admira a otro, la gente puede *deslumbrarse de* ciertas cualidades o actividades de los ciudadanos del otro país. O sea que estas cualidades o actividades causan una sensación tan profunda que uno siente admiración y sorpresa, casi temor. También puede *vitorear* o aplaudir las actividades del amigo. Cuando un país poderoso protege o ayuda a un pueblo más débil, decimos que el más débil es el *cliente* del más poderoso. En cambio, si hay enemistad, generalmente el *trato* será *adverso* y las relaciones entre las personas serán negativas; la reacción puede ser de *irrisión* o burla, o se puede sentir *desdén*. Durante la Segunda Guerra Mundial había propaganda *germanófila* en la España franquista, pero muchos españoles sentían más simpatía hacia los aliados (Francia, Inglaterra, EE UU), o sea que eran *aliadófilos*.

Personajes.

En la lectura se mencionan varios personajes de historia y de las artes. ¿Sabe usted quiénes fueron estas personas? Consulte el Glosario onomástico si hay alguno que no conoce.

Adolfo Hitler (el *führer*)   Marcel Proust
Benito Mussolini   Stendahl
José Stalin   Albert Camus
Napoleón (el Corso)   Jean-Paul Sartre
François Mitterand   Miguel de Cervantes
Charles Chaplin   Benito Pérez Galdós
Voltaire   Miguel de Unamuno

Más sobre el orden de las palabras.

Hay oraciones que pueden causar un problema de comprensión porque un elemento que no es el sujeto se coloca al principio.

Del italiano *irritaba sobre todo su elegancia.*
'As for the Italian, what was iritating above all was his elegance.'

El orden de los elementos de la oración corresponde, en este caso, a la distinción entre el **tema** de la oración y el **comentario**. El tema es una entidad o un concepto sobre el cual el hablante quiere expresar una idea y el comentario es esa idea. En muchas oraciones el tema es el sujeto, pero esta correspondencia no siempre existe. En el ejemplo citado *el italiano* es el tema; *irritaba su elegancia* es la idea central. Identifique el sujeto y el tema de las siguientes oraciones.

En los dos campos se habían quedado sin clientes Francia e Inglaterra.
Individualmente realizaba esa difícil operación «Augusto Assía».
Siguieron triunfando las películas americanas.
A la gente bien situada socialmente en España le irritaba un norteamericano que avasallaba con su presencia física.
En el tramo final de la escala está Francia.

LECTURA: Los amigos dictados

La fuerza del Estado durante años nos prohibió no sólo que eligiésemos nuestros libros y películas sino también a los amigos que nos venían impuestos según conviniera en cada momento al Gobierno.
crisis   Hoy, superado el **trance**, hay otra dictadura más sofisticada y más sutil que sigue advirtiéndonos quién nos conviene.

¶1   Llevamos cincuenta años que a los españoles nos dicen quiénes deben ser nuestros amigos, o sea, que nos dictan lo que debería ser el resultado de nuestras preferencias intuitivas y/o de las experiencias vividas.

¶2   Todo empezó cuando en el catastrófico año de 1936, el país
se **escindió** en dos partes que, un poco **aterradas** de lo que habían   *separó   asustadas*
hecho, tuvieron que buscarse unos amigos extranjeros que dijeran que
teníamos razón. Como esos países habían seguido anteriormente un
camino parecido podían ayudarnos en las difíciles circunstancias en
que nos encontrábamos.

¶3   Esos amigos forzados en la España franquista fueron Alemania
e Italia. Durante años tuvimos que leer las maravillas de la organización militar y civil germana, admirar las fotografías en las que
muchachas rubias, altas y bellas alzaban el brazo y **vitoreaban** al   *aplaudían*
FÜHRER, apreciar la máquina de guerra bien **engrasada** con sus   *well-oiled*
tanques y sus aviones (aunque éstos podíamos verlos también en
nuestro suelo[1]), y **deslumbrarnos con** los bloques humanos levantando   *be dazzled by*
la pierna casi horizontalmente en el **desfile**.   *parade*

¶4   Si las muchachas de las fotografías eran morenas el tema del
reportaje procedía de Italia. Salían también tanques, aviones, barcos
de guerra, recolección de cereales con campesinos sonrientes y felices.
El objeto de la adoración esta vez no era el bigote recortado de Adolfo
HITLER sino el cráneo **pelado** y el **mentón voluntarioso** de Benito   *bald / strong chin*
MUSSOLINI.   Ésos, nos recordaban continuamente, eran nuestros
hermanos a los que teníamos que imitar, desde el saludo a brazo en
alto al «Día del Plato Único»[2], constituían el ideal al que teníamos
que acercarnos para ser perfectos.

¶5   Sin embargo, en esa admiración obligada hacia los dos países
hubo grados importantes de diferencia. Del ejército alemán se
reconocía con un «**¡qué tíos!**» entre incomprensivo y admirado, su   *¡qué machos!*
estricta disciplina, su sentido del deber y su técnica. Eran lejanos
como dioses, distintos y sabios aunque faltos del sentido del humor.
Con los italianos era distinto. En primer lugar al ser muchos más, se
multiplicaba la ocasión de los **malos entendidos** ...y también de los   *disagreements*
buenos[3] ya que muchos de ellos se casaron con españolas, cosa que
apenas ocurrió con los alemanes. Del italiano, hermano latino, irritaba
sobre todo su elegancia, excesiva para el español, el lenguaje que entre
nosotros sonaba afeminado y naturalmente su mayor sueldo. Si
además de ello mostraban una cierta debilidad guerrera como

---

1.   Franco recibió el apoyo de un grupo de aviones del ejército alemán, conocido como la Legión Cóndor.

2.   medida de economización: se comía un solo plato en ciertos días.

3.   i.e., buenos entendidos. El autor juega en esta frase con dos sentidos del verbo *entenderse*: 1. 'to be
understood' 2. 'to have an affair with a woman.'

burla	ocurrió en GUADALAJARA[1] la **irrisión** era obligada. Con la música de «facetta nera» que habían inventado los italianos en la campaña **etíope**

Ethiopian	se cantaba en la España Nacional ¡incluso en los cuarteles! un himno que decía: «Guadalajara/ no es ABISINIA/ porque los rojos tiran/ con bala explosiva», y aludiendo al éxito femenino de los oficiales itálicos:

pomposos	«Niña española/ no te enamores/ los italianos son unos **fanfarrones** / cuando terminen/ se marcharán/ y de recuerdo/ un bebé te dejarán.»

¶6	Entre los aliados de Franco estaba también Portugal, pero ese país no conseguía aparecer casi nunca en nuestros periódicos. Todo el apoyo militar, político y sobre todo logístico dado por SALAZAR, no bastaba para cambiar el habitual desdén con que los españoles en general miran a Portugal. Mientras al otro vecino, Francia, se le puede admirar u odiar, pero jamás se le ignora, el país situado en nuestro occidente, es algo que está simplemente ahí sin molestar ni interesar.

¶7	Los españoles de la otra zona tampoco se escaparon de que les recomendaran, e incluso les impusieran, ciertas amistades. Si en tierras franquistas se había descubierto Alemania e Italia, en las que obede-

aparecido	cían a Madrid habían **surgido** otros dioses; el primero de ellos era la
burst forth	Unión Soviética que **irrumpió** impetuosamente en el cine, en el teatro, en el cartel callejero. También en esta imagen aparecían campos de trigo que **segaban** mujeres rubias y robustas, **mozos** sobre un tractor;

reaped jóvenes	desfilaban ejércitos con paso **acompasado** y los aviones volaban en
rhythmic	formación perfecta. También aquí la vida era bella gracias a un jefe que vivía sólo para defender a su pueblo y a la humanidad de las injusticias sociales y políticas. Esta vez el bigote recortado se había

abundante	hecho **frondoso** y por debajo de él STALIN sonreía a las masas entusiasmadas. La URSS era nuestro hermano, un hermano que había surgido de la nada para convertirse en un país perfecto.

¶8	En los dos campos se habían quedado sin clientes los países que antes se dividían las simpatías del pueblo español, es decir, Fran-
cia e Inglaterra. Día a día los medios de comunicación de la España

duplicity usurper	franquista advertían de la **doblez** de Inglaterra **detentora** de «nuestro» GIBRALTAR[2], de la enemistad constante de Francia hacia nuestros intereses.

---

1. En la batalla de Guadalajara, los voluntarios italianos demostraron una falta de valor.

2. Desde 1713 Gibraltar ha sido posesión de Gran Bretaña, pero los españoles siempre lo han considerado como parte de España.

¶9   Y por otro lado, la prensa de la República recordaba continuamente a sus lectores que los gobiernos de París y Londres habían faltado a su compromiso con la legalidad republicana y en lugar de ayudar al régimen de Madrid habían creado el **engendro** de «no intervención» que sólo había servido para excusarles de mandar ayuda a la España republicana mientras Alemania e Italia no dejaban de hacerlo a los rebeldes.

farsa

¶10   Terminada la **contienda** con la victoria de Franco la entera red nacional de comunicación se puso al servicio de la amistad hispano-germana e hispano-italiana mientras los rusos pasaban a la categoría de infrahombres y monstruos **sedientos** de sangre; era la gente que nos había **arrebatado** el oro[1] y unos niños a los que había convertido en BOLCHEVIQUES haciéndoles olvidar a su patria[2]. (Por lo que supimos después eso no ocurrió **en absoluto**. En cuanto pudieron, aquellos niños ya mayores se apresuraron a volver incluso con el régimen de Franco **vigente** y los que no lo hicieron entonces o después fue para no perder la casa y la **jubilación** que tantos años de trabajo y sacrificios les habían conseguido.)

guerra

thirsty
robado

not at all

in force
pensions

¶11   En cuanto a los Estados Unidos si no recibían el trato adverso de Inglaterra y Francia se les seguía considerando como «demócratas», escrito siempre entre **comillas** sarcásticas y **no estaba de más** recordar de vez en cuando lo mal que se habían portado con España en 1898.[3]

quotes / *se debía*

¶12   La Segunda guerra mundial acentuó las **filias** y fobias citadas y así, tanto en la prensa única que **padecíamos** como en la radio también uniformada, las tropas alemanas eran siempre triunfadoras en los combates y cuando **retrocedían** hacían pagar cara su retirada al enemigo. Igual ocurría con las italianas aunque con menor entusiasmo debido a la pobre imagen dejada por el Cuerpo de Voluntarios a la que ya me he referido.

simpatías
sufríamos

retreated

¶13   Sólo algunos periódicos se atrevieron si no a **desafiar** la censura germanófila, al menos a equilibrar un poco la balanza. Se llamaron *Mundo* de Madrid y *Destino* de Barcelona. Individualmente realizaba esa difícil operación «Augusto Assía» que desde Londres

defy

---

1. Durante la guerra, los republicanos habían trasladado el oro español a la URSS, para que sirviera de garantía de pago por las armas que los soviéticos mandaban a la República.

2. Durante la guerra muchos jóvenes españoles se habían trasladado a la URSS.

3. En 1898, terminó la guerra entre España y EE UU, que resultó en la pérdida por parte de España de sus últimas colonias en el nuevo mundo (Cuba y Puerto Rico).

strove   **se esforzaba** por comunicar a sus lectores de *La Vanguardia* y *Ya* que
defeated los ingleses no estaban tan **derrotados** física ni moralmente como
            pretendía la propaganda alemana. Andrés Revesz utilizaba en *Destino*
pretend   el truco de **fingir** un diálogo entre un germanófilo y un aliadófilo[1]
            dejando al censor deducir que daba la razón al primero, pero permi-
            tiendo oír, por vez primera y de forma excepcional, los argumentos del
            segundo.

            ¶14   En Madrid la lucha por la opinión aliadófila estaba dirigida y
            animada por Walter Starkie, director de El Instituto Británico, gran
gypsies   hispanista además de su curiosa especialidad en los **gitanos** de nuestra
            tierra. En los años treinta este hombre había viajado por toda España
pelo rojo con un violín y una sonrisa amigable bajo su **cabellera pelirroja** lo
            que producía entre los campesinos del tiempo un gran asombro.

            ¶15   Si su cultura le abría las puertas de las Academias y de la
procuraban Universidad, su simpatía personal y su generosidad le **franqueaban** la
            de los españoles que por entonces no estábamos intoxicados por la
            propaganda nazi. El Instituto Británico en los años 1942 a 1945 fue
            un lugar mágico donde se podía gustar de cosas prohibidas tanto en la
            política como en la gastronomía. Se aprendían cosas de la Alemania
consumía de Hitler y de la guerra censuradas en la calle y se **degustaban**
            canapés y whisky totalmente ausentes de los mercados españoles.

            ¶16   Y sobre todo se veían películas censuradas en la España de
            entonces porque presentaban a los aliados como héroes y a los
evil   alemanes y japoneses como **malvados**. Vimos, por ejemplo, *El
            Dictador*[2] de Charles CHAPLIN y en esa ocasión nadie podía dejar de
mirar   **echar una ojeada** por encima del hombro durante la proyección de la
            película. Era demasiado fuerte contemplar la burla humorística y cruel
Hitler   de **un individuo** que sólo unos metros más allá de la puerta se
            presentaba como héroe europeo y aun de la cristiandad.

            ¶17   Esta germanofilia oficial se mostraba también en las juventudes
            falangistas que no veían con buenos ojos la asistencia a esas sesiones
ataques   semiclandestinas. No hubo que yo recuerde **agresiones** personales,
            pero más de uno de los asistentes encontró luego su coche en la calle
flat tires de Jorge Juan con los **neumáticos deshinchados**.

---

1. aliadófilo: amigo de los aliados (Inglaterra y Francia).

2. *The Great Dictator* película norteamericana del año 1940, escrita, dirigida y protagonizada por Charles Chaplin, en la que se satiriza, hasta hacerla ridícula, la figura de Adolfo Hitler.

¶18   Llegó el final de la guerra. Desapareció el mito germano y el italiano y la sociedad española pudo empezar a elegir más libremente a sus amigos aunque la situación internacional no le dejaba muchas posibilidades y el Gobierno animaba esa psicología de bunker[1]. Se retiraron los embajadores[2] y España se vio sujeta a un bloqueo económico que sólo se abrió excepcionalmente en el caso de la Argentina de PERÓN[3] cuya **esposa** fue recibida con la exageración con   Evita Perón que aquí amamos y odiamos. Luego se fue imponiendo poco a poco, como en todo el mundo, el sistema americano de vida. Se iniciaron las «cafeterías» que tantos españoles —yo entre ellos— **vaticinaron**   *predicted* que no tendrían ningún éxito dado nuestro amor a los cómodos sofás generadores de **tertulia**.[4]   Siguieron triunfando —eso no había   conversación fallado nunca— las películas norteamericanas sobre las demás, empezó a surgir la forma de vestir del Oeste con los vaqueros y a beberse «Coca-cola»... y, sin embargo, los norteamericanos no fueron nunca bien **acogidos**. Quizá pagando de alguna manera su predominio   aceptados político y militar EE UU consiguió algo tan difícil como hacerse tantos enemigos en la izquierda como en la derecha. Las razones eran claras en el primer caso. Para los partidarios de la URSS el Tío Sam era lógicamente el enemigo **nato** y su existencia no tenía la menor razón   natural de ser. Imperialistas, casi fascistas, habían sido el **sostén** de Franco y   apoyo moral enemigos del progreso, tanto en América como en Europa. Por negarle le negaban incluso la ayuda dada a los intelectuales españoles huidos de Franco. Mientras se agradecía continuamente la protección —generosa sin ninguna duda— que Argentina y México les había dedicado se ocultaba la **acogida** que dieron las universidades nortea-   *refuge* mericanas a unos profesores que se llamaban nada menos que Américo CASTRO, Ramón J.   SENDER, Jorge y Claudio Guillén, Francisco GARCÍA LORCA, Ángel del Río, Pedro Salinas, Francisco Ayala, Antonio Tovar, J. L. Aranguren, Tierno Galván, Ricardo Gullón, Juan Marichal, etc.[5], y esta actitud sigue incluso hoy.

¶19   Pero esa antipatía se extendía **asombrosamente** también a la   *surprisingly* derecha. A la gente bien situada socialmente en España le irritaba un

---

1. Una psicología de isolación de España del resto del mundo.

2. En 1946 Naciones Unidas recomendó a los países miembros de la organización la retirada de sus embajadores en España y la adopción de medidas económicas contra ella.

3. En 1948 se logró un acuerdo económico con Juan Domingo Perón, líder político argentino.

4. En España la comida del mediodía es la principal, incluye varios platos y dura más de una hora. Esta comida es ocasión de estar con amigos o colegas y conversar.

5. Intelectuales españoles que habían huido del franquismo y enseñaron en EE UU.

dominaba norteamericano que, aun sin quererlo, **avasallaba** con su presencia física, su voz y su dinero que les permitía disputarles el sitio en el *slopes* campo de golf, en las **laderas** del ski, en las pistas de tenis, en los restaurantes... Eso no impide que los españoles no sueñen como los demás europeos en ir a Nueva York, en vestir como ellos, tener su confort en las casas, leer a sus novelistas y naturalmente ver sus películas; pero humanamente... El último refugio del orgullo herido hispánico es admitir que los Estados Unidos poseen sí la fuerza, pero *possession* no la cultura, **patrimonio** único de los europeos en general y de los *argue* españoles en particular. Y es inútil que se les **arguya** que en aquel país hay más orquestas sinfónicas y se vendan más discos de música clásica que en nuestro continente. Concretándonos a España resulta que en las universidades norteamericanas existen veinte revistas dedicadas exclusivamente al estudio de la literatura española (monográficas sobre UNAMUNO, PÉREZ GALDÓS, teatro clásico). La polémica es inútil y al mismo tiempo natural. Si además de tener el más poderoso ejército, marina y aviación de todo el mundo, de presentar el mejor cine y la más importante industria van a tener también superioridad en el estudio de Beethoven, Shakespeare, CERVANTES ¿qué nos queda a nosotros?

¶20   Con la llegada de la libertad de expresión los amigos de los españoles son escogidos por ellos mismos sin necesidad de que se los *aumentada* dicte nadie desde el decreto o la propaganda **escalada** en forma de *survey* editorial. Y curiosamente en una **encuesta** realizada en noviembre de 1985 por la emisora *Sociedad Española de Radiodifusión* (SER), los pueblos más estimados por los españoles de hoy resultaron... los mismos que eran obligatorios en la zona franquista, es decir, Alemania e Italia. Los motivos de hoy, claro, son muy distintos; en el caso germano se sigue admirando la tenacidad, la disciplina y el amor al *vencido* trabajo que han convertido al país **derrotado** de 1945 en la primera potencia económica europea sin el antipático aspecto militar y totalitario a que esas virtudes estaban unidas en la época hitleriana.

¶21   En cuanto a Italia se aprecia sobre todo su alegría de vivir, su clima y el arte de sus ciudades. Afortunadamente el pueblo español *guerreros* de hoy da menos importancia a valores **bélicos** como el coraje y el *exagerado* patriotismo **exacerbado** por lo que esos «defectos» tan criticados anteriormente en el caso italiano, han pasado a segundo término.

bottom rung ¶22   En el **tramo final de la escala** está Francia y ello es lógico. La vecindad no acostumbra dar frutos amistosos ni en el edificio ni en *causa fricción* la geografía. El continuo contacto **engendra el roce** y éste, contra lo que se cree, en lugar del cariño provoca malestar. La historia da tantos ejemplos de ello que en el siglo XVII se hablaba en España de

la antipatía natural hacia Francia. La invasión de 1808[1] dejó mil feas
huellas en la memoria popular hispánica. Sólo una minoría selecta   impresiones
española que había admirado a Voltaire, a Stendhal y a Proust siguió
admirando a Camus y a Sartre *malgré tout*.   a pesar de todo

¶23   Y en los últimos años el país que por circunstancias geográfi-
cas debía ser nuestro puente hacia Europa se convirtió en una **barrera,** obstáculo
poniendo mil dificultades al ingreso español en el Mercado Común.
Mi impresión personal es que de no haber intervenido el sentido
común, los españoles hubieran sentido un **resquemor** que mantener   resentimiento
durante decenas de años, casi tantos como tras la invasión napoleónica
y por motivos contrarios. **El Corso** nos quiso meter a la fuerza en   Napoleón
«su» Europa y MITTERRAND pretendió dejarnos fuera de «nuestra»
Europa.

---

1. En 1808 las tropas francesas invadieron España y el hermano de Napoleón fue proclamado Rey de España.

"Luego se fue imponiendo poco a poco
el sistema americano de vida."

Preguntas.

1. ¿Por qué tuvieron que buscar amigos extranjeros los españoles en 1936? (¶1)
2. ¿Por qué se asocia la España franquista con Alemania e Italia? (¶2-4)
3. ¿Por qué había una diferencia entre la imagen del alemán y la del italiano? (¶5)
4. ¿Cuál es la actitud de los españoles hacia Portugal y cómo se explica? (¶6)
5. ¿Quiénes eran los amigos de los republicanos y por qué? (¶7)
6. ¿Cómo se explican las actitudes de los dos lados hacia Francia e Inglaterra? (¶8,9)
7. ¿Por qué cree Vd. que los nacionalistas ponían «democráticas» entre comillas sarcásticas al referirse a los EE UU? (¶11)
8. ¿Cómo reaccionaron diversos grupos de españoles hacia los aliados? (¶10-17)
9. ¿Cómo se explica la ambivalencia que los españoles de los dos lados sentían hacia los EE UU? (¶18,19)

Ejercicio. El sujeto al final de la oración. Escriba oraciones en español con el sujeto al final de la oración para expresar los conceptos indicados:

Modelo: the Spaniards that admired Germany and Italy
    Admiraban a Alemania e Italia los nacionalistas.
  or   *A Alemania e Italia los admiraban los nacionalistas.*

the scenes that appeared in the propaganda ¶3
the foreigners who came in largest numbers to Spain   ¶5
the soldiers who showed weakness at Guadalajara ¶5
the country that helped the Republic ¶7
the country that had stolen Spain's gold ¶10
the newspapers that presented a more balanced view of World War II. ¶13
the people who didn't approve of the film sessions at the British Institute ¶17
the aspect of American culture that continued to triumph ¶18
the country that Spaniards respect least ¶22

La posición del adjetivo.

En español el adjetivo puede preceder al sustantivo como en inglés (*las difíciles circunstancias*) o puede seguir (*amigos extranjeros*). La posición del adjetivo obedece a principios muy similares a los que determinan la posición del sujeto en la oración — el elemento más informativo (según la intención del hablante) va hacia el final. Por ejemplo si un adjetivo sirve para **clasificar** el sustantivo, es lógico que se considere más importante y que se coloque después del sustantivo. Algunos casos de la lectura son las frases siguientes:

preferencias intuitivas	amigos forzados
amigos extranjeros	injusticias sociales y políticas
un camino parecido	cosas prohibidas
héroe europeo	germanofilia oficial
tierras franquistas	un bloqueo económico
la situación internacional	una debilidad guerrera

En estas frases, el adjetivo indica qué **tipo** de preferencias, amigos, etc.

En otros casos hay más flexibilidad—el adjetivo puede seguir si el hablante considera que sirve para distinguir uno o más miembros de la clase general descrita por el sustantivo pero puede preceder si su punto de vista es que los miembros de esa clase sustantiva naturalmente tienen ese atributo:

campesinos sonrientes (eran sonrientes **esos** campesinos — los de Italia)
comillas sarcásticas (es un uso especial de las comillas)
un lugar mágico (el instituto británico en particular era mágico)
el bigote recortado (uno en particular, el de Mussolini)
el cráneo pelado (también el de Mussolini)
esas sesiones semiclandestinas (ésas en particular tenían que ser clandestinas)
las masas entusiasmadas (en particular las de URSS)

pero:

el antipático aspecto militar y totalitario (según el autor, un aspecto militar y totalitario
     es **siempre** antipático)
el hermoso hotel de San Marcos (el hotel ya está definido por la frase *de San Marcos*)

En otras oraciones el adjetivo puede preceder si tiene un valor principalmente emotivo:

el catastrófico año de 1936
las difíciles circunstancias
su estricta disciplina
el habitual desdén
esa difícil operación
el más poderoso ejército
la más importante industria
mil feas huellas
una bella sorpresa

nuevos caminos
una heterogénea colección
la joven e inexperta democracia
la inesperada noticia
las gloriosas efemérides
el excesivo gasto
audaz experimento
la solemne proclamación

Ser, estar y haber.

Los verbos *ser*, *estar* y *haber* todos equivalen a varios usos de 'to be' en inglés, y en muchas oraciones hay la posibilidad de confusión sobre el uso correcto. El verbo *haber* típicamente se usa para indicar la existencia de algo mientras que *ser* y *estar* sirven para ligar o unir algún concepto con el sujeto. Por consecuencia, *haber* puede usarse en una oración con un solo elemento adicional.

Pero hay más.
No hubo reacción violenta.

En cambio, *ser* y *estar* casi siempre aparecen con dos elementos—el sujeto y la expresión de lo que se le atribuye.

Eso no es gallego.
Los otros que están en la lista.

Por seguro, cuando se usa *haber* para indicar la existencia de algo, se puede estipular cuándo o dónde existe, y entonces también puede haber más de un elemento con *haber*.

Había más gente en los balcones que en la calle.

Cuando se usa *haber* con un sustantivo plural, la forma de *haber* es invariable.

Hay sobre le mesa una serie de cartas para elegir.
Tampoco hubo manifestaciones contrarias.
No ha habido jamás manifiestos cargados de firmas para pedir la autonomía madrileña.

Un uso importante de *ser* es para expresar la idea que una cosa equivale a otra. Si el predicado de la oración es un sustantivo *ser* es el verbo obligatorio.

Roca tiene casi todo para ser el futuro gobernante de España.
La renuncia voluntaria a la cultura hispánica es lo que más dolía a los españoles cultos.
La más rentable de las inversiones es la del Turismo.
Esa orientación es la que triunfa en las escuelas.
El idioma es para ellos algo más que un instrumento de trabajo.

Un uso importante de *estar* es para indicar el lugar de algo. Si el predicado es un adverbio de lugar y si el sujeto es una cosa física, *estar* es el verbo obligatorio.

Había estado en la cárcel.
Esa comunidad valenciana está al margen de la catalana.

Este uso se extiende para incluir expresiones que se refieren no a un lugar geográfico sino a una ubicación conceptual.

De estar en el Gobierno, acabaría con el terrorismo en tres meses.
Izquierda Unida—donde estaban todos los restos de distintos naufragios.
Los enemigos de las libertades catalanas están tanto en la derecha como en el centro y aun en la izquierda.
En un escalón inferior aunque aceptable está Galicia.
Y al frente de esa actitud están los obispos vascos.

Si el propósito de la oración es indicar un atributo del sujeto, entonces se puede usar *ser* o *estar* según la naturaleza del atributo. Si se trata de una cualidad que el hablante ve como una **característica propia** del sujeto, entonces se usa *ser*.

Los coletazos de esa actitud fueron sangrientos
Las concentraciones anuales en la plaza de Oriente eran impresionantes.
Esa dirección pudiera ser peligrosa.
Las encuestas seguían siendo favorables al PSOE.
La mínima pérdida en votos que ha sufrido en 1986 es ridícula.
El español en principio aunque no lo admita es antiautonómico.
Su forma de hablar es tan importante como otras.
La razón es sencilla.

En cambio si el adjetivo se refiere a algo que el hablante considera una **condición** que siendo independiente del sujeto, describe su situación, entonces se usa *estar*.

No parecen estar totalmente seguros de cuánto le va «a tirar» esa procedencia.
Estar juntos significa incorporarse a algo común.
Tampoco está a gusto dependiendo de una capital de provincia.

Con una forma del participio se usa *ser* o *estar* según el uso del participio.

Si el participio es esencialmente un adjetivo que indica una situación, se usa *estar*.

Se descubrió el conglomerado de que estaba hecho.
El vasco estaba adornado de todas las virtudes.
Allí la reacción está dulcificada por el carácter de sus pobladores.
Están vendidos, sentimental si no económicamente, a los vecinos del norte.
Sus residentes estaban acostumbrados a dar las órdenes.
Los ingleses no estaban derrotados física ni moralmente.

También se usa *estar* cuando el participio se refiere al resultado de una acción verbal.

La lucha por la opinión aliadófila estaba dirigida y animada por Walter Starkie.
Los españoles por entonces no estábamos intoxicados por la propaganda nazi.
En la época hitleriana esas virtudes estaban unidas a un antipático aspecto militar.
Estábamos obligados a no enemistarnos con quienes esos países.

En cambio si un participio se usa con un sentido pasivo, refiriéndose a una acción, entonces se usa *ser*.

El idioma es hablado sólo por menos de la mitad de los habitantes.
El equipo bilbaíno, es recibido con silbidos y gritos.
La región en general es mirada con simpatía.

El ensayo

Esta lectura, como los anteriores, demuestra una combinación de principios de organización — organización cronológica, ideológica, temática. (¿Cómo se manifiestan estos tres principios en la lectura? ¿Cuáles son las secciones principales? ¿Podría Vd. sugerir subtítulos para estas secciones?)

Ejercicio. Lea otra vez el esquema sugerido para el párrafo 15 del capítulo anterior y luego escriba un esquema para el párrafo 18 de este capítulo.

Para conversar y escribir

¿Qué cree Vd. que puede ser la dictadura más sutil y sofisticada de hoy a que se refiere Díaz-Plaja en su introducción al capítulo? ¿Existe también en otros países?

En la lectura hay las siguientes referencias a EE UU.

1. «demócratas» entre comillas sarcásticas (¶11)
2. la guerra de 1898   (¶11)
3. el sistema americano de vida (¶18
4. las películas norteamericanas (¶18)
5. los norteamericanos nunca bien acogidos (¶18)
6. el predominio político y militar (¶18)
7. imperalistas, casi fascistas (¶18)
8. profesores españoles acogidos por universidades de EE UU (¶18)
9. el noreamerican avasallando con su presencia física, su voz y su dinero (¶19)
10. EE UU posee sí la fuerza pero no la cultura (¶19)

Comente estas referencias. ¿Cuáles son positivas y cuáles negativas? ¿Entiende Vd. el punto de vista español? ¿Está Vd. de acuerdo con algunas de las quejas? ¿Cómo respondería a estos puntos en un debate?

4. LA POLÍTICA EXTERIOR

Introducción.

En este capítulo continuamos el tema de relaciones internacionales. La lectura comienza con una referencia a la relación entre España y el mundo árabe. La historia de esta relación comienza en el año 711 cuando una fuerza de doce mil mahometanos cruzó el estrecho de Gibraltar y triunfó sobre el ejército cristiano en Algeciras. Poco a poco los árabes (o *moros* como se les llama en España) conquistaron más y más terreno hasta casi entrar en Francia. Durante más de siete siglos la cultura árabe mantuvo una dominación sobre el sur de España; los árabes contribuyeron a la vida intelectual, a las artes, a las ciencias, a la lengua española y a la cultura andaluza en general. Poco a poco, a lo largo de varios siglos, los cristianos emprendieron la reconquista de la península, empezando en el norte con la expansión de varios reinos cristianos que nunca habían sido conquistados por los moros. Por fin en 1492 el ejército de los Reyes Católicos logró expulsar a los moros de su último reino español — el de Granada. Pero los siglos de contacto han dejado profundas huellas en el espíritu español. Y con el paso del tiempo los lazos que unen a los árabes con los españoles han sido más importantes que las antiguas enemistades que podían dividirlos.

Otro hecho histórico que es antecedente importante para los temas de esta lectura es la pérdida de las colonias españolas en América. Es importante recordar que en diversos períodos de la historia, el mundo occidental ha sido dominado por diferentes poderes europeos. Así hablamos del Imperio Británico y de la época de Napoleón. El período más glorioso para España fue precisamente después de 1492; con la reconquista de la península y el establecimiento de colonias en el nuevo mundo, la riqueza y el prestigio de España llegó a su máxima elevación. Después, durante el siglo diecinueve, las colonias americanas lograron su independencia de España y la gloria de España fue disminuyendo. El último desastre (desde el punto de vista español) tuvo lugar en 1898 cuando España, al ser derrotado por los Estados Unidos, perdió sus últimas colonias americanas (Cuba y Puerto Rico).

Es natural que un pueblo que pierde su poder, su gloria y su dominio mire con antagonismo y recelo al mundo que le rodea. En la lectura Díaz-Plaja habla de un complejo de inferioridad de parte de los gobiernos españoles, que puede tener sus huellas en la guerra de 1898, y que es intensificado por la situación de España inmediatamente después de la Segunda Guerra Mundial.

Palabras.

En las *relaciones diplomáticas* dos o más países tratan de establecer una *vinculación* o una conexión para asegurar la seguridad. A veces un país comete *agresiones* y *provocaciones*, o *amenaza* al otro. Estos actos pueden *perjudicar* o arriesgar los *lazos* o alianzas que existen. En general los países poderosos muestran su *poderío militar* y esperan que con el mero hecho de demostrar su poder puedan evitar un *enfrentamiento* serio en que un país *agrede* o ataca al otro. Si no tiene éxito el proceso diplomático, puede ocurrir un *bombardeo*, y la *derrota* de un país por otro, pero si hay buena voluntad se puede firmar primero un *boceto de tratado* y después un acuerdo permanente. Si entran muchos países en el acuerdo, el resultado puede ser una alianza o un *bloque compacto*.

Cláusulas de relativo con preposición.

A veces la combinación de una cláusula de relativo con una preposición presenta una dificultad al lector. (*Era un bloque compacto con el que se podía contar siempre.*) La mejor manera de entender estas oraciones es dividirlas en sus dos partes. (Era un bloque compacto. Podíamos contar con ese bloque siempre.) Ejemplos.

para que ingresase el gobierno de Franco, al que se le había aplicado la cuarentena política. ¶2 (Al gobierno de Franco se le había aplicado la cuarentena política)

Como la marcha verde con la que España fue definitivamente arrojada de África. ¶3 (Con la marcha verde España fue definitivamente arrojada de África.)

Era el tiempo en que los musulmanes recuperaban tierra. ¶4 (Los musulmanes recuperaban tierra en ese tiempo.)

un congreso para el que el rey había aceptado la presidencia de honor. ¶4 (El rey había aceptado la presidencia de honor para ese congreso.)

un boceto de tratado en el que las ventajas vaticanas fueran tantas que ... ¶14 (En ese tratado las ventajas vaticanas fueron tantas que ...)

Usos de *lo que*.

La conjunción *que* se usa con el pronombre *lo* con varios significados.

A. 'what'

lo que afirmaba el ideario falangista
'what the falangist beliefs affirmed'

Lo que sí fue eficaz fue el impacto social y familiar.
'What was effective was the social and family impact'

Era lo que los norteamericanos llaman el «rugido de ratón».
'It was what the North Americans call the mouse's roar'

exactamente lo contrario de lo que ocurre en un tren anglosajón
'exactly the opposite of what occurs in an Anglosaxon train'

La renuncia voluntaria a la cultura hispánica es lo que más dolía a los españoles cultos.
'The voluntary renunciation of hispanic culture was what most pained cultured Spaniards.'

Lo que hablaban desde hacía siglos no era correcto.
'What they had spoken for centuries was not correct.'

lo que hace el propietario
'what the property owner does'

B. **which**

una confrontación militar para lo que no estábamos preparados
'a military confrontation for which we were not prepared'

Con lo que el Gobierno español pudo mirar a su alrededor muy orgulloso.
'With which the Spanish government could look around very proudly.'

Los partidarios de la OTAN iban a abstenerse, lo que equivalía a votar en contra.
'The partisans of NATO were going to abstain, which was equivalent to voting NO.'

A lo que yo naturalmente respondía negando la obligatoriedad de esa alternativa.
'To which I naturally responded denying the necessity of that choice.'

A lo que respondí que eso no importaba nada a él.
'To which I responded that that was of no importance to him.'

C. The special case of *en lo que se refiere a* 'concerning'.

Y en lo que se refería a la irritación que podía causar ese reconocimiento a los países productores de petróleo, ...
'And concerning the irritation that recognition could cause to oil-producing countries, ...'

Pero en lo que se refiere a lo de Grande...
'But concerning the idea of **big** ...'

en lo que se refiere a futuro
'concerning the future'

LECTURA: Política exterior . . . o nuestro eterno complejo

Hay algo asombroso y triste en nuestras relaciones externas. Desde los tiempos de la II República a través de Franco y aun de la Transición y el Cambio, el país **padece** continuamente el más infantil de los temores ante el qué dirán y el qué harán los países extranjeros.   *suffers*

¶1. «Por España **vaga** un fantasma; nosotros le llamamos el árabe.» Resulta curiosa la constante presencia del síndrome árabe en nuestros gobiernos sucesivos, permanencia en la que pesan varias influencias históricas y políticas. Naturalmente, la primera es la procedencia africanista del propio Franco y de los generales que le rodearon durante la **contienda.** El mismo SANJURJO, que iba a ser el jefe del Estado proclamado por los rebeldes, había alcanzado en MARRUECOS sus primeros ascensos de guerra. A esta vocación y   *wanders*   *guerra*

longing **saudade** africana hay que añadir como es lógico la incorporación de miles de marroquíes a las fuerzas de Franco integrados en los «Regulares». Luego fue la creación de la GUARDIA MORA de Franco, detalle plástico que impresionaba a propios y extraños al verle desfilar
robes color scheme con sus mantos azules y sus **chilabas** blancas en un **cromatismo** que
helmets llegaba incluso a pintar de plata los **cascos** de los espléndidos caballos.

¶2.   La política proárabe fue una constante del régimen que se
atribuyendo declaraba además continuamente como antisemita **achacando** a los judíos gran parte de los males de España. Esta actitud amistosa se aprovechó para asegurarse el voto de los países de religión musulmana cada vez que surgía en las Naciones Unidas (ONU) un ataque contra el Gobierno español. Era un bloque compacto con el que se podía contar siempre junto a otro, también bastante homogéneo, de las naciones centro y sudamericanas. Mientras los países occidentales
intenciones votaban regularmente «no» a las **pretensiones** franquistas de incorporarse al conjunto mundial, los delegados de esos dos grupos mantuvie-
por fuerza ron **esforzadamente** la puerta entreabierta primero y totalmente **franca**
abierta después para que ingresase el gobierno de Franco, al que se le había aplicado la cuarentena política por haber ayudado a los vencidos de la segunda guerra mundial.

abusos ¶3.   Esa política proárabe se mantuvo a pesar de las **«bofetadas»**
dirigían que a menudo nos **asestaban** nuestros históricos amigos y aliados. Como, por ejemplo, el violento e inesperado ataque a IFNI o la
thrown out «MARCHA VERDE»[1] con la que España fue definitivamente **arrojada** de Africa con la excepción de CEUTA y MELILLA. Se mantuvo desde los primeros años del régimen de Franco hasta que terminó... y asombrosamente prosigue en el día de hoy.

¶4.   Ello tenía una cierta lógica en el tiempo de la UCD cuando
dañar estábamos obligados a no enemistarnos con quienes podían **perjudicar** el débil estado de la Transición con agresiones en el ESTRECHO[2] y así Suárez no vaciló en abrazar y besar públicamente a ARAFAT, que ni para ese gesto afectuoso se desprendió de la pistola. Era el tiempo además en que los millonarios musulmanes recuperaban económicamente porciones de tierra andaluza que habían perdido militarmente en el siglo XV y la seguridad de los árabes era tan grande que considera-

---

1. En 1975 el rey Hassan II de Marruecos organizó una marcha de 350,000 voluntarios sin armas que cruzaron la frontera a pie y entraron en el Sahara español, logrando así que España cediera el territorio a Marruecos y a Mauritania.

2. Estrecho de Gibraltar (The Straits of Gibraltar): La entrada desde el Oceano Atlántico al Mar Mediterráneo.

ban a este país como una prolongación de sus intereses. Sabían que España no podía hacer ningún acto inamistoso contra ellos por muchas provocaciones que efectuaran. Así, el vicepresidente de LIBIA pronunció en un almuerzo ofrecido por ARIAS Navarro, en Madrid, tales diatribas contra España reclamando urgentemente la entrega de Cueta y Melilla a Marruecos, que el jefe del Gobierno español tuvo que renunciar a leer el discurso con que aludía, líricamente una vez más, a los lazos que nos unían con los seguidores de MAHOMA. En otra ocasión, quince embajadores de países musulmanes en Madrid llegaron sin anunciarse a la MONCLOA[1] exigiendo que saliese del Consejo de Ministros el presidente Leopoldo CALVO-SOTELO. La razón de esa intemperante visita era la noticia según la cual Madrid iba a ser **sede** de un Congreso SIONISTA Mundial para el que el rey había   *location* aceptado ya la presidencia de honor. Calvo-Sotelo interrumpió el Consejo, salió a hablarles y les aseguró que el Congreso no se realizaría; como así fue. Años después GADAFI nos amenazaba directamente tras el bombardeo USA[2] y nosotros seguimos sonriendo beatificamente.

¶5.   La agresión de los barcos de guerra marroquíes contra los españoles lleva años sin que en ningún caso que yo recuerde haya sido contestada con la misma eficacia bélica. Ha ocurrido, eso sí, que un avión militar contestando al SOS del **pesquero agredido** llegara a   *fishing boat* tiempo de contemplar el ataque, hiciera varias pasadas entre el   *attacked* entusiasmo de los marineros españoles, diera una vuelta... y se volviera a su base canaria.

¶6.   Y con la llegada de los socialistas cuando todos pensábamos que iba a cambiar, la actitud servil de los gobiernos españoles ante el ISLAM, siguió la misma actitud. Asombroso teniendo en cuenta que el Partido Socialista desde MARX ha estado siempre infiltrado por judíos y que Simón PERES había sido uno de los mentores y consejeros del joven Felipe González... además de que entre «los **barones**» del   *líderes* PSOE destacaba un Enrique MÚGICA HERZOG de origen, si no de confesión, hebrea.

¶7.   No ocurrió nada de lo esperado. A las lógicas demandas de Israel para intercambiar embajadores, a las preguntas de muchos intelectuales sobre la discriminación incompatible con la internacionalidad amplia propia del socialismo, el Gobierno contestó utilizando

---

1. Residencia del Presidente del Gobierno español

2. Cuando EE UU bombardeó Libia en 1986, España permitió que los aviones de guerra estadounidenses sobrevolaran el territorio español.

exactamente los mismos pretextos que había empleado su gran
enemigo político, el partido de UCD. «No era el momento oportuno»,
«cuando se llegue a la paz en el Oriente Próximo», «nuestra ancestral
amistad con los árabes»... En vano se le recordaba al Gobierno que si
fuera obligatoria la condición de ausencia de problemas bélicos,
España no habría podido mantener relaciones diplomáticas con docenas

involved de países **enredados** en guerras más o menos violentas contra vecinos
o con minorías dentro de sus propias fronteras. Y que en lo que se
refería a la irritación que podía causar ese reconocimiento a los países
productores de petróleo, España no había tenido nunca trato preferente
cuando se trató de comprar el «oro negro» de los años de la crisis[1]
pagándolo al mismo precio que los países que no tenían ninguna

bond **vinculación** histórica o de sangre con los árabes. Y en fin, que la
inmensa mayoría de estados del mundo mantenían simultáneamente
relaciones con Israel y con los vecinos de éste, sin que, al parecer, se
considerara ello una ofensa. Daba igual. La contestación del
Gobierno González admitía que lógicamente había que iniciar
relaciones diplomáticas con Israel, pero «en el momento adecuado»,
momento que podía retrasarse por cualquier acción por parte judía —el
bombardeo de una base de la OLP[2], por ejemplo. Parecía que seguía
manteniéndose en el espíritu español el concepto generado en el
tiempo de Franco y que se basaba, como decía antes, en un antisemi-
tismo primario. Según él los judíos no tenían relación ninguna con el
alma española a pesar de haber estado aquí tantos siglos como los
musulmanes; por el contrario, eran enemigos natos de su grandeza

en vano aliándose siempre con otros enemigos ancestrales. No **en balde** uno
de los conceptos más repetidos de la propaganda franquista colocaban

lista al israelita en cabeza de la **letanía** contraria a nuestra historia: judeo-
masónico-rojo-separatista. Y sólo en 1986 la presión de la CEE[3] y la
de los EE.UU. consiguió restablecer unas relaciones diplomáticas que
resultaban obligadas por la historia y por la lógica.

¶8.   La persistencia del complejo de inferioridad ante los árabes, sin
embargo, es sólo parte de la general española ante los países extranje-

guerra ros, quizá debido a que el último **enfrentamiento** importante de
defeat nuestra historia, el de 1898[4], se terminó con una **derrota** tan total que
llegó a imprimir carácter.

---

1. En 1973 hubo una crisis mundial de petróleo cuando los países productores de petróleo — la mayoría de
ellos eran países árabes — subieron los precios y restringieron el exporte de esta importante comodidad.
2. Organización para la Liberalización de Palestina.
3. CEE: Comunidad Económica Europea; otro nombre de la Unión Europea.
4. En 1898 terminó la guerra contra EE UU y España perdió sus últimas colonias en América.

¶9.   Hay un fenómeno curioso en el franquismo que no recuerdo haya sido comentado por nadie.   Los enemigos del régimen que combatían los principios expuestos por éste no han **ironizado** sobre lo poco que esos principios correspondieron a la realidad.   Por ejemplo, la fórmula **trinitaria** tan proclamada de «España una, grande y libre» sólo tuvo valor de promesa cumplida en el primero de sus adjetivos. Efectivamente, mientras Franco mantuvo las **riendas** del poder, España estuvo unida y aun **férreamente** unida.   Se prohibió en el País Vasco y Cataluña el uso del idioma vernáculo en la prensa, la radio, la televisión, incluso en la Iglesia como ya hemos visto.

comentado

de tres partes

reins
forcefully

¶10.   Poco a poco a medida que el poder se relajó y se insistió desde la periferia, fue **cediendo** la presión centralista y la Iglesia, la poesía, la novela, el teatro y la radio en este orden aproximado fueron dejando oír su vez en euskera y catalán.   Pero políticamente todo seguía dependiendo de Madrid y la palabra ESTATUTO[1] fue considerada durante mucho tiempo una blasfemia.   España en tiempos de Franco fue realmente Una.

yielding

¶11.   Pero en lo que se refiere a lo de Grande... resulta curioso que el régimen que subió al poder que **reclamaba** y aun exigía la vuelta a nuestro dominio de los lugares que ocupó en tiempos del Imperio[2], contradijera de tal modo con su actuación esas premisas.   En 1936, España tenía además de la Península e Islas, Marruecos, Ifni, Fernando Poo y Annobon, Sahara español, Guinea Ecuatorial...   Al morir Franco tras casi cuarenta años de poder, esas inmensas posesiones habían quedado reducidas a Ceuta y Melilla.   Habría que haber oído a los **cronistas** de derechas si esas pérdidas territoriales hubieran ocurrido cuando en España mandara la izquierda a cuya influencia **nefasta** se debía, según ellos, todas las catástrofes exteriores españolas empezando por la de 1898.   Y en este caso no cabía siquiera una excusa de un poderío militar como el de los EE.UU. de América; aquí se trataba sólo del débil reino marroquí o de unos independentistas guineanos de mínima capacidad militar.   Naturalmente el Gobierno de Franco no tenía razones para explicar cómo un estado «viril y vigilante» sufría ese fracaso pero sí podía evitar que surgieran las razones contrarias con la poderosa arma de la censura y así los españoles, testigos asombrados de aquel reparto de **despojos,** se enteraron por la prensa, radio o Televisión Española (TVE) de los valores positivos de aquellas pérdidas.   Los pedazos de tierra que ayer eran «sacrosanctos depósitos»

claimed

historiadores
ominous

spoils

---

1. Ley básica por la cual un Estado concede autonomía a una de sus regiones.
2. Tiempos del Imperio: Siglos 16 y 17 cuando España estuvo a la cumbre de su poder e influencia mundial.

de la patria se liberaban ahora de acuerdo con la inteligente sabiduría política del Caudillo que se adelantaba a su tiempo reconociendo la natural inclinación de los pueblos a la independencia.

¶12.   Y, por fin, la última parte de la trilogía famosa: Libre. La ironía no es tan obvia como parece a primera vista porque ese adjetivo no se entendía entonces en el sentido de libertad ciudadana o individual. Ni los más audaces propagandistas se atrevían a ello; por el contrario, se mantenía oficialmente la necesidad de una disciplina **férrea.** Lo que rotundamente afirmaba el ideario falangista de José Antonio PRIMO DE RIVERA, convertido en **consigna** estatal, era que el país no debía estar nunca **mediatizado** por armas o economías extranjeras sino que tenía que seguir **insobornablemente** un camino propio.

estricta
slogan
subordinated
freely

¶13.   Como se sabe tampoco este adjetivo correspondió a la realidad. La España de Franco se situó en cuanto empezó la segunda guerra mundial, ideológica si no materialmente, en el bando del EJE y los submarinos alemanes e italianos **se aprovisionaron** libremente en puertos españoles. Tras la derrota del Eje podía haberse hablado de una «España Libre» porque sola y abandonada por todos no tenía más remedio que ser independiente.

resupplied

¶14.   Pero en cuanto pudo, dejó su orgullosa pobreza para ponerse a las órdenes de dos poderes que la protegieran de sus numerosos enemigos: el espiritual representado por el VATICANO y el militar en la figura de los Estados Unidos. Quien esto escribe se encontraba en Roma cuando se iniciaron las gestiones para el CONCORDATO[1] y mi información era que las presiones incesantes de Madrid fueron acogidas por el Papa con gran frialdad. El Vaticano, acusado en algunos sectores europeos de silencio culpable ante la matanza de los judíos, no tenía el menor interés en asociarse públicamente con un amigo declarado de Hitler como había sido Franco. Ante la insistencia del embajador español el Papa buscó una salida **airosa**: redactar un **boceto** de tratado en el que las ventajas vaticanas fueran tantas que Franco no tuviera más remedio que rechazarlas **en aras de** su, tantas veces proclamada, dignidad nacional. El embajador español ante el Vaticano, escandalizado, hizo llegar el proyecto a El PARDO aconsejando **en ese sentido** y la respuesta fue inmediata y tajante: acéptelo.

graceful
draft
en nombre de

ie., rechazarlo

---

1. Un acuerdo entre el Vaticano y España, que Franco solicitó y consiguió.

¶15.   El mismo año el Gobierno de Franco mostró su misma idea de «Libertad», firmando con Estados Unidos el tratado que permitía a ese país mantener en suelo español una fuerza militar aérea capaz de atacar desde allí toda Europa y el norte de Africa. Oficialmente para explicar de alguna manera esa contradicción de una España «dueña de sus destinos» se aseguró que se trataba de Bases Conjuntas y que la bandera española **ondearía** en ellas en el mástil más alto.   Pero los *would wave* hechos no respondían a este **espejismo.**   Durante muchos años la *mirage* aviación USA situada en España actuó dependiendo sólo de las órdenes del PENTÁGONO.   Yo recuerdo una conversación que, tras una cena prolongada en **copas,** mantuve con un piloto norteamericano de *bebidas* TORREJÓN.   Su misión regular, me confió, consistía en el espionaje a gran altura de la frontera soviética con Turquía.   «¿Y cada vez que salís tenéis que informar y recibir autorización del **mando** español?», *command* me miró sonriendo y no dijo más; ni falta que hacía.   «España Libre».

¶16.   Las «bofetadas» exteriores siguieron recibiéndose tras la muerte de Franco por parte de los gobiernos de la transición.   Francia, por ejemplo, comete durante años la tremenda ofensa de dar asilo político a la ETA permitiendo que a pocos kilómetros de la frontera española se **cobre** casi públicamente el «impuesto revolucionario» y *collect* que los que vuelven de asesinar en Madrid o San Sebastián recobren fuerzas y curen sus heridas.   La respuesta española en ese caso no tenía por qué llegar a una confrontación militar para lo que no estábamos preparados, ni siquiera a una ruptura de relaciones que no podía aceptar el enfermizo temor a la soledad que España tiene desde las sanciones mundiales contra Franco.   Hubiera bastado responder al enemigo con las mismas armas, es decir, aplicando la misma generosa política de asilo y comprensión a los separatistas corsos[1] para que desde Figueras o Pamplona preparasen sus expediciones punitivas «contra el país que oprimía al suyo» tal y como realizaban los vascos.

¶17.   Ese complejo de miedo a molestar al extranjero sigue existiendo en tiempos de Felipe González.   Sólo así puede explicarse la humilde actuación con que se **acogen** iniciativas extranjeras *receive* insultantes para nuestra soberanía y prestigio.   Un ejemplo: Fidel CASTRO quiere venir a España y al Gobierno del PSOE no le parece oportuno el viaje y **le da largas.**   Entonces el mandatario cubano *no le hace caso* comunica —no pregunta ni pide— que hará una **escala** técnica en *stopover* BARAJAS y además acompañado, para «suavizar» el golpe, del presidente de Nicaragua, Ortega.   Era una forma **burda** de forzar la *coarse*

---

1. Separatistas corsos: de Córisca que es parte de Francia.

mano del Gobierno español colocándole ante el hecho consumado, y

blackmail la respuesta de Felipe González ante ese flagrante caso de **chantaje**
político era clara y obvia.   Ya que oficialmente se trataba de una
escala técnica —casi una parada de emergencia— el lugar de
encuentro debía de haber sido sólo el aeropuerto. La obligación cortés
del jefe de Gobierno al saber el incidente que le permitía casualmente
saludar al jefe del gobierno cubano era acudir a saludarle y permanecer
con él hasta que el avión hubiese estado dispuesto para reemprender
el vuelo. Por el contrario se lo llevó a la MONCLOA de forma oficial
invitándole a almorzar y paseándole por Madrid permitiendo a Fidel
Castro el triunfo político que quería y la atención obligada de la prensa
española para que él pudiera exponer sus opiniones sobre los problemas del mundo en general y de los Estados Unidos en particular según
su costumbre.

¶18.   La timidez de este país en estos casos es algo triste; cualquier

outrage **desafuero** que se nos haga se da por terminado y resuelto en el mismo
momento en que el ofensor insinúa una excusa.   Así en el viaje de
Felipe González a China cuando su avión fue rechazado por dos
países, Irán y Bulgaria, como si se tratara de un enemigo en potencia
o de un leproso del aire que pudiera contaminar con su presencia el

de la patria espacio **patrio.** El avión oficial español fue dando vueltas y rodeos
hasta multiplicar por tres el tiempo previsto para llegar a Pekín.
Escándalo en el pueblo español... que no comparte evidentemente el
Poder Ejecutivo. Apenas reciben las más ridículas explicaciones del
mundo, «había guerra en Irán», «los controladores búlgaros no habían

spokesperson recibido noticias de vuelo», la cara sonriente del **portavoz** del
Gobierno apareció en la pantalla de Televisión Española: «Nos han
presentado excusas muy satisfactorias, nos lo han explicado; todo
arreglado, no hay problema.»

¶19.   Uno intenta imaginar cuál hubiera sido la reacción de cualquier
dignatario de un país occidental —no hablo ya de los del tercer

touchy   *offense* mundo que son mucho más **vidriosos**— ante un **desaire** parecido.
Pero aquí parece claro que el famoso y tradicional orgullo español no
tiene la menor oportunidad de manifestarse cuando el ofendido no es
el individuo sino el Estado.

¶20.   Para ser totalmente exactos hubo una ocasión en estos últimos
años en la que España reaccionó contra una imposición extranjera...,

clumsy   pero lo hizo de la manera más **torpe** e ineficaz posible. Me refiero al
excuse   caso de GIBRALTAR[1] que durante el franquismo fue preciosa **coartada**

---

1. Territorio al sur de la Península que está bajo dominación inglesa.

para hacer olvidar problemas internos proyectando hacia algo tan emocional como una «tierra **irredenta**», el entusiasmo de una juventud generosa. De ahí las manifestaciones ante la Embajada Británica que provocaron la anécdota contada por Samuel Hoare cuando llamó al entonces ministro del Interior, SERRANO SUÑER para advertirle que varios centenares de jóvenes amenazaban las puertas de la Misión. «¿Quiere que le mande más policías? —preguntó Serrano Suñer. —No —contestó el embajador —quiero que me mande menos estudiantes.»

inalienable

¶21. Ante el poco éxito práctico de esas acciones «espontáneas» se le ocurrió a un ministro llamado Fernando M. Catiella la que creía fórmula mágica para recuperar **el Peñón**: Incomunicarlo con España. Su teoría estaba basada en dos puntos claves: sin **mano de obra** española la industria y la **hostelería** gibraltareña estaba condenada al hundimiento; y dos, sin la entrada de alimentos españoles la población de Gibraltar tendría que importar a precios prohibitivos los medios de subsistencia desde Gran Bretaña.

Gibraltar
labor
hoteles

¶22. Naturalmente no ocurrió nada de lo **previsto.** El lugar que había quedado vacío en obreros y alimentos fue rápidamente ocupado por Marruecos y el Peñón no sufrió el menor daño económico y laboral. Lo que sí fue eficaz en cambio, demasiado eficaz, fue el impacto social y familiar. A partir de un día triste de 1969 las familias de la zona quedaron divididas y sus miembros obligados a gritarse desde las rejas las noticias respectivas sobre matrimonios, nacimientos y muertes y, para que la injusticia fuera más notoria, eso sólo ocurrió a los pobres. Los **«llanitos»** ricos siguieron yendo a Madrid volando primero a Tánger. También se consiguió que la simpatía natural entre vecinos que existía en Gibraltar hacia los españoles se convirtiera a medida que pasaban los años, en el resentimiento que siente el preso por el carcelero, algo que costará mucho eliminar aún después de. abrir la **verja** como se ha realizado ahora.

foreseen

gibraltareños

fence

¶23. Quiso ser un **gesto** digno y resultó un gesto inútil y contrapro-ducente porque en las **reivindicaciones** territoriales no hay **término medio** ni soluciones parciales. O se **agrede** arriesgando la guerra, ganando o perdiendo, o se evita ofender innecesariamente al otro país.

gesture
claims
halfway
ataca

¶24. A veces el estado español se da cuenta del largo rosario de humillaciones que en política internacional sufre y da una patada en el suelo. Generalmente lo hace mal y **a deshora** y tiene que volverse para atrás y echar tierra al asunto rápidamente.

inopportunely

¶25.   Por   ejemplo,
Felipe González va de
loss **quiebra** en quiebra.
Dijo que no a la OTAN
(Organización   Tratado
Atlántico Norte) y luego
tuvo que decir sí a la
OTAN[1].   Entonces por
razones   políticas,   el
presidente del Gobierno
quiso demostrar su capa-
cidad de independencia y
ya que no hay más reme-
dio que seguir en la
OTAN decidió exigir, de
golpe, que EE UU

reducira las tropas que tenía en España de acuerdo con los tratados
bilaterales.   Asombro en Washington «¿y eso? ¿a qué viene?»; y
González que se irrita advirtiendo que «si no reducen ellos lo haremos
roar   nosotros».   Era lo que los norteamericanos llaman el «**rugido** de
ratón» algo que no se cree ni el mismo que lo emite porque sabe que
rival sus fuerzas son ridículamente inferiores a las que tiene el **desafiado.**
Más estupefacción en la Casa Blanca y un probable comunicado del
Embajador Tomás Enders a su presidente: «Se trata de una necesidad
de política interior.   Felipe González tiene que demostrar que nos
shriek puede **chillar** para que, a cambio, la masa socialista acepte permanecer
en la Alianza Atlántica.   —Bueno, bueno —dijeron entonces los
americanos —hablaremos de una posible reducción con mucho
gusto.» Con lo que el Gobierno español pudo mirar a su alrededor
muy orgulloso: «¿Eh? ¿qué tal mi energía? He dicho que menos
tropas y serán menos tropas. ¡Faltaría más!»

¶26.   ¿Y qué hubiera pasado si los americanos contestan que no hay
retirada, que los pactos bilaterales hay que cumplirlos y que debemos
term *propose* esperar a que termine el **plazo de su vigencia** y **plantear** entonces las
extend nuevas condiciones para **prorrogarlo?** A juzgar por las declaraciones
del señor González eso sería un *casus belli*[2]. Podemos imaginar la
escena: unos carros armados rodean la base de Torrejón y NARCÍS
SERRA se dirige por un megáfono al general norteamericano: «Habla

---

1. Durante la campaña electoral de 1982, González había criticado al gobierno de UCD por haber firmado el
pacto incluyendo a España en la OTAN. Pero después de la elecciones, González se dio cuenta que aquello era
un paso imprescindible para la inclusión de España en la Comunidad Europea.

2. (latín) un caso para declarar la guerra.

el ministro de Defensa del Estado Español. Si no reducen la presencia norteamericana en una proporción del 20 por 100, prepárense a sufrir las consecuencias porque **asaltaremos** la base.» Hubiera sido emocio-   *we will attack*
nante. Pero Washington no permitió que llegara la sangre al río y aceptó **entablar** conversaciones. Si no... Quizá el incidente sirva para   *start*
dar un argumento cuando sea necesario establecer las bases de la independencia, en la política exterior, del Gobierno. «Sí, en efecto, en lo de la OTAN no hemos tenido más remedio... pero ¿habéis visto cómo **se las tuvo tiesas** González con REAGAN sobre la reducción de   *acted bravely*
personal?»

¶27.   Para resolver el dilema sobre la entrada de España en la OTAN, el gobierno de González anunció un referéndum que fue un insulto a la inteligencia del pueblo español. Nos insultaron todos: nos insultó el presidente González al asegurar que él estaba donde había estado tres años antes, y que había sido la OTAN la que había cambiado. Hubiera sido mucho más satisfactorio oír que las circunstancias internacionales eran distintas de las que imaginaba antes de **acceder** a los papeles confidenciales y que por tanto había llegado a   *gain access*
otra deducción. La política mundial ha obligado a la administración a aceptar unos hechos distintos de los imaginados. Estoy seguro que a la mayoría de habitantes de este país les hubiera satisfecho el razonamiento.

¶28.   Y si el Gobierno nos «vaciló» la oposición de la derecha nos recitó los cuentos de las MIL Y UNA NOCHES, intentando justificar el que unos partidarios fanáticos de la OTAN fueran a abstenerse[1], lo que equivalía, lógicamente, a votar en contra, sólo por no conceder el triunfo a un enemigo político. Con ello esos patriotas con mayúscula **anteponían** el partidismo más **mezquino** a la conveniencia del país.   *favored   petty*
La contradicción era tan flagrante que ellos mismos intentaron **matizarla** asegurando que al no entrar total y militarmente en la   *equivocate*
Alianza Atlántica es mejor no entrar de ninguna manera.

¶29.   En cuanto a la otra oposición, la de la izquierda, la burla a nuestro intelecto **rozaba ya en lo demencial**: así aseguraban que no   *bordered on insanity*
tiene nada que ver el MERCADO COMÚN —que saben popular— con la OTAN. Esperaban que se creyera que era normal compartir el pan de unos amigos y negarse luego a defender el hogar que les **alberga-   *sheltered*
ba.** Pero aun suponiendo que fuese así (España entró en la CEE después de estar en la OTAN) ¿dónde queda la **cacareada**   *much heralded*

---

1. Cuando los socialistas se declararon (por fin) a favor de la entrada a la OTAN, la derecha, que siempre había favorecido este paso, se decidió cínicamente a abstenerse en el referéndum

chivalry   **caballerosidad** del español intentando aprovechar los beneficios de
responsibilities   una unión y negándose al mismo tiempo a aceptar las **cargas** inheren-
                     tes a ella?

torpes   ¶30.   Siguieron las mentiras, ofensivas de tan **lerdas**. España debía
              estar fuera de todos los bloques, como otros países europeos que están
              fuera de la Organización. Pero veamos: Finlandia tras perder la
              guerra con la URSS quedó sujeta por un tratado de paz que la obligaba
              a alejarse políticamente de sus vecinos occidentales por mucha que sea
              su identidad ideológica con ellos. Austria consiguió la salida de las
territorio tropas soviéticas de su **suelo** a cambio de comprometerse a una
              neutralidad absoluta, situación temporal que para Suiza es, como se
              sabe, una constante histórica. Quedan Yugoslavia que, oficialmente
              comunista, no puede lógicamente aliarse con los occidentales capitalis-
              tas, y Suecia, en cuya neutralidad no debían creer demasiado los
probed   soviéticos que **tanteaban** continuamente con sus submarinos unas
              defensas que evidentemente no pensaban que estuvieran preparadas
              contra los norteamericanos.

los líderes   ¶31.   El último razonamiento de **la Mesa** Anti OTAN era todavía
disentangle   más cómico. Al **desligarse** España de la Alianza daba un ejemplo de
                pacifismo que forzosamente marcaría un ejemplo a seguir contra las
                tensiones internacionales. Ya estoy viendo a GORBACHOV llamando
                a REAGAN: «¿Has leído el ejemplo que nos ha dado España?   — Lo
residente   mismo quería decirte yo a ti — contestaría el **inquilino** de la Casa
                Blanca — estoy impresionado. ¿Desarmamos? — Desarmamos.»

                ¶32.   Lo dicho. Insultaron a nuestra inteligencia y a nuestro sentido
ignorantes   común. Además de **borregos**, torpes. Menos mal que no les hicimos
                caso y tras haber inundado de gritos, carteles y pintadas el territorio
                nacional, el resultado del referéndum fue idéntico a la decisión que
                había tomado UCD — la entrada de España a la OTAN se aceptaba y
                se confirmaba.

Preguntas.

1.   Además de la procedencia africanista de Franco, ¿qué contactos entre España y
        el mundo árabe conoce Vd.? (¶1)

2.   ¿Por qué cree Vd. que la política proárabe se mantuvo a pesar de las bofetadas?
        (¶3,4)

3.   ¿Cree Vd. que es lógica o ilógica la actitud del PSOE hacia el mundo árabe?
        Explique (¶7)

4.   ¿Qué hechos indican que la España franquista no era ni grande ni libre? (¶11-15)

5.   ¿Qué tiene que ver la cuestión de «una, grande, libre» con la política exterior?

6. ¿Por qué cree Vd. que España no responde con fuerza ante las bofetadas? (¶16-19)

7. Dice Díaz-Plaja que la cuestión de Gibraltar fue una coartada. Explique. (¶20)

8. ¿Qué partidos han tomado —y cuáles no han tomado— una posición sobre la OTAN que es lógica y consistente con sus valores fundamentales? (¶27-31)

Lenguaje: Equivalentes en español del inglés *thing*.

En inglés, sobre todo en el lenguaje informal, usamos la palabra *thing* en muchos contextos en los que el español no usaría el equivalente cosa. Al escribir en español, el anglohablante debe tratar de encontrar otras expresiones y evitar el uso excesivo de *cosa*.

A. Something = *algo*

'something that could only irritate the landowners'
algo que sólo podía irritar a los propietarios

'The language is for them something more than an instrument of work'
El idioma es para ellos algo más que un instrumento de trabajo

'They were going to solve something.'
Iban a solucionar algo.

'There's something surprising and sad about our international relations.'
Hay algo asombroso y triste en nuestras relaciones externas.

B. Everything = *todo*

'Politically everything continued to depend upon Madrid.'
Políticamente todo seguía dependiendo de Madrid.

'He has almost everything to be the future head of government of Spain.'
Tiene casi todo para ser el futuro gobernante de España

C. The thing(s) that = *lo que*

'The new chief of state said the thing that we had dreamed of hearing.'
El nuevo jefe de Estado dijo lo que habíamos soñado oír.

'We will never forget the things that we left in the past.'
No olvidaremos nunca lo que detrás dejamos en el tiempo.

'The newspapers referred to the things that they were doing at that time.'
Los periódicos se referían a lo que hacían en esa época.

'We are very grateful to him for the things that he did.'
Le agradecemos enormemente lo que hizo.

D. The same thing = *lo mismo*

'I wanted to say the same thing to you.'
Lo mismo quería decirte yo a ti.

E. The only thing = *lo único*

'The only thing that will stay the same is the Monarchy.'
Lo único que se mantendrá igual es la Monarquía.

F.   A veces, hay que buscar una palabra con un significado más específico y con mayor relevancia al tema de la oración.

'Some expectional things kept the wounds open.'
*Unas **circunstancias** excepcionales han hecho que la herida se mantuviera abierta.*

'Twenty years of Franco signified the promise of twenty more of the same thing.'
*Veinte años de franquismo significaban la promesa de otros veinte de la misma **raigambre**.*

Blas Piñar attacked a government that permitted such things.
*Blas Piñar atacaba a un gobierno que permitía tales **desmanes**.*

'Things like divorce and fiscal reform pleased the left of the UCD.'
***Leyes** como las del divorcio y la reforma fiscal agradaban a la izquierda de UCD.*

'Incapable of unifying things that were so different, Suárez fell.'
*Incapaz de unificar **criterios** tan distintos, cayó Suárez.*

'They wanted to know things about the life of another individual.'
*Querían saber **particularidades** de la vida de otro individuo.*

Ejercicio. Escriba oraciones expresando los siguientes temas. Use expresiones o palabras similares a las de los ejemplos de la sección anterior para expresar la idea de *thing*.

one interesting thing about Felipe González
something in the chapter that you agree with
something you disagree with
the most important thing about paragraph seven
two things Franco's government seemed to promise but failed to deliver
one thing González did that Díaz-Plaja didn't think he should have done

Revise sus escritos anteriores para ver si hay usos de *cosa* que podrían ser sustituidos por otras palabras o frases.

El ensayo.

Los párrafos nueve a quince podrían considerarse como un mini-ensayo sobre el lema «España: Una, Grande, Libre». Al comenzar la lectura de esta parte, podríamos pensar que es simplemente una digresión que tiene poco que ver con el tema central. Pero recuerde que en estos casos hay una promesa implícita de relacionar este asunto con el tema principal. ¿Cómo se cumple esa promesa en este caso?

Ejercicio. Haga un esquema para un ensayo sobre Felipe González, basado en material de los capítulos uno y cuatro. Decida primero, consultando con su profesor, si será un ensayo largo o corto, si se basará sólo en información de este libro o en otras fuentes también, y si va a seguir principios de organización estrictamente anglosajones o si va a tratar de incorporar elementos de la retórica romance.

Para conversar y escribir.

1. Díaz-Plaja analiza la política proárabe de España en relación al Oriente Próximo. ¿Cuál es la postura del gobierno de EE UU?

2. Según el autor, España sufre un complejo de inferioridad ante los países extranjeros. ¿Cuál es la actitud del gobierno estadounidense? ¿del pueblo americano?

3. ¿Qué piensa Vd. que puede ser la actitud de Felipe González hacia Cuba y hacia Fidel Castro? ¿Qué factores podrían animarle hacia posiciones contrarias al respecto?

5. EL EJÉRCITO

Introducción.

Como hemos observado en la lección preliminar, la relación entre el ejército y las autoridades civiles que existe en las democracias occidentales no es una condición universal. En España en particular, el control del ejército por las autoridades civiles todavía no se ha establecido firmemente en las tradiciones del país. El ejército siempre ha ejercido, y sigue teniendo el potencial de ejercer, un papel importante en la política de la nación.

Como es lógico, este hecho tiene sus huellas en la historia. Durante la reconquista y los siglos de preeminencia española, los líderes de los ejércitos y los principales participantes en el proceso político eran los mismos —los nobles y grandeshombres de España. Por ejemplo, el que generalmente se considera el primer general moderno de Europa —Gonzalo Fernández de Córdoba— fue hijo del Conde de Águila (de Castilla). Cuando fue llamado al servicio de los Reyes Católicos (Fernando de Aragón e Isabel de Castilla) en 1495 en Italia, ya disponía de un pequeño grupo de soldados al servicio suyo. Es importante notar que esos soldados sentían lealtad a Gonzalo, no a los monarcas ni a ningún reino. No constituían un ejército profesional sino un grupo de aventureros que voluntariamente se habían asociado a un noble. Esa característica de las fuerzas armadas españolas es lo que hace posible el tipo de levantamiento militar que vemos en el siglo veinte. Años más tarde, tras la muerte de Isabel, Fernando de Aragón, en un esfuerzo de consolidar su dominación sobre Castilla, trató de convencer a Gonzalo de Córdoba que se declarara leal a él. Nótese que se trata de un general supuestamente al servicio suyo, y Fernando tiene que *pedir* su lealtad.

En una época más reciente, cuando ya se había establecido la tradición de una fuerza militar profesional, se inició la práctica del *pronunciamiento* militar en que uno o más generales hacían una declaración de rebeldía contra el rey. Durante las primeras décadas del siglo diecinueve los españoles habían rechazado una ocupación francesa, y este éxito les había demostrado que una rebelión contra un gobierno puede ser eficaz si cuenta con el apoyo del pueblo y de fuerzas militares bien organizadas. El período inmediatamente después de la ocupación francesa vio al país dividido en facciones liberales y conservadores. El primer pronunciamiento fue motivado por fuerzas liberales que no podían aceptar el retorno a la monarquía absoluta que había establecido Fernando VII. Muchas ciudades españolas (Cádiz, La Coruña, Oviedo, Zaragoza, Barcelona, Pamplona) se declararon a favor de la revolución y el rey tuvo que jurar fidelidad a la constitución liberal de 1812. Con estos eventos, el ejército se estableció como una de las fuerzas más importantes en la política española. Como veremos las fuerzas armadas no siempre se identificaban con causas liberales. Hubo más de cuarenta pronunciamientos entre 1820 y 1936 cuando comenzó la guerra civil.

Estos antecedentes históricos explican en parte la situación del ejército español en 1936 y en 1981 cuando tuvo lugar el más reciente atentado del ejército contra las autoridades civiles.

Palabras

      Aunque el propósito del ejército es la seguridad del país en el ambiente internacional, a veces una fuerza armada lucha en una *contienda* doméstica que puede ser el resultado de una *insurrección*. Si en el país hay voces *disgregadores* que quieren unas condiciones muy diferentes de los existentes, puede ocurrir un *intento de golpe de estado*. Se declara un *estado de guerra* y los soldados salen de sus *cuarteles*. Si el ejército está al lado de los *facciosos* o rebeldes, entonces el gobierno tiene que depender de voluntarios que *se incorporan a las filas* leales. Al final tiene que haber un ejército *vencedor* y otro *vencido*. Si las dos facciones han establecido *condiciones pactadas* basadas en el *compromiso* mutuo, la *posguerra* puede ser pacífica. En otros casos como después de la guerra civil española, puede ser una época de tensión y resentimiento.

Gramática. Los tiempos verbales del pasado.

      Repasamos a continuación varios usos del pretérito y del imperfecto, basando la clasificación en ejemplos del capítulo anterior. Después de considerar estos ejemplos, trate de explicar los usos de estos tiempos en la lectura de este capítulo. Primero debemos establecer un contraste entre *eventos* y *circunstancias*.

A. Se usa el pretérito para describir eventos que ocurren más o menos instantáneamente.

*Quince embajadores de países musulmanes en Madrid **llegaron** sin anunciarse a la Moncloa. (4. ¶4)*

*Calvo-Sotelo **interrumpió** el Consejo, **salió** a hablarles y les **aseguró** que el Congreso no se realizaría. (4. ¶4)*

*El Gobierno **contestó** utilizando exactamente los mismos pretextos que había empleado la UCD. (4. ¶7)*

*El Papa **buscó** una salida airosa. (4. ¶14)*

*El embajador **hizo** llegar el proyecto a El Pardo. (4. ¶14).*

*La respuesta **fue** inmediata y tajante. (4. ¶14)*

*¿Quiere que le mande más policías? —**preguntó** Serrano Suñer. (4. ¶20)*

*—No —**contestó** el embajador —quiero que me mande menos estudiantes. (4. ¶20)*

*Se le **ocurrió** al ministro Catiella una fórmula para recuperar el Peñón. (4. ¶21)*

B. También se usa el pretérito para describir eventos o circunstancias aunque no sean instantáneas si lo importante es el hecho de lo que ocurrió y no hay ninguna intención de llamar atención al desarrollo del evento.

*España **fue** definitivamente arrojada de Africa. (4. ¶3)*

*Se **mantuvo** desde los primeros años del régimen de Franco hasta que terminó. (4. ¶3)*

*No **ocurrió** nada de lo esperado. (4. ¶7)*

*La guerra se **terminó** con una derrota tan total que **llegó** a imprimir carácter. (4. ¶8)*

*Franco **mostró** su misma idea de «Libertad», firmando con Estados Unidos el tratado militar. (4. ¶15)*

*Yo recuerdo una conversación que **mantuve** con un piloto norteamericano de Torrejón. (4. ¶15)*

*Me **miró** sonriendo y no **dijo** más. (4. ¶15)*

*Se lo **llevó** a la Moncloa de forma oficial.* (4. ¶17)

Hubo *una ocasión en estos últimos años en la que España **reaccionó** contra una imposición extranjera.* (4. ¶20)

*No **ocurrió** nada de lo previsto.* (4. ¶22)

*González **anunció** un referéndum que fue un insulto a la inteligencia del pueblo español.* (4. ¶27)

*Nos **insultaron** todos.* (4. ¶27)

*Nos **insultó** el presidente González.* (4. ¶27)

Siguieron *las mentiras, ofensivas de tan lerdas.* (4. ¶30)

C. Se usa el imperfecto para describir una circunstancia (un estado o una situación) que existía en el pasado, sin atribuir importancia ni al comienzo ni al fin de su existencia.

Consideraban *a este país como una prolongación de sus intereses.* (4. ¶4)

Sabían *que España no **podía** hacer ningún acto inamistoso contra ellos.* (4. ¶4)

Era *un bloque compacto con el que se **podía** contar siempre.* (4. ¶2)

*Ello **tenía** una cierta lógica en el tiempo de la UCD.* (4. ¶4)

Estábamos *obligados a no enemistarnos con ellos.* (4. ¶4)

*Según él los judíos no **tenían** relación ninguna con el alma española.* (4. ¶7)

*El Gobierno de Franco no **tenía** razones para explicarlo.* (4. ¶11)

*Lo que rotundamente **afirmaba** el ideario falangista era ...* (4. ¶12)

*El país no **debía** estar nunca mediatizado por armas o economías extranjeras.* (4. ¶12)

Tenía *que seguir insobornablemente un camino propio.* (4. ¶12)

*No **tenía** más remedio que ser independiente.* (4. ¶13)

*No **tenía** el menor interés en asociarse públicamente con un amigo declarado de Hitler como había sido Franco.* (4. ¶14)

*Se **trataba** de una escala técnica.* (4. ¶15)

*Su teoría **estaba** basada en dos puntos claves.* (4. ¶21)

D. Se usa el imperfecto cuando el énfasis es en el transcurso del evento. Algo como los usos de *to be + -ing* en inglés.

*Los millonarios musulmanes **recuperaban** porciones de tierra andaluza.* (They were recovering land during that period.) (4. ¶4)

*Mientras se **agradecía** continuamente la protección que Argentina y México les había dedicado se **ocultaba** la acogida que dieron las universidades norteamericanas a muchos profesores.* (3. ¶18)

E. También se usa el imperfecto para describir eventos que suceden varias veces, o que solían ocurrir en el pasado. Este uso corresponde a veces al inglés *used to + infinitive*.

*El gobierno se **declaraba** continuamente como antisemita.* (4. ¶2)

*Cada vez que **surgía** en las Naciones Unidas un ataque contra el Gobierno español ...* (4. ¶2)

*Muchachas rubias, altas y bellas **alzaban** el brazo y **vitoreaban** al Führer.* (3. ¶3)

*Si las muchachas de las fotografías **eran** morenas el tema del reportaje **procedía** de Italia.* (3. ¶4)

*Del italiano, hermano latino, **irritaba** sobre todo su elegancia.* (3. ¶5)
*También en esta imagen **aparecían** campos de trigo que **segaban** mujeres rubias y robustas.* (3. ¶7)

F. En algunas situaciones se puede usar cualquiera de los dos. El escritor escogerá el pretérito cuando su intención es referirse al evento o a la circunstancia como un hecho indivisible. En cambió usará el imperfecto si quiere llamar atención al transcurso del evento o al período de existencia de la circunstancia.

*Esta actitud amistosa se **aprovechó** para asegurarse el voto de los países de religión musulmana.* (4. ¶2)
*Esa política proárabe se **mantuvo** a pesar de las bofetadas.* (4. ¶3)
*Años después Gadaffi nos **amenazaba** directamente tras el bombardeo USA.* (4. ¶4)
*Nosotros **seguimos** sonriendo beatíficamente.* (4. ¶4)
*Sólo **tuvo** valor de promesa cumplida en el primero de sus adjetivos.* (4. ¶9)
*Efectivamente, mientras Franco **mantuvo** las riendas del poder, España **estuvo** unida y aun férreamente unida.* (4. ¶9)
*Se **prohibió** en el País Vasco y Cataluña el uso del idioma vernáculo en la prensa.* (4. ¶9)
*Políticamente todo **seguía** dependiendo de Madrid.* (2. ¶10)
*Tampoco este adjetivo **correspondió** a la realidad.* (4. ¶13)
*Las «bofetadas» exteriores **siguieron** recibiéndose tras la muerte de Franco por parte de los gobiernos de la transición.* (4. ¶16)
*El avión oficial español **fue** dando vueltas y rodeos hasta multiplicar por tres el tiempo previsto para llegar a Pekín.* (4. ¶18)
*El caso de Gibraltar **fue** preciosa coartada para hacer olvidar problemas internos.* (4. ¶20)

LECTURA: El Ejército:
protección o amenaza.

Una institución unida constantemente a la sociedad y, sin embargo, a menudo alejada de ella. Este capítulo quiere estudiar el influjo que en el caso español de nuestros tiempos han tenido las fuerzas armadas. Fueron protagonistas desde 1936 a 1975. ¿Y ahora?

El ejército en la posguerra.

¶1   En 1939 hay un ejército vencedor y otro vencido. Un siglo antes, en 1840, tras otra guerra civil, hubo también un ejército vencedor y otro vencido; las tropas ISABELINAS habían ganado y las CARLISTAS habían perdido, pero las similitudes terminan aquí. La paz que puso término a la **contienda** entonces fue tan generosa que

guerra

adquirió en boca del pueblo otro nombre: «Abrazo de VERGARA» que refleja las condiciones **pactadas**. Los que habían perdido la guerra no sólo quedaron en libertad sino que los **mandos** que lo solicitaron fueron reintegrados al ejército nacional con sus **grados** y **condecoraciones**.

agreed to
oficiales
ranks   decorations

¶2   Aquello debió de ser algo excepcional en la historia **cainita** de España porque la expresión «Abrazo de Vergara» fue considerada desde entonces sinónimo de **traición** como se demostró en la guerra de 1936 a 1939. Cuando alguien en ambos lados intentó generosamente llegar a una paz de compromiso, surgieron inmediatamente condenas en forma de discursos y editoriales periodísticos y manifestaciones contra la iniciativa, tanto en la republicana BARCELONA como en la nacional BURGOS.

fratricidal
treason

¶3   El fin de la guerra marcó claramente la rigidez con que el español establece la diferencia entre quienes ganan y quienes pierden una contienda entre hermanos. Nació una aura de gloria alrededor de los primeros y otra de vergüenza para los segundos. Incluso los que en secreto habían sido partidarios de la causa nacional y que obligados a servir a la República usaron del sabotaje para que ésta perdiera la contienda, tuvieron que **emprender** una larga lucha jurídica para conseguir que se le reconocieran sus derechos. La fotografía de un oficial con unas barras en la **bocamanga** en lugar de unas estrellas[1] bastaba para declararle **persona non sancta** e incluso para considerarle culpable den el curioso crimen llamado «auxilio a la rebelión» con lo que unos rebeldes pasaban automáticamente la culpa al bando contrario. Y cuando algunos lograron incorporarse, perdieron los años servidos en el ejército republicano: «Mejor que los olvidemos» les decían a quienes reclamaban antigüedades «no recordemos cosas desagradables».

empezar
sleeve
a pariah

¶4   Un ejército profesional había ganado la guerra. Eso ha pasado antes en muchos lugares, pero aquí ganó además la paz. En vez de volver a los **cuarteles** que es lo que generalmente hacen los soldados al terminar las hostilidades, siguió ocupando puestos de la administración como si se mantuviese el «estado de guerra» que en general presupone esta situación. La estadística dada por el especialista Julio Busquets (*Cambio 16*, 27 de noviembre de 1985) es impresionante. Ministros (40 de 114), gobernadores civiles 38 por 100 al terminar la guerra, 20 por 100 desde 1945 (no olvidemos que en cada provincia

barracks

---

1. **barras...** Las barras son el símbolo del ejército republicano; las estrellas, el de los nacionales.

había además un gobernador militar) y luego, por extensión, invadiendo áreas comerciales como jefes de empresas estatales y **paraestatales** e incluso dirigiendo **agrupaciones empresariales.** Concretamente QUEIPO DE LLANO fue elegido presidente de los fabricantes españoles de cartón. En muchos de los casos el uniforme había cedido su lugar al traje de paisano, pero el aire de «ordeno y mando» seguía inconfundible.

semi-private trade organizations

¶5   De arriba a abajo, desde el Generalísimo al último de los oficiales, el ejército español se convirtió en un ejército de ocupación que tenía razón siempre en cualquiera de los incidentes que pudieran surgir en la vida pública incluso al encontrarse fuera de servicio. Cuando un oficial aun **de paisano,** provocaba un escándalo en un establecimiento o en la calle la policía debía limitarse a llamar al Gobierno Militar para que lo arrestase su propia policía aceptando mientras tanto que el **ebrio** o **chulo** campase por sus respetos[1]. En Madrid y en los años cuarenta ocurrió el caso de un comisario demasiado celoso que llevó detenido a un capitán que promovía un incidente. Del Gobierno Militar salió una patrulla de soldados que tras liberar a su oficial detuvo al comisario que fue juzgado y condenado a varios años de cárcel por cumplir lo que él creía su deber de mantener el orden en la calle. Yo vi personalmente en una fiesta de carnaval en el Casino de Madrid a un agente **de smoking** intentar un diálogo imposible con un militar que aprovechaba su **embriaguez** para ofender a los presentes. «Mi teniente, por favor, reflexione; mañana se arrepentirá usted» **suplicaba** inútilmente el mismo que hubiera golpeado a un civil por mucho menos.

in civvies

borracho atrevido

wearing a tuxedo
drunkenness

rogaba

¶6   Los militares estaban por encima de todos los demás ciudadanos. Aunque oficialmente fuera mucho más aparente en las calles el brazo político, es decir, el MOVIMIENTO NACIONAL falangista con **consignas** joseantonianas[2], aunque a la entrada de cada pueblo estuviesen las Flechas y el Yugo[3], la diferencia de autoridad entre las dos fuerzas era abismal. Yo he visto también en Barcelona y pocos meses después de la toma de la ciudad por los franquistas, a un oficial **jurídico** reírse cuando un joven falangista intentó disputarle un taxi vacío alegando que era para una alta Jerarquía del Partido: «¿No me diga? — le soltó el oficial entrando en el vehículo acompañado de su novia, — pues ese señor tan importante tendrá que buscar otro.» Y se

slogans

legal

1. campase ...: could avoid facing the consequences of his actions.
2. de José Antonio Primo de Rivera, cofundador de la Falange Española en la década de los 30.
3. emblema de los Reyes Católicos tomado por la Falange española.

fue con él.

¶7   Sí, los militares **pisaban fuerte** en la posguerra española. Pero *trod heavily*
curiosamente pisaban fuerte usando zapatos de pésima calidad y poco
precio. Parece que Franco creía que bastaba a alimentarles y vestirles
la gloria a que me refería antes y que por ello no hacía falta compen-
sarles dignamente porque el sueldo resultaba ridículo incluso para la
economía del tiempo. Por entonces yo montaba a caballo en la Venta
de la Rubia donde se corrían **liebres** con **galgos** y allí tuve ocasión de *hares greyhounds*
oír mil veces la lamentación de esposas de comandantes y capitanes:
«Fíjate lo que cobramos al mes; y con eso se supone que vayamos
vestidos dignamente como corresponde a un caballero oficial y a su
esposa; que en el teatro ocupemos butacas de platea o palco, jamás en
el gallinero[1]. ¡Qué horror!. ¡Qué dirían!»

¶8   Una vez tuvieron ocasión de saberlo. En el Madrid de los
años cincuenta un general que iba al cine creyó notar algo familiar en
el **acomodador** que les conducía a su localidad y al darle la propina *usher*
confirmó sus sospechas: Era un comandante que servía a sus órdenes
en el cuartel. «¡Usted! —**balbuceó** —preséntese mañana en mi *he stammered*
despacho.»

¶9   El comandante lo hizo y sin **petulancia,** pero también sin *flippancy*
vergüenza le expuso su caso. Estaba casado, tenía seis hijos y el
sueldo que recibía sencillamente no le bastaba para alimentarles,
vestirles y mandarles al colegio.

¶10   El general aceptó sus excusas y reconoció su necesidad, pero
le **conminó** a dejar un empleo que «deshonraba» su uniforme y grado. *ordenó*
Ante la pregunta angustiosa: ¿Qué hago entonces? le prometió buscar
una solución y efectivamente, convocados los oficiales le encontraron
un empleo de tarde en una oficina para que redondease su **menguado** *wretched*
sueldo... de forma más **recatada**. Ese caso madrileño era sólo la *discreta*
punta, una punta escandalosa por lo evidente, de un iceberg oculto,
pero conocido por todo el mundo. Había militares que **llevaban libros** *did freelance*
de caja en sus casas, que daban lecciones privadas generalmente de *accounting*
matemáticas, que preparaban a jóvenes para entrar en la Academia
General de ZARAGOZA.

¶11   La escasez del sueldo ilógica en un ejército tan orgulloso, la *remediar /*
intentaba **paliar** el Gobierno franquista con el uso de **economatos** *military shops*

---

1. Los palcos son los asientos privilegiados en el teatro; el gallinero se refiere a los asientos de los pobres.

donde se vendían medicinas, comida y ropa más baratas que en las tiendas y, sobre todo, con la edificación de casas para militares incluyendo en esa denominación a los suboficiales, grado que se cuidaba más que antes de la guerra civil **a sabiendas** que brigadas y sargentos habían constituido por razones sociológicas (tenían mando directo sobre los soldados mientras eran menos preciados por los oficiales) el **caldo de cultivo** de las ideas revolucionarias que cortaron en flor la rebelión de muchos cuarteles el 18 de julio de 1936[1].

sabiendo

núcleo

¶12   Esas «Casas Militares» constituyeron, y aún constituyen, una de las principales causas del **entrañamiento** del militar en la sociedad española. La convivencia forzada con gente del mismo estilo de vida refuerza éste hasta hacer parecer natural la disciplina ciega que actúa por encima de la razón, valor de cuartel al que se acostumbran hasta quererlo imponer en la vida política y social. Pero es que además esa convivencia limita las relaciones entre los sexos a la gente que se encuentra en la escalera y el ascensor de lo que se deriva el gran número de hijos/as que se casan con hijos/as de militares formando una casta que vive y piensa de manera distinta a los vecinos de la misma calle. Se forma así una raza aparte con todos los peligros que ello entraña.

firm grasp

¶1   Pero lo curioso del caso es que esa debilidad económica del oficial español, ese **maltrato** de que se les hacía objeto discriminándoles de los altos mandos que podían **redondear** su sueldo con gastos de representación y cargos políticos o administrativos, no llevaron en ningún caso a la protesta de los militares y ello porque, contra lo que cree la mayoría de la gente, el Poder tiene mucho más atractivo que el Dinero. El militar español —casi siempre de clase media— sabía que en la calle podía dirigirse a un guardia; desde el nacional al municipal, que al verlo **se cuadraba;** sabía también que por grave que fuera su delito, su nombre y cargo no saldría jamás en la noticia periodística porque «el honor militar» no podía **mancillarse** aunque hubiera motivos **sobrados** para ello.

poor treatment

augment

stood at attention

blemish

abundantes

¶14   Así transcurrieron años en que Franco tuvo que preocuparse del malestar de la Iglesia, de la FALANGE pura, de los monárquicos tradicionalistas y juanistas[2], de catalanistas y vasquistas, de **sindicatos** y de las **reivindicaciones** obreras, pero no tuvo jamás que temer una

labor unions

demands

---

1. Día en que inició la Guerra Civil. Algunos cuarteles no se asociaron con la rebelión por causa de las actitudes de los suboficiales.

2. seguidores de don Juan, padre del rey don Juan Carlos I, a quien le tocaba subir al trono si se hubiera seguido la ley hereditaria, algo que no quiso hacer Franco.

insurrección de los mal pagados oficiales del Régimen.

¶15   Durante los años sesenta hubo un pequeño intento — la única excepción— de un grupo que quería conseguir que la España militar y la civil **sintonizaran.** Se trata de la aparición de la UNIÓN MILITAR *harmonize* DEMOCRÁTICA (UMD). El ejército reaccionó ante la noticia como si de pronto se le hubiese declarado un tumor interno que había que **extirpar** inmediatamente. Los miembros de la UMD fueron arresta- *exterminate* dos, juzgados, encerrados y expulsados. El ejército, nacido de una rebelión, encontraba monstruoso que en su **seno brotase** otra con la *interior naciera* misma seguridad que ellos habían tenido de querer lo mejor para España. Hasta tal punto fue el acontecimiento un «shock» para el **estamento** militar que ni siquiera la Transición — que en principio le *order* daba la razón a la UMD— consiguió que sus miembros volvieran a ocupar su lugar en las filas de las que habían sido expulsados. Incluso un general tan liberal y **fautor** de la Transición como GUTIÉRREZ *accomplice* MELLADO, al ser interrogado al respecto, opinó que era mejor que no lo hicieran porque en cualquier mando que les dieran provocarían el malestar de sus compañeros con las posibles y desagradables conse- cuencias de **índole** social y personal. (Por fin en 1989 los miembros *naturaleza* de la UMD fueron reincorporados al ejército.)

¶16   Con todas las variaciones políticas que han ocurrido, el ejército sigue siendo un bloque disciplinado, compacto y aislado con lo que tiene esto de malo para la comprensión de lo ajeno y lo bueno que resulta para evitar oír voces **disgregadores.** Así, la negativa que tuvo *divisive* al no aceptar en su seno a la UMD se equilibró al producirse el intento de golpe de estado del 23 de febrero de 1981. Ahí la comunión de ideas podía ser mayor (anticomunismo, antiautonomía), pero existía, sin embargo, el mismo vicio de origen que en la UMD: estaba en contra de la obediencia debida al jefe del Estado. Y cuando éste, en uniforme de capitán general, se asomó por la **pantalla chica** a todos *televisión* los **hogares** españoles y al cuarto de banderas de los cuarteles para dar *casas* su **consigna,** no hubo vacilación en las fuerzas armadas.[1] *orders*

¶17   Era la segunda gran batalla que ganaba el Rey contra sus generales; la primera había sido al convencerles de aceptar la presencia en España de dos «monstruos» llamados La PASIONARIA y CARRILLO, dos nombres que la familia militar pronunciaba siempre acompañados de adjetivos infamantes. Don Juan Carlos les convenció que su vuelta era necesaria para alcanzar la regularidad democrática

---

1. Cuando el Rey se proclamó opuesto al golpe, los jefes militares abandonaron el proyecto.

del país y que su influencia en los destinos de la patria sería nula. Y así fue; cuando hoy se ve el venerable aspecto de una mujer anciana *a litter* llevada casi en **andas** como un santo y a un hombre que ha conseguido dividir en tres al Partido Comunista Español, uno se asombra que el anuncio de su llegada fuera motivo de tal agitación militar.

¶18   El jefe del intento del 23-F al parecer era MILANS DEL BOSCH, teniente general en Valencia que promulgó el estado de guerra en aquella ciudad. Pero el que tiene interés para el recuerdo del tragicó-
risa mico episodio, que en el extranjero producía **carcajadas** («parece una escena de CARMEN» decían) es TEJERO, teniente coronel de la GUARDIA CIVIL que irrumpió en el Congreso apuntando a todos los políticos allí presentes — la representación viva de un espíritu tradicional y militar que se resistía a morir a manos de la Democracia.

¶19   La sensación de miedo permanente en nuestras neuronas tras cuarenta años de uniformes victoriosos se notó de forma especial en esta ocasión. No me refiero a la reacción de los diputados escondidos
escritorios debajo de sus **pupitres**; estaban directamente amenazados y su actitud
crisis sólo puede ser juzgada por quienes hayan pasado por el mismo **trance.** Por ello resulta más bella y digna la postura sentada que mantuvieron Carrillo, Suárez y especialmente el gesto del general Gutiérrez Mellado enfrentándose, solo y desarmado, a las fuerzas hostiles. La imagen de ese soldado, heredero directo de los militares liberales del siglo XIX,
de pie **erguido** en el **hemiciclo** con las manos en la cintura mientras sonaban
sala del congreso los disparos a su alrededor, es lo único que en ese triste «vídeo» **nos**
delights us **congracia** con lo español.

¶20   Porque el resto de los aquí nacidos reaccionaron, reaccionamos, con el mínimo valor cívico posible. Escritores, políticos, periodistas que se creyeron posibles víctimas de la reacción durmieron en otros domicilios aquella noche, los etarras salieron por mar y por tierra desde la provincia vasca a la hospitalaria Francia. E igualmente falló la labor colectiva de las grandes organizaciones. No hubo reunión de jefes de partido de izquierda para tomar medidas contra el
amenazaba peligro qué **se cernía** sobre ellos; es cierto que los máximos **dirigentes**
party leaders estaban prisioneros en el Congreso, pero quedaban fuera secretarios e
sin líderes incluso bases que, al ver **descabezado** el órgano directivo, tenían que haber reemplazado automáticamente a los jefes perdidos. Nadie se movió.

¶21   La mayor prueba de ello se dio en VALENCIA donde se
anunció **promulgó** el estado de guerra por parte del general MILANS DEL
contradicción BOSCH. Desde que existe la **antinomia** «Ejército-Movimiento obrero», es decir, desde principio de este siglo, la actitud militar

agresiva ha encontrado una reacción laboral manifestada en la **huelga** *strike*
total, una huelga hecha para privar al Gobierno ilegal de una vida
— industria, comercio, transporte — que necesita urgentemente para
subsistir como tal Gobierno. Pues bien; en Valencia, única ciudad *permanecer*
declarada **facciosa** de forma oficial ya que en Madrid los sublevados *en rebelión*
sólo ocuparon el Congreso, no se movió nadie... ni siquiera para no
moverse. Es decir, no se declaró la huelga general que hubiera sido
la reacción típica cincuenta años antes; los directivos se escondieron
y los obreros se presentaron sin excepción al trabajo.

¶22   Hoy el ejército está externamente tranquilo y disciplinado, pero
la verdad es que nadie conoce sus sentimientos íntimos. Mi impresión
personal es que sigue un poco incómodo ante una situación pública
que no hubiera creído posible hace sólo quince años, una situación en
que la prensa y TVE se dedican a **sacar** sus defectos mucho más a *demostrar*
menudo que sus cualidades, donde cada soldado muerto en accidente
se imputa a su deficiente organización y falta de cuidado, donde se *is blamed on*
cuestiona incluso la necesidad de **incorporarse a filas** a través de *join the ranks*
encuestas en que se pregunta a los jóvenes si les gusta ir al ejército a
lo que naturalmente contestan en su mayoría que no, como harían sus
padres si les preguntasen si les parece bien eso de pagar impuestos.
También ve con **recelo** el avance de las autonomías que obligan al *miedo*
oficial, que era quien imponía su idioma, a que le hablen en público
en un lenguaje que desconoce. Y naturalmente observa, con terror y
rabia, los asesinatos que la ETA comete entre los individuos de las
Fuerzas Armadas. Ese malestar interno sólo **aflora** de vez en cuando *aparece*
pero de forma significativa, en el discurso de un capitán general o
gobernador militar que más que pedir, exige al Gobierno un castigo
duro para los terroristas, un castigo que no tenga en cuenta **barreras** *obstáculos*
democráticas.

¶23   En la vida militar, y aparentemente todo sigue igual que en
tiempos de Franco, el ejército ha sido siempre y en todas partes, no
sólo en España, un **baluarte** de tradición. Nombres, designaciones, *stronghold*
tratamientos que desaparecen en el lenguaje de los **estamentos** de una *clases*
sociedad, se mantienen largamente en el ejército donde toda innovación se considera peligrosa e inoportuna. Se comenta la anécdota del
oficial que un día se asombró de ver que se colocaba un **centinela** *guardia*
junto a un banco situado en un **pasillo** del cuartel. Preguntó las *hallway*
razones de aquel puesto de guardia, para él absolutamente inútil y
nadie supo darle la razón de su origen. Sólo decían que ese centinela
había estado siempre allí. El oficial era curioso y siguió **indagando** *preguntando*
hasta que encontró a un viejo maestro armero que recordó que una vez
se había pintado aquel banco y el comandante puso un soldado a su
lado para impedir que nadie se sentase y se **estropease** los pantalones. *ensuciase*

Del hecho habían pasado muchos años y, sin embargo, nadie se había atrevido a preguntarse el motivo de que el centinela continuase.

¶24   No es raro pues, que el ejército español mantenga desde los tiempos de Franco una actitud prácticamente idéntica aunque haya cambiado tanto el jefe del Estado como el sistema político que nos rige. Al celebrarse un acto **castrense** éste se inicia con una misa como en los tiempos en que el PSOE estaba en la clandestinidad. Y al realizar la Jura de Bandera los **mozos** la hacen pasando junto a un testigo, hoy como ayer, llamado cura castrense con su **sotana** característica. Al referirse a los tiempos franquistas, *Cambio 16* publicaba el 18 de noviembre de 1985, la foto de una ceremonia con este pie: «Militares y sacerdotes compartían el **ámbito** de las ceremonias oficiales.» Pues bien la única diferencia de esta foto con la tomada en la Jura del príncipe FELIPE en plena época del Gobierno socialista en noviembre de 1985 es que ahora en vez de dos curas castrenses hay sólo uno..., pero está situado en el mismo lugar de honor.

militar

jóvenes
vestido eclesiástico

setting

¶25   Han sido los socialistas los que se han adaptado a las viejas normas, no los militares a las nuevas y las anécdotas se multiplicaron por esa artificial aproximación. Se dice que Felipe González no sabía cuándo sentarse o levantarse durante la primera misa oficial a la que asistió, pero más graciosa fue la reacción del ministro de Defensa, SERRA, cuando tras la frase del cura oficiante: «Daos la paz» —innovación del SEGUNDO CONCILIO VATICANO que su lejanía de la Iglesia le había hecho ignorar— al ver la mano que le ofrecía el militar que estaba a su lado, respondió asombrado: «¿Se va usted ya general?»

¶26   Con un símil propio de su carrera podría decirse que en lo que se refiere al ejército las espadas están en alto. El malestar antes mencionado ante unas campañas periodísticas desacostumbradas para ellos se ve **refrenado** por la obediencia a un jefe supremo que viste el uniforme militar de gran gala para recibir a dignatarios extranjeros.

repressed

¶27   Sí, la sombra del ejército es evidentemente alargada en nuestro país; cuarenta años de reflexión han forjado en el español un temor intenso a herirle o a desobedecerle. Hay una esperanza sin embargo. En la ceremonia del homenaje a los muertos por la Patria del 1 de noviembre de 1985, por expresa voluntad del Rey, fueron invitados representantes de las asociaciones de excombatientes de la República. Era la primera vez que desde la guerra civil estaban presentes en un acto oficial y así lo recordaron emocionados al ser entrevistados por los medios de comunicación. Fue un paso de gigante, pero todavía falta dar otro. Falta que esos hombres ya ancianos que acudieron **de**

paisano a la ceremonia llevando sólo en la **solapa** su pasado en forma   *in civvies*
de insignia, lo hagan la próxima vez usando el uniforme de la guerra   *lapel*
del 36 al 39 y que el Rey de «Todos los españoles» repita hoy las
palabras de Espartero en 1840: «Vuestros hermanos os esperan. Id a
abrazarlos como yo abrazo a vuestro general.» Y que de verdad se
entrechoquen al juntarse los pechos, las medallas ganadas en una   *collide*
contienda que hay que enterrar políticamente para siempre. Necesita-
mos otro «abrazo de Vergara»... «Un pasado que no puede borrarse
ni convertirse en presente» como resumió certeramente el rey Juan
Carlos en la PASCUA MILITAR de 1983.

Preguntas

1. ¿Por qué se considera que el «abrazo de Vergara» representa la traición? (¶2)
2. ¿Por qué le extraña al autor el término «auxilio a la rebelión»? (¶3)
3. ¿Por qué le preocupa a Díaz-Plaja el que hubiera tantos soldados en la administración después de la guerra? (¶4)
4. Díaz-Plaja considera que el ejército se comportaba como un ejército de ocupación? ¿Cuáles son algunos ejemplos de esta postura? ¿Por qué cree Vd. que esta actitud persistía? (¶5)
5. ¿Por qué le importaba a la esposa de un militar dónde se sentaba en el teatro? (¶7)
6. ¿Por qué cuidaban mejor a los suboficiales después de la guerra civil? (¶11)
7. ¿Cómo contribuyen las «casas militares» a la separación entre soldados y ciudadanos? (¶12)
8. ¿Por qué reaccionaron tan negativamente los líderes militares cuando se creó la Unión Militar Democrática? (¶15)
9. ¿Cuándo y cómo dice Díaz-Plaja que lo negativo de la disciplina militar fue equilibrado? (¶16)
10. ¿Qué opinión tiene Díaz-Plaja de la reacción de los españoles ante 23-F? (¶19-21)
11. ¿Por qué dice Díaz-Plaja que han sido los socialistas los que han adaptado a las normas militares y no vice-versa? ¿Cree Vd. que esto es así? (¶25)

Ejercicio de lenguaje.

A. Usos del imperfecto. Explique los siguientes casos del imperfecto. ¿En cuáles sería posible también un pretérito? ¿Cómo cambiaría el tono de la oración?

¶3: bastaba, pasaban, decían.

¶4: había además un gobernador militar.

¶5: provocaba, creía.

¶6: estaban.

¶8:   conducía.

¶11:   intentaba.

B.   Usos del pretérito.   Explique los siguientes casos del pretérito.   ¿En cuáles seria posible también un imperfecto?   ¿Cómo cambiaría el tono de la oración?

¶12:   constituyeron.

¶14:   tuvo.

¶15:   hubo, opinó.

El ensayo.

En la exposición, no todas las oraciones tienen la misma importancia. Hay, a través del ensayo, ciertas oraciones dan claves importantes al lector sobre los temas de mayor importancia y las relaciones entre ellas.   Tradicionalmente estas oraciones han sido llamadas las *oraciones temáticas* y se suele pensar que hay una para cada párrafo.   Pero como veremos, una sola oración puede establecer el tema para dos o más párrafos, y al contrario, un párrafo puede tener más de una oración temática.   Además, cuando analizamos la lectura, la oración temática puede ser una pequeña parte de una oración larga y compleja.

Veamos los primeros tres párrafos de esta lectura.   Los temas centrales parecen ser:

¶1:   Al final de una guerra anterior hubo una paz generosa y una reconciliación entre los dos lados.

¶2:   En 1939 cuando algunas personas trataron de repetir este gesto, fueron considerados como traidores.

¶3:   El final de la guerra civil marcó claramente la diferencia rígida entre quienes gana y quienes pierden.

De estas tres oraciones, la tercera parece ser más importante; establece el tema central de los tres párrafos.   Se puede pensar que los párrafos uno y dos constituyen una introducción al tema central del capitulo, que se declara explícitamente en el párrafo tres.

Ejercicio.   Identifique el tema central de cada párrafo (o, en algunos casos, de una grupo de párrafos) de esta lectura.   ¿En qué oración o fragmento de oración se declara cada tema? (Es importante notar que en este ejercicio, se trata de un análisis; puede haber más de un punto de vista válido.)

Después de completar este ejercicio, revise el esquema que escribió en el ejercicio del capítulo pasado.   ¿Hay información adicional sobre González que Vd. quiere incorporar? Trate de escribir una serie de oraciones temáticas para expresar las ideas centrales de su ensayo.

Para conversar y escribir.

1. ¿Cuáles son algunos problemas que surgen cuando las fuerzas militares tienen gran poder en la vida civil de un país?

2. En el incidente de 23-F ¿cuál fue el factor más importante que determinó que el intento de golpe de estado no iba a tener éxito?

3. ¿Cree Vd que un incidente similar podría ocurrir en EE UU? Explique su respuesta.

6. LA CULTURA

Introducción.

En este capítulo, y en los dos que siguen, nos pasamos de la vida política y militar a la vida cultural, social e intelectual. Vemos cómo una dictadura de tipo autoritario influye e inhibe en el arte, en la literatura, en el periodismo y en el análisis de la historia. A sabiendas que los valores autoritarios no pueden triunfar en el mercado libre de las ideas y preferencias naturales, todo régimen autoritario — sea de derechas o de izquierdas— se huye de toda competencia honesta e impone sus valores por fuerza, por censura y por terrorismo estatal.

Vemos en la lectura que sigue cómo la literatura, el arte, y el humor son influenciados por la dictadura, y cómo luchan los escritores, pintores, y periodistas para preservar algo de su libertad de expresión, y para representar, a pesar de los obstáculos, el mundo como lo ven, que es después de todo, la misión del artista.

Palabras.

Primero consideramos la cultura de las palabras, o **voces** como se llaman a veces. Una **voz** puede ser un elemento de la cultura política si es una palabra-clave para cierta ideología; o puede ser una palabra fea y en este caso se llama un **taco**.

También consideramos la literatura y la pintura. Si un autor o una artista usa su talento para propósitos políticos, algunos dicen que está **comprometido**. Los franquistas decían que después de la guerra civil en España había vuelto a **amanecer**—que el sol había salido, implicando que había razones para adoptar una actitud optimista. Pero los autores del período se dedicaban a producir obras pesimistas — de una **negrura** profunda, que eran el **mentís** — refutaban — a esta actitud. Estas obras eran las únicas formas de **disentimiento** posible ya que la censura no permitía la crítica directa del régimen. Díaz-Plaja las compara a toques de campana — **campanadas** fuertes. En el arte los franquistas preferían lo realista, pero las nuevas tendencias abstractas ganaban los premios en otros países y estos **galardones** sorprendían a los tradicionalistas.

La Cohesión: Elementos Retóricos.

Hay una diferencia importante entre los siguientes grupos de oraciones:

(a)   *Franco fue un dictador autoritario.*
      Cataluña es una de las comunidades autónomas de España.
      ETA es una organización terrorista.

(b)   *Franco fue un dictador autoritario.*
      El rey Juan Carlos quería establecer una democracia.
      Don Juan Carlos nombró a Adolfo Suárez como jefe de gobierno.

(c)   *Franco fue un dictador autoritario.*
      En cambio, el rey Juan Carlos quería establecer una democracia.
      Por eso, nombró a Adolfo Suárez como jefe de gobierno.

Las oraciones del grupo (a) no parecen tener ninguna relación entre sí. El lector de este libro se da cuenta que hay una relación entre las oraciones del grupo (b), pero si uno no conoce el contexto la relación no es nada obvia. En el grupo (c), en cambio, la relación es explícita—establecida por las frases *en cambio* y *por eso*.

Lo que establece la diferencia entre (c) y los otros grupos es la *cohesión*. Es la responsabilidad del escritor establecer las relaciones entre las oraciones de su ensayo usando los recursos del idioma. Para lograr la cohesión, se puede usar **elementos retóricos** que sirven para orientar al lector indicándole la estructura básica de la argumentación y las relaciones que existen entre una idea y otra. Algunos elementos importantes son los siguientes.

Introducción: Una vez

Continuación de la misma idea: y, además, de igual forma, por otro lado, luego, entonces, pues, pues bien

Consecuencia: de ahí que, así que, por eso, por ello, así

Afirmación y énfasis: sí, claro, sin duda, por supuesto, evidentemente

Oposición: en cambio, pero, sin embargo

Cambio de tema: en cuanto a, en segundo lugar, ahora bien

Clarificación: mejor dicho, o sea, quiero decir

Conclusión y cierre: en fin, por último, en conclusión, y por fin

Tenemos aquí sólo algunos ejemplos de una categoría muy grande de palabras. Además, una misma palabra puede tener valores diferentes según el contexto. Trate de identificar los elementos retóricos de la lectura de este capítulo. ¿Cuál es la función de cada una de esas palabras?

LECTURA: La cultura: en corsé[1] y liberada

consiste

do its own thing

Aparentemente todos aman a la cultura. La diferencia **estriba** en que algunos quieren que esté al servicio de una ideología política y los otros prefieren que **vaya a su aire**. Durante mucho tiempo en España la hemos disfrutado de las dos clases.

catch-phrases

apropiado   palabra

quitar

¶1   Las distintas líneas políticas tienen tendencia a apoderarse de **palabras-clave**. Desde antes de la guerra civil la derecha se había **incautado** de la **voz** «España» y la levantaba como una bandera que la izquierda cometió la torpeza de dejársela **arrebatar** empleando en cambio el grito de «Viva la República» que no tenía por qué ser antagonista —podía ser complementario— de la anterior. De ese error se dieron cuenta en plena guerra civil, y a partir de 1938, la llamada a España surgió en discursos y carteles aprovechando la presencia de tropas germano-italianas en la zona franquista. Pero ya era tarde; la alusión a la patria se había convertido en una expresión

---

1. En corsé: restringida por fuerzas ajenas.

de derechas y siguió siéndolo al terminar la guerra civil. Por ello la prensa podía hablar **impune** y falsamente de los «ataques a España» de los medios de comunicación extranjeros que en realidad sólo atacaban al régimen franquista que España **padecía.** La derecha en cambio se dejó arrebatar la palabra «Pueblo» usando la parte por el todo como en el otro caso; Pueblo tenía que ser el antifranquista; el proletario, el miliciano. Según esa teoría para ser digno de englobarse en esa expresión había que ser militante de izquierdas y levantar el **puño** cerrado; jamás podría pertenecer a ese **gremio** la viuda de un jubilado que **acudiese** a oír primera misa en la iglesia, aunque su **ingreso** mensual fuese inferior al de un **metalúrgico.** Para ser Pueblo, además de trabajar más o menos manualmente, había que sentirse cómodo en la izquierda.

¶2   Después de la guerra civil surgió otro adjetivo aplicado a los escritores: el de «**comprometido**». Parece claro que un compromiso se adquiere en el momento en el que se decide utilizar una capacidad intelectual para servir totalmente a una causa política, pero asombrosamente esa expresión sólo se emplea cuando el escritor es partidario de la izquierda, con lo que un José María PEMÁN no se consideraba un escritor comprometido aunque lo fuera tanto como Rafael ALBERTI. Quizá la razón de esa disparidad **radique en** que la palabra compromiso tiene un valor judicial «el acusado estaba comprometido en el asunto» y por ello valía sólo para a quienes caían en una responsabilidad penal al mantener unos principios distintos de los que se habían **alzado** con la victoria en la guerra de 1936 al 1939.

¶3   A partir de la paz nació otra guerra pequeña pero sin sangre: era la guerra de la pluma entre quienes vivían intensamente los postulados de los vencedores y los que defendían, dentro de lo posible, los de los vencidos. Naturalmente para estos últimos la ofensiva frontal estaba totalmente excluida porque la censura no la permitía y por ello tenían que buscar otros caminos. Si estaba prohibido hablar mal del régimen quizá **podría discutirse** lo que ese régimen había hecho a la sociedad y así surgieron en pocos años cuatro fuertes campanadas de disentimiento: *Nada, La Colmena, Historia de una escalera, Hijos de la ira.* En ninguna de esas obras se decía algo negativo del franquismo, en ninguna se postulaba un cambio de gobierno, pero las cuatro daban fe como tantos otros notarios de una angustia espiritual que era el **mentís** claro al optimismo de un régimen que aseguraba que «en España había vuelto a amanecer». Las obras de Carmen LAFORET, de CELA, de BUERO VALLEJO, de Dámaso ALONSO eran por el contrario expresión viva de una **negrura** que iba desde la protesta social de las dos novelas y la obra dramática, al grito tremendo del poeta que preguntaba a Dios.

Glosas marginales:

without opposition

sufría

fist grupo
fuese
earnings
      metal worker

compromised

is based on

levantado

one could debate

refutación

pesimismo

¶4   Fueron, decía, cuatro campanadas, cuatro **aldabonazos** contra *slaps* lo que se podía hacer bien poco, ya que es difícil juzgar a alguien por *dependiendo de* ser pesimista. *La Colmena* sí fue prohibida **agarrándose** al pretexto de la moral ofendida por algunas escenas sexuales, pero era claro que aquella línea desesperanzada mostraba al gobierno cuánto había de artificial en sus frases optimistas y en sus líricas evocaciones del pasado.

¶5   La novela también fue combatiente.   Hubo algún intento logrado de forjar una novela con fondos bélicos como en el caso de GIRONELLA y de AGUSTÍ.   Más tarde SÁNCHEZ FERLOSIO huía de *tape recorder* evocaciones y llevaba el **magnetófono** a la narración, escuchando y *insignificantes* contando las **nimias** cosas que podían ocurrir y decirse en un día corriente de picnic junto a *El Jarama*.   Los creadores siguieron buscando su camino entre cierta desconfianza en la gente que creía difícil que se pudiera descubrir con censura la clara realidad de nuestra existencia, lo que explica el tremendo éxito que obtuvieron por *blinders* entonces escritores extranjeros, y por tanto sin **anteojeras** políticas, como Somerset MAUGHAM, Charles MORGAN, Lajos ZILAHI, Pearl BUCK, etc.

¶6   Llegó el cambio, llegó la libertad y con gran desconcierto de la izquierda y alegría de la derecha, no surgió la Edad de Oro literaria que muchos esperaban al terminar la censura.   Ni siquiera nació otro grupo de escritores totalmente nuevos que hasta entonces hubieran guardado su pluma esperando la ocasión, y hoy la lista de libros más vendidos sigue dominada por nombres del anteayer como CELA y TORRENTE BALLESTER o del ayer como Antonio GALA.

¶7   La razón de ese déficit es que la libertad no va obligatoria-mente unida al talento ni al contrario, como lo prueba el hecho de que, con la INQUISICIÓN vigilando por encima de su hombro, triunfaron en su época y para la posteridad gente como GÓNGORA, CERVANTES, LOPE, TIRSO y CALDERÓN DE LA BARCA.

¶8   Por otro lado, una generación de escritores no se improvisa. El caldo de cultivo de la libertad está en su punto pero su producto no surge de golpe sólo porque esté allí.   Hace falta que generaciones *aparezcan* enteras **surjan** sintiendo que son libres y no sabiendo que lo son, es decir, que la libertad sea tan natural en ellos como la respiración, y por tanto no necesiten ratificarla continuamente con sus palabras ni con sus *vulgar words* voces. Decir «**tacos**» en una obra teatral o en una novela muestra más la obligación que siente el autor de demostrar que puede hacerlo, que la necesidad argumental de que se produzcan.   Lo mismo ocurre con *movie screen* las escenas eróticas en el teatro o en la **pantalla** que dan a menudo la sensación de que se insertan más para probar la libertad del autor que porque tengan que ver con el contenido de la obra.

¶9   En cuanto al arte la guerra civil terminó con la victoria de unas fuerzas conservadoras tanto en política como en lo artístico. Los conceptos tradicionales que contaban para la Iglesia y la moral valían también para la pintura. Los cuadros tenían que representar algo que se entendiese, los retratados tenían que parecerse y cualquier intento de distorsionar esa realidad precisa se consideraba: a) ganas de «**epatar**» b) incapacidad del artista o c) propaganda roja. A esa *impresionar* impresión simplista ayudaba el hecho de que PICASSO fuera al mismo tiempo creador de la pintura moderna y comunista probado que había hablado y pintado durante toda la guerra civil contra Franco. Ahí estaba para demostrarlo el «**engendro**» de GUERNICA[1]. *monstrosity*

¶10   La España pictórica de 1939 era pues, la de autores sólidos y bien establecidos, una pintura realista, casi **pompier**, parecida —qué *unimaginative* disgusto se hubieran llevado los ministros de entonces de saberlo— a la que protegían sus mayores enemigos: los soviéticos.

¶11   Naturalmente, los jóvenes rebeldes de entonces hacían también sus **pinitos** guerrilleros en esa contienda al tener en su casa produccio- *first attempts* nes del *Guernica* o de los cuadros de MIRÓ que se había instalado **calladamente** en Mallorca. Cuando eran comentados aquellos cuadros *quietly* por la autoridad competente, se hacía con el sonriente juicio de...«eso lo hace mejor mi hijo que tiene cinco años».

¶12   Por los años cuarenta y aún los cincuenta, pues, la pintura y la cultura tenían que ser académicas o no ser. El cuadro abstracto más que risa, producía indignación: «una **tomadura de pelo**». Cuando una *burla* francesa **emprendedora** llamada Juana Mordó abrió por vez primera *enterprising* su galería de arte madrileña a ese tipo de pintura, fue totalmente ignorada, lo que fue bueno desde el punto de vista político porque no la molestaron, pero **nefasto** desde el punto de vista económico. No *triste* vendía nada porque el público posible estaba influido por quienes les decían continuamente por prensa y radio que aquello eran «**mamarra-chos**» hechos por quienes no tenían otro medio de llamar la atención. *figuras ridículas*

¶13   Y de pronto empezaron a llegar a las redacciones de los periódicos raras noticias. Un español había obtenido el primer premio en la Bienal de Venecia, otro en la de São Paulo; un tercero había

---

1. Cuadro de Picasso inspirado por el bombardeo aéreo del pueblo de Guernica en 1937.

tomado parte en la exposición que reunía a los mejores artistas del momento en París. Los lectores no se asombraban del premio —hay *were surprised* mucho pintor bueno en España— pero sí **se extrañaban** al leer los nombres distintos de lo habitual incluso en la grafía: ¿THARRATS? ¿CUIXART? ¿TAPIES? ¿De dónde habían salido?

¶14   Llegaron las fotografías y más asombro. Se trataba de cuadros abstractos, aquello tan despreciado aquí y que fuera obtenía los *premios victoria* máximos **galardones.** Entonces, era una **baza** demasiado importante para ignorarla o despreciarla y el Gobierno se puso en marcha para recoger, como representante del Estado español, parte de la gloria que sus compatriotas estaban obteniendo. Empezaron a llamarles, a ofrecerles ayuda para nuevas exposiciones y esa actitud oficial fue *layers* impregnando otras **capas** de la sociedad. Los autores antiguos seguían haciendo retratos embellecedores de las señoras de la aristocracia pero *estaba de moda* ya **era *in*** tener colgado a su lado, en el mismo salón, una representación de los nuevos estilos.

¶15   Llegó la transición y con ella, muy a la española, el entusiasmo por una obra pictórica antes despreciada. Muerto Picasso no pudo *turned to* ser objeto de los honores le preparaban, pero la atención **se volcó hacia** su obra. La vuelta del *Guernica* fue una empresa que consumió miles de horas de trabajo y millones de pesetas y la llegada del cuadro, acontecimiento de primera página periodística, radiofónica y televisiva.

¶16   En cuanto a MIRÓ se le quiso compensar en pocos meses por *contempt* la desatención —cuando no el **desprecio**— que se había tenido con él en los años anteriores. Condecoraciones, homenajes, recepciones reales, exposiciones, se sucedieron llevando de un lado para otro su *mailbox* frágil figura; una larga serie de encargos llegó a su **buzón** mallorquín y cada vez que realizaba y se inauguraba uno se levantaba un ¡oh! de entusiasmo en los medios de comunicación que, igual que condenaba en los años cincuenta todo lo que hacía, elogiaba ahora su obra con la misma falta de discriminación, cantando tanto las excelencias del bello *penis* mural del aeropuerto de Barcelona como las del horrible «**falo**» que *disfigures* **afea** la plaza del «Escorxador» de la misma ciudad.

¶17   Ahora, las agitadas aguas del gusto español parecen haber *river bed* vuelto a su **cauce** y con ello la independencia de criterio. Ya no se es fascista por gustar de un pintor realista ni rojo por apreciar a un abstracto. Gente de ideología marxista razona sin miedo su antipatía al *Guernica* y conservadores políticos tienen en casa a un GUINOVART. Es decir, por primera vez en muchos años, empezamos a apreciar el arte sin pedir previamente ver el **carné**[1] del artista.   *identity card*

El humor como huida y como ataque

¶18   El humor fue la simpática **escapatoria** de la opresión   *escape*
franquista, quizá la única permitida porque pensaron que nadie puede
dañar provocando la risa. Cuando se dieron cuenta de que la ironía,
además podía ser agresiva, la persiguieron sin piedad.

¶19   No fuimos los primeros ni seremos los últimos en utilizar el
humor como escapatoria. No es casualidad que los pueblos más
perseguidos del planeta —judíos y negros— hayan creado chistes   *persecuted*
sobre sí mismos mucho antes de que lo hicieran sus enemigos racistas.
Reírse de las propias debilidades es una forma de adelantarse a los
demás con lo que el ataque sarcástico pierde impacto. Burlarse de
unos problemas domésticos permite, además, **restarles** importancia.   *quitarles*

¶20   En circunstancias políticas adversas tipo dictadura, el chiste
sirve de consuelo primero —por fin nos podemos reír de algo— y de
mínima venganza después. Yo no puedo evitar que el jefe supremo
me mande unas cosas y me prohíba otras, pero al menos puedo
desinflar su mayestático globo en mis tertulias de café y reuniones
familiares convirtiendo esa figura imponente en una **marioneta**   *puppet*
ridícula. La prueba de que esa actitud es general está en el hecho de
que los chistes antidictatoriales se han usado prácticamente con las
mismas palabras e intención a costa de gente tan diversa políticamente
como Franco y Stalin, Mussolini y Ceausescu, Hitler y Amín, y aun
rizando el rizo —ya que no eran dictadores «**strictu sensu**» aunque   *verdaderos*
sí autoritarios— De Gaulle y Churchill.

¶21   Esa fórmula, sin embargo, valía sólo para el comentario
clandestino; para la gente **de a pie** hacía falta un humor que pudiera   *común*
publicarse. Claro que existía durante la contienda el humor partidista
consistente en hacer una burla torpe y sangrienta de los enemigos, pero
eso lógicamente duró sólo mientras se mantuvo la guerra civil. En
cuanto terminó desapareció de la prensa.

¶22   En su lugar nació el humor llamado del absurdo; esa fórmula
que sólo años más tarde hizo famosos a Ionescu y a Beckett, surgió
en España en los años cuarenta en *La Codorniz*; esta revista había
sustituido a un semanario llamado *La Ametralladora* con el mismo

---

1. Sin ... carné: sin verificar la identidad política del artista.

grupo dirigido por Miguel M<small>IHURA</small>, Tono como principal colaborador y un jovencísimo Alvaro de L<small>AIGLESIA</small> como secretario de redacción. La diferencia de título correspondía a una diferencia de estilo; el arma bélica había sido substituida por un pájaro de aire inofensivo y un *short-footed* poco «ausente»: «*La Codorniz/* es un ave/ **paticorta/** que tiene un pico/ en la nariz», como decía su himno compuesto por otro colaborador llamado Edgar Neville. La fórmula de la nueva revista consistía en alejarse del mundo disciplinado, severo, «imperial» de entonces por el camino de lo lejano y abstracto. La idea no era nueva; venía de Italia donde había nacido por las mismas razones que en España, o sea porque el régimen dictatorial que allí se llamaba fascismo impedía cualquier alusión a las cosas concretas de la vida, tanto de lo que decía el gobierno dentro, como de lo que pensaban de él fuera.

blatently   ¶23   *La Codorniz* imitó **descaradamente** a esa prensa, pero fue *impudent* introduciendo también un humor hispánico **desgarrado** y divertido, especialmente para los jóvenes a los que se dirigía prioritariamente la revista. «Sabemos que la gente es nuestra, —decía Mihura en un artículo revelador de su intención, —cuando reaccionan de acuerdo con nuestra simbología.» Se formaba así una minoría que vivía en circunstancias distintas, en un mundo aparte y era curioso que habiendo ganado la guerra civil la gente tradicional y conservadora, *La Codorniz* que no podía —ni quería porque Mihura era muy conservador— criticar las líneas generales de esa política, sí se burlaba de la faceta social de los ganadores. Así, las «frases hechas» usadas normalmente en los salones eran burlonamente imitadas por los personajes de los chistes de Herreros, de Tono, de Mihura. El «eso se *small talk* lo dirá usted a todas» típico **degenue** de señorita de provincia se ridiculizaba al emplearse en circunstancias asombrosas; a veces era la respuesta a la advertencia a la muchacha de que estaba sentada en un banco recién pintado. «Esa cara la he visto yo en otro sitio» en la versión de Tono recibía esta respuesta: «Pues me extraña porque siempre la llevo aquí conmigo.» En cierta manera lo que hacían los escritores «absurdos» de *La Codorniz* era por el contrario infundir lógica a expresiones repetidas a incesantemente por pura pereza de buscar fórmulas nuevas. Se ha dicho que en ese humor había un contenido anarquista en el sentido que puede serlo el bohemio, el hombre que se niega a aceptar como sacrosantas la legislación y la costumbre.

¶24   Si era anarquismo la autoridad no lo notaba porque estaba difuso en un lenguaje que no entendía por nuevo y juvenil. La prueba es que la revista no tuvo ningún problema con la censura hasta que la *fell upon* dirección **recayó**, retirado Mihura, en Alvaro de La Iglesia que quiso hacerla más actual y combativa. Por ejemplo, existía la obsesión española por cambiar de nombre las calles cuando se ha transformado la situación política — la **lápida** de la Constitución de 1812 había sido alternativamente arrastrada por las calles o repuesta en su sitio siempre con el mismo y asombroso entusiasmo popular. De La Iglesia proponía que para servir a las necesidades políticas del momento respetando al mismo tiempo la orientación del ciudadano se mantuviese el nombre propio de la figura política anterior... pero cambiándole el adjetivo que pasaría de entusiasta a peyorativo. Así la calle dedicada al «glorioso ministro Juan Pérez» podría llamarse del «Cretino Ministro», etc., y el mismo general dejaría de ser «fiel y heroico» para convertirse en «traidor y cobarde». *street signs*

¶25   Los ataques generales y vagos empezaron a precisarse, se apuntó a acontecimientos diarios y corrientes. Primero fue la vida ciudadana, desde el mercado a la Policía Municipal, pero poco después se fue elevando el punto de mira y empezaron a caer los **obuses** en la línea de flotación del Gobierno. Entonces **se desencadenó** la lucha; naturalmente en ella tuvo las de perder el más débil de los rivales, es decir, **el semanario** al que no le valió la excusa reiterada de que se trataba de una revista de humor. El 29 de octubre de 1972, Evaristo Acevedo mete en su «Cárcel de Papel» al ministro de Obras Públicas por las diferencias demostradas entre la retórica triunfalista sobre el tren, «El Ferrol — Gijón» y el triste estado de esa línea férrea, según testimonio de los periódicos regionales. «Infracción al debido respeto a las instituciones y personas», advierte el censor utilizando el cómodo artículo dos de la LEY DE PRENSA DE FRAGA, artículo que negaba por sí solo la libertad de los demás. *guns / broke loose / la revista*

¶26   Pero lo que llenó el vaso de la poca paciencia del gobierno fue la burla que hizo de la prosa **alambicada** con que FERNÁNDEZ MIRANDA[1] quería insinuar que iban a ocurrir cambios en la política española con una posible apertura, sin que sus palabras fuesen una provocación peligrosa para la extrema derecha que andaba por entonces (1972) con la antena puesta para detectar las maniobras de los «rojos» **emboscados**. Éstas fueron las palabras de Fernández Miranda: *rarefied / in ambush*

¶27   «Nosotros queremos asociaciones políticas que no sean partidos políticos, pero para hacer esta afirmación hay que hacerla con todas sus consecuencias y entonces hay que buscar cuáles son las notas características del partido político y si nosotros quitamos de esas notas algunas **echamos agua al vino**, pero seguirán siendo partidos políticos *we weaken them*

---

1. En esa época, Fernández Miranda trataba de «abrir» el régimen sin antagonizar a los líderes más duros.

más o menos modificados y más o menos destruidos y si quitamos todas las notas del partido político ¿queda algo que se pueda llamar de verdad asociaciones políticas?»

¶28   ... con lo que se llegaba a una fórmula prototipo de ambigüedad : «La posibilidad de distintas corrientes de tendencias dentro del Movimiento con fidelidad a los principios de una pluralidad de tendencias o de corrientes en el mecanismo de la acción política.»

lenguaje confuso

missive

malign

outrageous

¶29   Prácticamente, a Evaristo Acevedo le bastó reproducir este **galimatías** con mínimas notas irónicas para tener motivos más que sobrados de meter al ministro en su «Cárcel de Papel». La irritación fue grande y su resultado el **oficio** que se envió a *La Codorniz* en el que se le acusa de «desacreditar ante la opinión pública a las Instituciones y personas a las que se **ponen en entredicho** ...mediante la utilización de un léxico hiriente o mortificante o por el empleo de frases y conceptos **afrentosos** para ridiculizar y desacreditar altas personalidades de la vida política y administrativas de la nación lastimando su prestigio en el concepto público».

¶30   ... con lo que se le hacía pagar a *La Codorniz* doscientas cincuenta mil pesetas —de entonces— y lo que era peor la clausura de la revista durante cuatro meses —febrero a junio de 1973.

¶31   Multa y cierre que se repitieron en 1975 con motivo de un «diálogo de alcoba» alusivo al ministro de Educación Cruz Esteruelas que irritó muchísimo; el censor que volvió a recordar que «no hay humorismo que valga como excusa para ocultar un intento de desacreditar ante la opinión pública a Instituciones y personas». La suspensión esta vez fue de junio a septiembre.

sketches

titles   guild

outpouring   dam

¶32   Fue la última ocasión para que el gobierno hiciera uso de sus poderes. Tras la muerte de Franco, el 20 de noviembre del mismo año, se intentó pero no se consiguió detener el audaz impulso de los humoristas españoles. A los MINGOTE y CHUMY-CHÚMEZ de antes se unieron los FORGES, PERICH, Martín MORALES, PERIDIS con **esbozos** acertados y «**pies**» incisivos que hicieron popular el **gremio** hasta el punto de que la combinación escritor-dibujo llegó a menudo al *best seller* en forma de libros. Hoy, pasado el tiempo y sedimentado el **caudal** que se provocó por la ruptura de la **presa**, el tono medio del lápiz humorístico español tiene una categoría y un número francamente superiores a cualquier grupo parecido en países como Francia, Inglaterra, Alemania, Italia e incluso en los Estados Unidos, país donde el dibujante de humor ha tenido siempre una autoridad que le permite acceder a los principales periódicos de la nación.

Preguntas

1. ¿Qué palabras-clave diferentes usaban los republicanos y los nacionalistas?

2. ¿Le parece que las palabras de los dos grupos corresponden a sus ideologías? Explique su respuesta.

3. Explique la comparación que hace el autor entre una viuda y un metalúrgico.

4. ¿Por qué se llamaban «comprometidos» algunos escritores y otros no?

5. ¿Cómo expresaban su crítica los autores de obras como *Nada, La colmena* etc.?

6. ¿Por qué fue imposible censurar obras de este tipo?

7. ¿Qué creían algunos que podría suceder cuando llegara la libertad? ¿Así fue? Explique.

8. ¿Por qué decían que el arte moderno era propaganda roja?

9. ¿Cómo reaccionaron las autoridades cuando empezaron a llegar a España noticias sobre pintores españoles en otros países?

10. ¿Qué papel político puede desempeñar el humor, según Díaz-Plaja?

11. ¿Qué tipo de humor surgió a causa de la censura?

12. Explique lo que pasaba con los nombres de las calles.

El subjuntivo en cláusulas de relativo

La cláusula de relativo permite la subordinación de una oración con función adjetiva modificando un sustantivo de la oración principal.

*Necesito **el libro** que te presté ayer.*

En las cláusulas relativas se usa el indicativo si el sustantivo modificado se refiere a una entidad **específica**. En el ejemplo anterior se habla de un libro específico. En cambio si el sustantivo se refiere a, por ejemplo, cualquier libro que tenga ciertas características, se usa el subjuntivo.

*Necesito **un libro** que tenga más ejercicios escritos.*

En el capítulo hay ejemplos de los dos tipos.

*Jamás podría pertenecer a ese gremio la viuda de un jubilado que **acudiese** a oír primera misa en la iglesia.* (Se usa el subjuntivo porque no se trata de una viuda específica y conocida; la oración explica que cualquier viuda que vaya a misa queda excluida.

*Por ello la prensa podía hablar de los «ataques a España» de los medios de comunicación extranjeros que en realidad sólo **atacaban** al régimen franquista.* (Se usa el indicativo. La oración se refiere a **todos** los periódicos extranjeros. Es importante notar que no es necesario que sepamos, ni que el autor sepa, la identificación de todos esos periódicos. Lo importante es que **son periódicos específicos**.)

Explique el uso en las siguientes oraciones:

*Quizá podría discutirse lo que ese régimen **había hecho** a la sociedad.*

*Nosotros queremos asociaciones políticas que no **sean** partidos políticos.*

*Los cuadros tenían que representar algo que se **entendiese**.*

Complete las siguientes oraciones usando la forma correcta del verbo indicado:

Hacía falta un humor que [poder] publicarse.

No hay humorismo que [valer] como excusa.

Teníamos un régimen que [asegurar] que en España había vuelto a amanecer.

*La izquierda empleaba en cambio el grito de «Viva la República» que no [tener] por qué
     ser antagonista.*

¿Queda algo que se [poder] llamar de verdad asociaciones políticas?

El ensayo

En su bosquejo para el ensayo sobre González, considere las relaciones entre los
varios puntos que Vd. ha incluido. Añade elementos retóricos al bosquejo para indicar
las relaciones. Repase sus escritos previos. ¿Hay párrafos que serían más claros con la
añadidura de elementos retóricos?

Para conversar y escribir.

1.   ¿Qué obras literarias conoce Vd. que traten temas políticos?   En su opinión,
¿contribuye el contenido político al valor de las obras, o cree Vd. que esos autores son
«comprometidos»?

2. ¿Cuál es su opinión sobre la pintura abstracta? ¿Ve Vd. alguna conexión entre varios
tipos de pintura y las ideologías políticas?

3. ¿Cómo se usa el humor en EE UU para propósitos políticos?

4. Según las autoridades franquistas «no hay humorismo que valga como excusa para
ocultar un intento de desacreditar [a alguien]» ¿Qué puntos de vista existen en EE UU
sobre este punto? ¿Qué piensa Vd.?

7. REPRESIÓN Y LIBERACIÓN SEXUAL

Introducción.

Ciertas actitudes suelen coexistir más o menos naturalmente. Los mismos ciudadanos que identifican con la derecha política tienden a aceptar que la Iglesia ejerza una influencia fuerte en la sociedad y usualmente manifiestan un grado de tradicionalismo en cuanto a las normas sexuales. Lo mismo ha ocurrido en España. El régimen de Franco —una dictadura de derechas— sostuvo una fuerte alianza con la Iglesia católica (que se comentará en el capítulo 10) e impuso una estricta represión sexual durante casi todo el período de su vigencia.

En este capítulo, Díaz-Plaja nos explica algunas de las diferencias entre la Segunda República, los años del franquismo y la época posfranquista. Vemos la censura en las publicaciones, en el cine, en el teatro y en la televisión. Después de la muerte de Franco viene la liberación y el desgaste, y por fin el aburrimiento.

En la década de los sesenta viajar entre Madrid y Nueva York era cambiar totalmente de ambiente. Ahora parece que se dan los mismos fenómenos más o menos en ambas ciudades.

Palabras

Las actitudes sexuales son diferentes de país a país y de época a época. En general una persona puede definir las normas que él o ella considera *correctas* y puede explicar en qué consisten los errores de *excesiva liberación* y de *excesiva represión*. Nuestro vocabulario refleja estas tres posibilidades y nos permite a veces revelar nuestras opiniones de una manera indirecta. ¿Cómo clasificaría Vd. las siguientes palabras, expresiones y situaciones? (*excesiva liberación, actitud correcta, excesiva represión*)

Algunos *argumentos* (cuentos) de las películas contienen aspectos *picantes* (sensuales).

A veces los censores insisten en la *castidad* (pureza moral).

Hay escenas que muestran el *goce* (placer) físico sin *rubor* (vergüenza).

Si el *guionista* 'script writer' es *atrevido* 'daring' puede mostrar escenas de *inversiones sexuales* (homosexualidad).

Algunas películas contienen *tacos*.

Para *depurar* (hacer pura) la escena, a veces se cambia el diálogo cuando se hace el *doblaje* 'dubbing'.

Si una escena es muy *desvergonzada* 'shameless' puede producir *jadeo* 'panting' o *hartazgo* (sensación de exceso), según el espectador.

Si un dibujo muestra un cuerpo *desnudo* los *retocadores* de la oficina de censura pueden cambiarlo.

Algunas personas creen que mostrar un *escarceo* (aventura) sexual es *libertinaje* (excesiva permisividad) y hasta *pecaminoso* 'sinful'.

LECTURA: La represión sexual—
La liberación sexual

Un episodio picante, pero necesario en la historia de los últimos cincuenta años. Desde cuando una mujer tenía que llegar virgen al matrimonio, hasta cuando no puede llegar intacta a la relación sentimental.

La represión sexual

¶1   En 1936, el país estaba más o menos liberado respecto al sexo. No existían revistas pornográficas como las de hoy, es decir, con exhibición de órganos masculinos o femeninos, pero sí las llamadas picarescas (título también dado a un tipo de novelas), donde el cuerpo femenino se mostraba con relativa audacia. Había empezado ya en la revista *Crónica* la fórmula del desnudo como elemento artístico en la fotografía semanal de Manassé donde los detalles anatómicos se presentaban entre luces y sombras, lo que había obligado a muchos padres de familia (entre ellos al mío) a pasar a comprar *Estampa* que no se permitía esas libertades. En algunos casos la libertad sexual se unía a la política anticlerical como en *La Traca*, en cuyos dibujos sacerdotes gordos y **viscosos** se agarraban vorazmente a mujeres de grandes pechos y voluminosos **traseros.**

slimy
buttocks

¶2   En el cine se iniciaba el desnudo con *Éxtasis*, la película austriaca en la que Hedy Lamar corría por el bosque **en el atuendo de Eva** con gran emoción de los niños de entonces aprovechando que no existía el «sólo para mayores de 18 años» de tiempo posterior. También era de procedencia centroeuropea alguna película de propaganda nudista donde el mensaje de la naturaleza era más importante que el estético dada la disparidad física, a menudo a favor de la fealdad, de unos grupos humanos que se habían liberado de sus ropas al mismo tiempo que de sus prejuicios y corrían por playas y **praderas** con escandaloso **sacudimiento** de **senos** y algo menor de testículos.

desnuda

meadows shaking
breasts

¶3   En el teatro de revista hacía poco que había empezado a verse la mujer sin ropas; fue creo «La pipa de oro» la primera producción musical en la que en el momento final, llamado apropiadamente **apoteosis,** la **vedette** y las primeras figuras aparecieron con el torso desnudo aunque, eso sí, absolutamente inmóviles. Al parecer, dado que los peticionarios del permiso habían aludido a la belleza pura de las estatuas griegas y romanas, la autoridad les había cogido la palabra permitiendo que las muchachas se exhibieran exactamente igual que

climax star

aquéllas, o sea en la quietud más absoluta.

¶4   Llegó la sublevación militar y con ella la guerra y la división geográfica no sólo de dos fuerzas políticas sino de dos conceptos de la vida. Por un lado quedó la tradición, la vuelta a las normas de los abuelos; por otro las nuevas doctrinas y con ellas la permisividad moral.   Sin embargo, en algunas zonas de la República eso no significó el **libertinaje** que podía esperarse. En Barcelona, por ejemplo, la fuerza de los anarquistas enemigos **acérrimos** de la prostitución considerada **lacra** burguesa, y con un sentido moral rigurosamente **ascético,** impidió que al **socaire** de la libertad la corriente sexual se **desbordase.** Ni en los teatros, ni en libros ni en espectáculos de cabaret hubo durante la guerra civil mayor libertad de lo que ocurría antes del 18 de julio. Sí se amplió, sin embargo, la posibilidad del divorcio y del aborto.

impiety
bitter
defecto
severo protección
overflow

¶5   Pero en la zona nacional sí hubo un cambio absoluto o mejor un retroceso general que en años podía estimarse en unos veinte; desde el principio las autoridades decretaron la moral como obligatoria y la castidad como necesidad patria. Así se establecieron en los diversos gobiernos civiles de la España franquista y a partir de los primeros momentos unos censores, tan dispuestos a evitar que se filtrasen noticias bélicas al enemigo, como a que las almas de los españoles se perdiesen por la tentación expuesta en publicaciones, en películas y espectáculos de toda clase. El desnudo resultó totalmente tabú y por desnudo se entendía incluso la parte femenina que iba desde la rodilla al tobillo o desde el cuello al nacimiento del pecho, espacios difíciles de calibrar exactamente por artistas plásticos y fotógrafos por lo que se mandaba a examen, igual que se hacía con los textos, cualquier diseño o reproducción de mujeres, y cuya aparición desconcertaba a los funcionarios encargados de la moralidad pública. Al principio se intentó devolver cada original atrevido a la **redacción** del periódico para que lo substituyeran por otro más decente, pero ante la ignorancia de los límites permitidos, decidieron demostrárselo de la forma más gráfica posible. Así nació en todas las oficinas españolas de censura el **gremio** de los «retocadores», unos individuos **dotados** de capacidad para dibujar y que procedían a manchar de negro las superficies que a su juicio quedaban demasiado visibles en los cuerpos femeninos. El dibujo así corregido volvía a la redacción que debía atenerse rigurosamente al nuevo modelo si quería evitar cuantiosas multas.

los editores

guild endowed with

¶6   El cuidado con que esos censores actuaban llegaba a la obsesión y aun a la obsesión **malsana.** El entonces director de *Semana*, Manuel Haicón, tenía en los años cincuenta bajo el cristal de

unhealthy

una mesa de su despacho varios dibujos que habían sido prohibidos por la censura. Uno de ellos era el anuncio de una marca de polvos de talco y representaba un niño de unos seis meses con sus pañales *plump thighs* puestos y mostrando unos **rollizos muslos** sobre los que el censor había trazado una cruz en gruesos trazos rojos indicando su prohibición total. No hacía falta recordar a Freud ni pasarse en la mala intención para descubrir en esa actitud la tendencia pederasta de alguien que *sick* quiso evitar a los demás el efecto **morboso** que aquella carne infantil al descubierto le causaba a él.

imágenes ¶7   Eso en lo que se refería a las **reproducciones.** Cuando la persona estaba viva se procedía con la misma severidad a taparla y en ese caso el inspector de turno se trasladaba al teatro o cabaret para *presentados* comprobar si los figurines **endosados** por las artistas correspondían al *on location* modelo que había sido enviado a la censura. Estos censores «in situ» tenían como misión además procurar que el movimiento de las *moderado* muchachas fuera tan **morigerado** como sus trajes. Asistían muy *fuerte* atentos al ensayo general y detenían con una voz **tronante** los giros de cadera de la vedette. «¡Así! ¡No te muevas más!» En ocasiones aparecían en una representación cualquiera para asegurarse de que la *estrictamente* consigna se cumplía **a rajatabla.**

¶8   Estas medidas restrictivas habían sido impuestas, como digo, desde el principio y en esa batalla los esfuerzos de la parte más moderna del conglomerado nacional, es decir, la Falange, que por más juvenil se sentía atraída por el aire libre y deportivo, perdió totalmente *hopeful* la batalla de la moda. Su frase **esperanzada:** «Queremos una España alegre y falda-corta» quedó en eso, en una frase y ni el deporte femenino con su obligada libertad de movimientos consiguió que las autoridades eclesiásticas cuyo veto era temido y respetado por las civiles, redujeran su actitud. Mientras en los campos deportivos de los «hermanos» fascistas y nazis jugaban italianas y alemanas al baloncesto con breves pantalones, las españolas tenían que hacerlo con faldas *flare* hasta las rodillas, faldas a las que se les había dotado de ancho **vuelo** para intentar compensar con su amplitud la extremada longitud.

¶9   La misma severidad existía en las playas. Cada principio de *de verano* temporada **estival** el ministro del Interior recordaba en la prensa que estaba totalmente prohibido tomar el sol en bañador y que había que *bathrobe* hacerlo «con el **albornoz** puesto». Histórico. Naturalmente y dada la capacidad de los españoles para interpretar las leyes de acuerdo con sus gustos y deseos, esa consigna nacional adquiría diversos significados según la idiosincrasia del lugar de la costa. En San Sebastián, ciudad tremendamente tradicional por católica y a pesar de su cercanía a Francia, estaba rigurosamente prohibido hasta muy entrados los años cincuenta, el traje de baño de dos piezas para la mujer. La playa más adelantada en ese sentido por entonces era la de Torremolinos, cuyos habitantes, como todos los de la COSTA DEL SOL, llevaban años aceptando a los forasteros con todas sus **manías** incluida la de nadar ligeros de ropa sin **inmutarse**. La misma permisividad y por los mismos motivos de costumbre **añeja** se daba en las Baleares, sobre todo en Ibiza.

whims
preocuparse
antigua

¶10   Cuando el Estado empezó a descubrir y explotar la impresionante mina que era el turismo, las autoridades locales se encontraron con claro y difícil dilema: o dejaban a los extranjeros bañarse con las dos piezas que estaban llegando ya a la mínima expresión del bikini **contraviniendo** las ordenanzas policíacas de Madrid o se lo impedían forzándoles a llevar a otros países las **divisas** que tanto necesitaban las exhaustas **arcas** del Estado. La disyuntiva fue llevada al Ministerio de Información y Turismo que, incapaz de admitir oficialmente una rectificación de su camino moralizador, dio en secreto normas a los gobernadores civiles, a través de Interior, para que no se persiguieran las contravenciones playeras. Quedaba el **escollo** de la Iglesia, incapaz de aceptar un cambio de criterio que dejaba a las almas españolas a merced del pecado mortal **luciente** en la expuesta carne femenina y ahí hubo que buscar soluciones a nivel local de acuerdo con la picaresca de la época. Contaban que el alcalde de Benidorm había dado con la fórmula perfecta. Llamó al párroco del pueblo y le entregó un rico donativo para reparación de la vieja iglesia y necesidades del culto; al empezar el cura a agradecérselo le pidió que, por favor, no bajara a la playa durante el verano. El sacerdote comprendió y aceptó. Los ojos que no veían consiguieron que el corazón dejase de sentir y por tanto inspirar las **filípicas** lanzadas desde el púlpito sobre la corrupción extranjera que invadía a nuestra pobre España.

desobedeciendo
dinero extranjero
coffers

stumbling block

shining

críticas

¶11   En cuanto a los libros la censura actuaba de acuerdo con un criterio cuya injusticia señalé varias veces en **discusiones** con gente del Gobierno... sin que me hicieran el menor caso, claro. Ese criterio se basaba en permitir una relativa libertad en las descripciones sexuales cuando se trataba de libros de **bibliófilo** bien **encuadernados** y por ello de valor alto. La idea que inspiraba esa discriminación era que al ser más caros, el número de personas capaces de comprarlos y **por ende** de pecar con ellos, era menor. Intenté explicar a un censor que un buen católico tampoco podía mandar al infierno al alma de un rico que ante los ojos de Dios era tan importante como el alma de un pobre lo que representaba una responsabilidad grande para quien autorizaba la obra. «Siempre es menor el daño si los lectores son menos», me **acalló**.

debates

collector   bound

therefore

dijo

¶12   En las obras corrientes la censura variaba según el encargado de aplicarla, pero cualquier intento de contar con detalles un **escarceo** sexual era inmediatamente suprimido **en aras de** la moral. Había, sin embargo, un detalle curioso. El Régimen se daba cuenta del **desfase** con que el Gobierno actuaba en España respecto a las normas generales en Europa y por ello —a partir de los años cincuenta— las correcciones del texto no se mandaban nunca en un papel oficial sino en **cuartillas sin membrete** acompañando un oficio del ministerio donde se advertía que aquella obra podía publicarse siempre que se rectificara de acuerdo con los datos de «la hoja adjunta». Con ello se quería impedir que algún periódico del extranjero, especialmente LE MONDE de París, que era la **pesadilla** del régimen, pudiera reproducir una carta oficial señalando unas correcciones morales que resultaban ridículas al otro lado del PIRINEO.

escapade
for the sake of
contradicción

blank paper

nightmare

¶13   Era otra anomalía que no comprendía. «Si estáis seguros de que obráis a la mayor gloria de Dios —les decía, —si estáis convencidos de que con vuestras precauciones de leer los libros antes que el pueblo impedís que el español medio **peque** ¿por qué no lo decís clara y **ufanamente**? «Sí, señor francés, inglés o americano. Hemos **tachado** esto porque queremos mantener a nuestra gente pura y virtuosa y no nos importa nada lo que podáis opinar desde vuestra libertad de prensa que para nosotros no es más que libertinaje. ¿Qué pasa?» Ésta hubiera sido al menos una actitud sincera, la misma por ejemplo que tiene otro fanático de tiempos más recientes llamado JOMEINI que no pide perdón a nadie por haber devuelto a su pueblo a los tiempos medievales, tanto en lo que pueden ver y beber como en la forma de vestir. Él sigue los dictados de Dios y eso le basta para justificarse ante sí mismo.

sin
con orgullo
censurado

¶14   En España no. Se hacía y se temía al mismo tiempo la reacción extranjera y llegó hasta tal punto ese **rubor** que la censura como dije anteriormente cambió de nombre y pasó a llamarse «Orientación bibliográfica»; probablemente es el único caso en que el acto de orientar a alguien tratándose de libros no se refiere a lo que deben leer sino a lo que no deben.

vergüenza

¶15   Dada la proporción aludida —a más gente expuesta, más vigilancia— la censura más rígida se aplicó como es lógico a la gran pasión española del cine; éramos uno de los países con mayor número de salas en el mundo, aprovechando la inexistencia entonces de la televisión. Las películas fueron, pues, objeto de estudio, de análisis y en fin **depuradas** de cualquier escena erótica, por cierto, al principio de forma muy torpe. Se veía a un hombre y una mujer acercar las caras con gesto amoroso y de pronto aparecían las mismas

purged

caras alejándose al haberse cortado el momento del beso. Luego se hizo mejor eliminando desde el principio la secuencia fatal, pero resultaba que el problema a menudo no se concretaba en una sola escena; existía, además, un argumento que podía tener una carga inmoral mucho más peligrosa para la sana juventud española que la rápida visión de un **ósculo.** Dado el desfase que en tema de libertades existía entre los países anglosajones, principales proveedores de las películas más **apetecidas** y el nuestro, el Gobierno se encontró de pronto con que tenía que importar unas películas, técnica y artísticamente importantes, unidas a un mensaje **pecaminoso.**

beso

deseadas

sinful

¶16   El **nudo gordiano** se deshizo fácilmente cuando alguien del Ministerio dio con la fórmula... si la imagen era imposible de cambiar, el diálogo en cambio podía ser manipulado en el **doblaje** entonces obligatorio. Así no importaba que el **argumento** fuera inmoral en principio porque al llegar al público no lo sería. En mí libro «El español y los siete pecados capitales» recordé algunas películas donde se había disociado el argumento del mensaje que llegaba al público. *Mogambo*, por ejemplo, donde el matrimonio de Grace Kelly se convertía en un par de hermanos para que no hubiese adulterio —ese pecado que era mejor no supieran los españoles que existía— con Clark Gable. Aun así quedaban en la imagen elementos que no se podían «doblar» como el hecho de que los dos hermanos compartiesen el mismo dormitorio, pero sí pudo explicarse la cara feroz que ponía el «hermano» al observar el coqueteo de Grace con Clark; aprovechando un momento en que ella estaba de espaldas a la cámara y en silencio, se le hizo recitar este texto: «Mi hermano está muy enfadado con lo nuestro porque es íntimo amigo de mi novio que está enfermo en Londres.» El «cazador blanco» no se **inmutaba** ante la noticia lo cual resultaba bastante lógico porque en realidad no había oído nada.

dilema

dubbing
plot

molestaba

¶17   En otra película titulada *Su vida íntima* la censura no pudo tolerar que Charles Boyer tuviera durante toda una vida una amante estando casado y así la esposa legítima aparecía en la pantalla también como una hermana; el público, como en el caso anterior, se desconcertaba esta vez al no comprender el odio que sentían los «sobrinos» por la intrusa ni mucho menos que el protagonista se negase reiteradamente a casarse con su amada «porque su hermana, la viuda, se llevaría un disgusto».

¶18   Sin embargo, durante años, esto es lo que hizo el Gobierno en su trato a los españoles manteniéndoles en un limbo del que no podían bajar sin graves danos para su alma. Porque lo curioso era que mientras tanto el país seguía el camino normal de una sociedad

homosexuality

humana en que ocurre todo; la gente sabía que existían adulterios e **inversiones sexuales**; conocían a parejas que se casaban apresuradamente porque ella esperaba un hijo, tenían vecinos de los que se rumoreaba que vivían juntos sin haber pasado por la Iglesia. Todo ello ocurría en cualquier calle de cualquier pueblo español, pero daba lo mismo. En cuanto entrábamos en un cine todo dejaba de existir y en nuestro mundo no cabían ya pecados de ninguna clase. Pocas veces ha sido más ancha e irritante la diferencia entre la España real y la oficial que distinguió hace años ORTEGA Y GASSET.

La liberación sexual

engaño
fireworks
climax

¶19   Fue como un lento **petardeo** que acabó en una explosión, como cuando en los **juegos pirotécnicos** estrellas y palmeras van creciendo en luminosidad y ruido hasta llegar a la **apoteosis** que asombra y encanta al mismo tiempo ojos y oídos. La liberación sexual había empezado en vida de Franco mucho antes que la política. Los altos poderes habían pensado que echando esa clase de carne a las fieras podían posponer la de sus libertades cívicas; que el pueblo se distraería con los desnudos de mujer, de las molestias que la censura seguía imponiendo sobre derechos de palabra, de reunión, de publicación de libros y periódicos. Y un día los españoles de Madrid contemplaron estupefactos la primera mujer sin ropa en una pantalla franquista. Hubo un silencio tenso que rompió alguien desde el piso alto expresando en voz alta el sentimiento de todos. Fue un «¡gracias, Pío!» por Pío Cabanillas, ministro de Cultura, a quien se le hacía afortunado responsable de aquella innovación. Pero aquel mismo Gobierno firmaría poco después cinco penas de muerte para cinco enemigos del Régimen. Ese desfase siguió durante algún tiempo;

disagree
emphasize
shameless

seguía prohibido **discrepar** pero las revistas ilustradas empezaron a **resaltar,** cada vez más, las formas femeninas en páginas interiores y las películas se hicieron más libres y **desvergonzadas;** El Ministerio intentó arbitrar una fórmula que fuese al mismo tiempo garantía de la moral pública y de la libertad artística que debía gozar el creador, decretando que se admitiría en el cine el desnudo femenino siempre

script
script writers

que fuera «por exigencia del **guión**». Naturalmente la inmensa mayoría de los **guionistas** fue convocada por los productores para que enfocase su trabajo de forma que *no hubiese más remedio* que desvestir a la protagonista. La fórmula tuvo además un precioso valor

excusa

de **coartada** para las actrices que desde entonces aseguraron que sólo se desnudarían si la escena «fuese de buen gusto y la historia lo exigiese».

corruption

¶20   Un poco más tarde el desnudo hizo su aparición en la escena teatral donde naturalmente el hecho tenía más **morbo** ya que no se trataba de un fantasma incorpóreo sobre la pantalla sino de una mujer de carne y hueso bajo los focos. Creo recordar que fue Victoria Vera la primera actriz que se atrevió a aparecer así en una obra de Antonio Gala, produciendo un estremecido silencio en el público.

¶21   Y contemporáneamente, como decía al principio de este capítulo llegó la explosión sexual de las revistas ilustradas, libros, folletos... unas veces unidas a la política del escándalo y al suceso sangriento , otras siguiendo la línea norteamericana de revistas erótico-literarias como *Playboy* y *Penthouse* en edición castellana. «La ola de erotismo que nos invade» fue una **frase acuñada** entonces por *coined phrase* la derecha y recogida con sarcasmo por una izquierda que la escribía con guiones intercalados «la-ola-de-ero-tis-mo-que-nos-in-vade» para que resultara **risible** por su grandilocuencia y su exageración. *cómica* También fue objeto de **mofa** la acusación derechista de que «todo se *burla* politizaba»; como si fechas, actos públicos, ceremonias, concursos literarios del tiempo franquista hubieran sido totalmente vírgenes a ese respecto. Nadie de la derecha al parecer recordaba el día 18 de julio cuando cantos y bailes populares servían a la mayor gloria de Franco y no hablemos del desfile de las fuerzas armadas al primero de abril de cada año, en conmemoración de una guerra ganada a los propios compatriotas y en algunos casos a los antiguos compañeros de regimiento.

¶22   La ola erótica, por seguir usando el símil, hizo lo que todas las olas y tras inundar el ambiente se retiró dejando sólo algunas huellas de su paso. Tras el entusiasmo con que los españoles acogieron el espectáculo de senos y nalgas, que hasta entonces les había negado la prudente censura, vino el **hartazgo** y tras el hartazgo, la selección. De *aburrimiento* la misma forma que el **aquejado** de hambre come lo que le echen *afflicted* primero y sólo cuando su **ansia** está calmada procura elegir lo más *anguish* apetitoso, las revistas y libros que sólo ofrecían sexo desaparecieron rápidamente mientras permanecían, aun sin las impresionantes **tiradas** *print runs* iniciales, las que, además, informaban de otros temas.

¶23   La televisión fue la ultima en abrir la mano en cuestiones de desnudos y relaciones atrevidas, y ello siguiendo un criterio que ha existido siempre en todos los países, incluso los mas liberales y democráticos, según el cual hay que ser más cuidadoso con lo que entra **de rondón** en los hogares que con lo que hay que ir a buscar *uninvited* expresamente al cine y al teatro. Sólo con la llegada del Gobierno socialista se amplió la permisividad a las casas de los españoles haciendo una **salvedad** horaria, es decir, presentando los programas *exception* «sexy» a una hora que se suponía que el menor de edad esta durmiendo santamente. Aun así el *shock* fue grande. Algunos periodistas hicieron una encuesta particular contando las numerosas ventanas que permanecían iluminadas en su barrio hasta que terminó la película de la madrugada. Otros acudieron a los lugares de Madrid donde se reúnen prostitutas y «travestís» para comprobar la gran cantidad de negocios que realizaron aquella noche como resultado de la visión nueva. «Toda España era anoche un inmenso **jadeo**», resumió graciosa y agudamente, un columnista.

panting

¶24   La revolución sociosexual llegó a la vida familiar. Los hijos reivindicaron de pronto unos derechos que dejaron aterrados a muchos padres que jamás hubieran pensado que aquello podía ocurrirles. «¡Pero si éramos como amigos! ¡Me lo contaron todo!» Evidentemente olvidaban que ellos a su vez también se habían sentido incomprendidos por sus padres aunque no se atrevieran a expresarlo en alta voz.

brazenness   ¶25   Pero en los años setenta sí se atrevían y su **desahogo** tomó características parecidas en casi todos los casos. Se trataba de «realizarse como personas» lo que les era imposible en su casa teniendo en cuenta la rígida postura de unos padres que intentaban evitar el desarrollo de su personalidad, imponiéndoles criterios tan obsoletos (ya empezaba a decirse) como absurdos.

¶26   El ansia de «realizarse» y «encontrarse a sí mismo», lo que en los viejos tiempos se llamaba «vivir su vida», se manifestaba también en el ansia viajera. Asociando, con cierta lógica, la prisión física de las fronteras con las barreras morales, los jóvenes decidieron salir del país, no ya a Francia o a Inglaterra, a donde ya se iban en la época franquista, sino al Extremo Oriente con preferencia al Nepal que constituyó para muchos el paraíso perdido, donde la belleza del paisaje se unía al consumo de la droga, que completara su alejamiento total del lugar-cárcel donde habían vivido hasta ese momento.

¶27   Y los que no tenían dinero para esa aventura lejana buscaron otra más cercana yéndose a vivir a un apartamento con algún amigo/a.

persuadir   ¶28   Los padres, especialmente el padre, se quedaron aterrados ante
youngsters   esa rebelión e intentaron **parlamentar** asegurando a unos **retoños** que
too much   de pronto habían crecido **desmesuradamente,** que todo se podría tratar. Por ejemplo, olvidarse de la hora fijada para el regreso nocturno, por ejemplo, que podrían —dentro de un orden, claro— recibir en su cuarto visitas de amigos/as. Fue inútil. Los hijos se fueron y los padres se quedaron además de tristes, obsesionados por el tremendo golpe amenazador del «qué dirán», vergüenza que les fue desapareciendo poco a poco al comprobar que la situación era similar

en las casas de tantos amigos... «pero si mi hija ha hecho lo mismo», entonces el lamento «esos chicos de hoy, pero ¿qué quieren? ¿Dónde estarán mejor que en casa?», se transformaba en un melancólico «¿Qué vamos a hacer? ¿Dejar de **tratarlos**?», propuesta ésta a la que generalmente la madre se oponía **briosamente**: «Yo no dejo de ver a mi hijo/a porque haya decidido vivir a su manera.»

verlos
enfáticamente

¶29   La más estable de las nuevas empresas fue la del apartamento compartido con amigo o amiga aunque en ese caso el compañero se reveló también como mucho más descuidado, inoportuno y falto de sensibilidad de lo que se esperaba.   De ese grupo un porcentaje mantuvo la opción generalmente cuando se trataba de chicas que al encontrar un trabajo **bien remunerado**, decidieron vivir solas al descubrir que habían **trocado** la curiosidad indiscreta maternal por la curiosidad indiscreta amistosa por lo que seguían sin sentirse libres en su vida privada.

con buen salario
swapped

¶30   Y luego hubo los que se lanzaron al desafío de irse a vivir con alguien con quien pensaban casarse —experiencia prematrimonial la llamaron— o con quien no se pensaban casar porque «**pasaban**» del sacramento y del Registro Civil.   Lo primero obedecía a la nueva obsesión española de la importancia sexual en la vida de una pareja, importancia que según los especialistas, que habían surgido **como hongos** con la tolerancia, era la causante de la infelicidad de muchos matrimonios.   Iniciar la relación íntima antes significaba sencillamente comprobar la reacción íntima del otro/a, con lo que siempre había la posibilidad de variar de pareja si resultaba poco convincente antes de llegar al paso definitivo.

no les importaba

en abundancia

¶31   Era una precaución tan sabia como inútil, como me cansé de advertir a quienes me consultaban sobre ello.   Una experiencia prematrimonial auténtica —les recordaba— sólo tendría valor de prueba si los protagonistas se vieran envueltos en el auténtico ambiente que les espera cuando **pongan piso** juntos, es decir, cuando tengan un niño que **berrea** justamente cuando el marido quiere dormir la siesta tras haberse levantado a las seis de la mañana para ir al trabajo, cuando haya que lavar ropa y tenderla y cuando haya que hacer milagros para dar de comer a tres con un sueldo que basta sólo para que lo haga uno.   Ésa sí sería una verdadera experiencia prematrimonial y quienes la superaran en un plazo de, digamos dos años, podrían ir a la boda convencidos de que serían felices o al menos se llevarían bien el resto de su vida.   Pero limitar esa prueba al contacto sexual que, al tratarse de jóvenes promete un reiterado **goce** físico, es incapaz de proporcionar la menor pista de lo que será el futuro de ambos. Porque en él no seguirán estando solos ni se mantendrán jóvenes con

get an apartment
llora mucho

placer

lo que la duración del día con sus problemas les resultará mucho más larga que la de la noche con sus diversiones.

¶32   Los que se fueron a vivir juntos sin intención de casarse lo hicieron sobre todo como desafío a la comunidad en general y a la familia en particular. Con la muerte de Franco les parecía que a la liberación política se debía unir la familiar donde, a su juicio se prolongaba la Dictadura. Establecerse sin casarse era algo así como *challenge slap* votar socialista o comunista, un **reto**, casi una **bofetada** a la tradición *swear words* y con ello sin saberlo imitaban a los niños que dicen **tacos** por el morboso placer de irritar a la madre o al padre. Queriendo mostrar su mayoría de edad en realidad mostraban su infantilismo.

¶33   Esa situación basada en principio en la idea de que la ausencia de lazos religiosos o civiles permite una mayor libertad era, como descubrieron poco después, igualmente falsa. Cuando alguien que había emprendido ese camino me decía orgullosamente: «Yo estoy tan libre como antes; vivo con Fulana porque nos queremos, pero cada uno de nosotros sigue independiente» les contestaba: «¿Puedes ir a comer *stammered* conmigo ahora? — Bueno — **balbuceaba**, — tendré que llamar por teléfono... — ¡Ah! — decía yo — tendrás que avisar a tu casa que no vas y explicar el porqué, exactamente igual que yo que estoy casado. La diferencia, como ves, no existe en el presente; y en el futuro tampoco ya que para algo se ha legislado el divorcio.» Lo que *dominación causa* olvidaban esos rebeldes es que el **yugo** del matrimonio lo **forja** la costumbre y no los documentos.

¶34   En conclusión: vivir juntos sin casarse significa tener todos los inconvenientes del matrimonio — fidelidad mutua, obligación de contar con otra opinión para viajar, comprar o vender — sin ninguna de las ventajas jurídicas que el mundo ha establecido.

¶35   Realmente no vale la pena.

¶36   El cambio a que nos referíamos con superación de esquemas y prejuicios antiguos ocurrió también en el amor hasta entonces más perseguido de todos: el del homosexual. Durante cuarenta años ya el nombre fue «tabú» y no hablemos del hecho. El homosexual, al que sobran en español nombres peyorativos que aplicarles — marica, maricón, bujarrón, sodomita — al ser detenido antes de aplicarle la ley *vagrants* de «**vagos y maleantes**», resultaba un discriminado social que en *atacado* algunos casos incluso era **agredido** físicamente. Tras algunos de esos ataques, un cantante famoso como Miguel de Molina fue prácticamente obligado a huir del país y refugiar en la Argentina su vida y su arte. La **animadversíon** oficial —y popular, no nos engañemos— a ese tipo humano fue usada a veces de forma política para justificar o al menos echar cortinas de humo sobre errores propios. Cuando la prensa y libros de todas partes del mundo **ensalzaban** a GARCÍA LORCA y por ende criticaban la complicidad del régimen en su muerte, apareció una obra francesa en la que se insinuaba la posibilidad de que el poeta **granadino** hubiera sido víctima de su «pecado» al ser asesinado por un amante **despechado** en vez de por un pelotón de la extrema derecha. El entonces jefe de Prensa y Propaganda, Juan Aparicio, divulgó en los periódicos españoles esa teoría que trasladaba la responsabilidad franquista de aquella muerte a un ajuste de cuentas homosexuales, calculando que esa explicación satisfaría a muchos españoles que no sabían cómo explicar al curioso extranjero por qué se había matado al autor del «Romancero Gitano»: «Cosa de maricones» podrían decir encogiéndose de hombros. El intento irritó a uno de los hombres más honestos que dio la política en este siglo. Dionisio RIDRUEJO escribió indignado al entonces ministro de Información, Arias Salgado, reprochándole la acción cobarde contra alguien que no podía defenderse.

resentimiento

exaltaban

de Granada
spiteful

¶37   Aparte de la bella defensa de Ridruejo, resulta curioso que la acusación de homosexualidad siguiera siendo tras Franco algo infamante contra lo que había que defenderse. Ya muy entrada la transición hubo en «La Clave» televisiva un debate sobre la muerte de García Loca y que resultó uno de los más apasionantes de ese programa. Pues bien, cuando la pregunta de un telespectador insinuó la homosexualidad de García Lorca el pintor José Caballero se lanzó a un furibundo ataque contra aquella **«calumnia»** asegurando que en los muchos años que había gozado de la amistad del poeta, nunca había notado la menor tendencia del poeta en ese sentido. Fue triste que algo tan conocido por amigos y biógrafos, algo tan claramente demostrado en los *Sonetos del amor oscuro* fuera negado **tajantemente** por quien decía haberle conocido a fondo. Era el «tabú» que seguía pesando como una **losa** sobre el español medio, un «tabú» que temía José Caballero, podía **enturbiar** la merecida admiración por el poeta: «¡Ah! entonces es verdad que era...»

slander

totalmente

tombstone
muddy up

¶38   La tradición hispánica es tan fuerte en ese sentido que la libertad homosexual tardó en abrirse camino incluso cuando la transición parecía que abría todas las compuertas, especialmente entre gente famosa que al parecer no estaban muy seguros de que su popularidad superase la revelación de sus instintos particulares. Mientras en la calle **se desencadenaba** la manifestación popular de **invertidos** y lesbianas, las figuras del arte, del teatro y de la novela tardaron años en atreverse a declarar sus tendencias.

broke loose
homosexuales

¶39   Aun así la batalla «gay» estaba ganada especialmente porque
EE UU   fue apoyada por **el país** que, quiéralo o no las izquierdas, sigue siendo
el que impone la moda en el occidente.   Cuando aquí las revistas
ilustradas mostraron la permisividad con que una ciudad como San
Francisco había enfrentado el problema, cuando supieron que el diez
por ciento de aquella colectividad era no sólo homosexual sino
orgullosa de su condición y que había llegado a elegir al primer te-
homosexual   niente de alcalde de la historia norteamericana **confeso de aquellas
aficiones**, el invertido español se sintió vindicado, reconocido y
aceptado.   Su «larga marcha» en que a lo largo de los siglos había sido
perseguido   insultado, **vejado** , encerrado e incluso, en tiempos de la Inquisición,
indigno   quemado vivo por practicar el «pecado **nefando**», había terminado
felizmente.   La prensa, la radio, TVE admitía el derecho de cada
español a elegir la forma de su propia sexualidad.   Incluso los padres
lo admitían y en encuestas callejeras la pregunta de qué haría usted si
se enterara de que su hijo era homosexual, había rebajado a mínima
cifra el número de los que enrojecían de cólera chillando: «¡Yo le
mato!», mientras subía gradualmente el número de quienes contestaban: «Haría un esfuerzo para comprenderle...»

AIDS   ¶40   Y en ese momento rosado para sus aspiraciones llega el **SIDA**
thunderbolt   como un **rayo** devastador.   No era sólo un peligro físico el que
amenazaba a una colectividad.   Era el fantasma del contagio que hacía
ominous   saltar a la gente al oír el **fatídico** nombre.   Los homosexuales habían
sido durante siglos leprosos morales para muchos; ahora de pronto
resultaban leprosos físicos, capaces de contagiar una enfermedad que
por mucho que quisieran explicar educadores y médicos recordando
que hería también a hemofílicos y drogadictos, destacaba sobre todo
castigo   como **flagelo** de aquella colectividad.   No faltó naturalmente quien se
frotó las manos de gusto al ver en la epidemia una justificación de sus
recelos ancestrales.   Era el castigo de Dios.

¶41   Los afectados reaccionaron de diversas maneras; desde la
increíble de un peluquero famoso que declaró que el SIDA no existía
y era sólo un invento para calumniar y destruir a los homosexuales, al
miedo más razonable de tantos otros.   A medida que subía el número
muertos refugiaba   de **fallecidos** se **retraía** el invertido de su existencia anterior.   Seguía
con su amor particular, pero lo limitaba al amante fijo, al de confianza.
Como está ocurriendo también en otros países la alegre salida a la caza
de aventuras en los bares pasaba a la historia.   La actuación se realiza
de forma más discreta y lo que no había conseguido años y años de
presión   **coacción** social e incluso física, lo lograba un extraño virus que en
estos tiempos de triunfo de la medicina todavía no sabemos exactamente en qué consiste y cómo puede destruirse.

Preguntas

1. Díaz-Plaja habla de revistas *pornográficas* y revistas *picarescas*. ¿Cuál puede ser la diferencia? ¿Cree Vd. que esta diferencia es importante? (¶1)

2. ¿Existe la posibilidad de un desnudo con propósito y efecto *artístico*? ¿Cómo se puede distinguir entre el desnudo artístico y el pornográfico? (¶2)

3. ¿En qué consiste la *permisividad* de la República? Como podría ser diferente el *libertinaje*? (¶4)

4. ¿Por qué había normas diferentes en las zonas nacionales? (¶5)

5. ¿Por qué dice Díaz-Plaja que la censura puede ser malsana? (¶6)

6. ¿Qué opina Vd. de las normas franquistas para la playa y los deportes?

7. ¿Por qué había un conflicto entre las normas castizas y las necesidades económicas del país?

8. ¿Por qué no mandaban las correcciones en papel oficial? (¶12)

9. ¿Cómo resolvieron los censores el problema de las películas extranjeras? (¶16)

10. ¿Cómo lograron los franquistas posponer las libertades cívicas en los cincuenta? (¶19)

11. ¿Qué pasó con la «ola erótica» después de algún tiempo? (¶22)

12. ¿Qué cambios ocurrieron en la vida familiar? (¶24-30) ¿Cuándo han ocurrido cambios similares en EE UU?

13. ¿Qué piensa Díaz-Plaja de la idea de vivir juntos sin casarse? (¶32-34)

14. ¿Por qué tardó tanto en llegar a España la tolerancia de la homosexualidad? (¶36)

15. ¿Cómo explica Díaz-Plaja el caso de García Lorca? (¶36-37

16. ¿Qué efectos ha tenido el SIDA?

Expresiones útiles con *se*

Por X se entiende Y: 'X is understood to mean Y'
Por desnudo se entendía incluso la parte femenina que iba desde la rodilla al tobillo.
Ese adjetivo no se entendía en el sentido de libertad ciudadana o individual.

Referirse a X: 'to refer to X', 'it has to do with X'
Se referían a lo que hacían en esa época.
No se refiere a lo que deben leer sino a lo que no deben.
Me refiero al caso de Gibraltar.
No me refiero a la reacción de los diputados.

En lo que se refiere a X: 'as to X'
Esto en lo que se refiere a futuro.
En lo que se refiere al ejército las espadas están en alto.
Pero en lo que se refiere a lo de Grande...
Eso en lo que se refería a las reproducciones.

Se trata de X: 'It's a question of X'

En ambos casos se trata de una postura artificial.
Se trataba de gente que no conocían.
Se trata de una necesidad de política interior.
Aquí se trataba de depurar un idioma.
Aquí se trataba sólo del débil reino marroquí.
Se aseguró que se trataba de Bases Conjuntas.
Oficialmente se trataba de una escala técnica.
Se trata de una necesidad de política interior.
Se trataba de libros de bibliófilo bien encuadernados.
No se trataba de un fantasma incorpóreo sobre la pantalla.
Se trataba de «realizarse como personas».
Se trataba de chicas que al encontrar un trabajo bien remunerado, decidieron vivir solas.

X se da: 'X exists'

La misma permisividad se daba en las Baleares, sobre todo en Ibiza.
Esa antipatía a las manifestaciones catalanas se daba en todas las tendencias políticas.

X se da por Y: 'X is considered Y'

Cualquier desafuero se da por resuelto en el mismo momento en que el ofensor insinúa una excusa.

X se encuentra con (que) Y: 'X faces (the fact that) Y'

Las autoridades locales se encontraron con claro y difícil dilema.
El Gobierno se encontró de pronto con que tenía que importar unas películas.

X se da cuenta de Y: 'X realizes (is aware of) Y'

El Régimen se daba cuenta del desfase.
El estado español se da cuenta de las humillaciones que sufre.

X se queda Y (ante Z): 'X is left Y (by Z)'

Los padres se quedaron aterrados ante esa rebelión.
Los padres se quedaron obsesionados por el tremendo golpe amenazador del «qué dirán».

X se hace Y: 'X becomes Y'

Las películas se hicieron más libres y desvergonzadas.

Organización del Ensayo — Coherencia de temas.

La manera más directa de establecer la coherencia del texto es por medio de la secuencia de temas que se presentan. Si hay la posibilidad de dividir el tema principal en varias partes, o considerar separadamente varios aspectos de un tema complejo esto contribuye a la orientación del lector del ensayo. En este capítulo hay tres partes que se prestan a este tratamiento, y Díaz-Plaja revela la organización en las oraciones temáticas de los varios párrafos. Al principio del ensayo, está discutiendo las normas españolas respecto a la exhibición del cuerpo femenino. El tema se divide según el context (cine, deportes, etc.)

En el cine se iniciaba el desnudo con Éxtasis. (¶2)

En el teatro de revista hacía poco que había empezado a verse la mujer sin ropas. (¶3)

Eso en lo que se refería a las reproducciones ... (¶7)

Ni el deporte femenino ... (¶8)

La misma severidad existía en las playas. (¶9)

En cuanto a los libros ... (¶11)

La censura más rígida se aplicó como es lógico a la gran pasión española del cine. (¶15)

En otra sección, está comentando la liberación que ocurrió a partir de los cincuenta. La organización es la misma que antes — según el contexto.

Un día los españoles de Madrid contemplaron estupefactos la primera mujer sin ropa en una pantalla franquista. (¶19)

Un poco más tarde el desnudo hizo su aparición en la escena teatral. (¶20)

Llegó la explosión sexual de las revistas ilustradas, libros, folletos... (¶21)

La televisión fue la ultima en abrir la mano. (¶23)

La revolución sociosexual llegó a la vida familiar. (¶24)

En la tercera parte, Díaz-Plaja comenta las varias formas que ha tomado la liberación en la vida familiar. Aquí la organización es según las varias actividades de los jóvenes.

Los jóvenes decidieron salir del país ... [yéndose] al Extremo Oriente, con preferencia al Nepal. (¶26)

La más estable de las nuevas empresas fue la del apartamento compartido con amigo o amiga. (¶29)

irse a vivir con alguien con quien pensaban casarse, o con quien no se pensaban casar. (¶30)

El cambio a que nos referíamos ocurrió también en el amor homosexual. (¶36)

Lo más importante es que el escritor tome una decisión positiva con respecto al principio de organización que va a utilizar en cada parte de su escrito.

Para conversar y escribir

1. En el párrafo cuatro vemos una excepción a la relación directa entre permisividad en lo sexual y política de izquierda. También en EE UU entre los partidarios del feminismo, que en general es anti-tradicionalista, hay una tendencia a oponerse a la pornografía. ¿Cómo se explican estas actitudes? ¿A Vd. le parecen lógicas o anómalas?

2. ¿Puede una sociedad al mismo tiempo aceptar la expresión libre y rechazar la pornografía?

3. ¿Cómo ve Vd. la importancia del matrimonio? ¿Puede existir verdaderamente la liberación sexual?

4. ¿Cree Vd. que se debe permitir el matrimonio homosexual?

8. LA HISTORIA

Introducción

En este capítulo, Díaz-Plaja parece dirigir la palabra directamente a sus contemporáneos que conocieron algo de la guerra civil, suplicándoles que permitan que aquella época pase a la historia honestamente. También nos habla a todos, sugiriendo mediante un excelente ejemplo, que rechacemos las explicaciones fáciles de los conflictos humanos. No se puede aceptar la idea de un culpable único en los conflictos entre varias partes de lo que había sido Yugoslavia. Aun los eventos de Rumania bajo Ceausescu y Chile bajo Pinochet pueden y deben estudiarse con cuidado, con un análisis penetrante e interrogante de lo que cuentan las víctimas de aquellos trágicos períodos. Hay que reconocer que es difícil. La historia y la propaganda son difíciles de separar. Y como indica el autor, cuando los eventos son recientes nos estorban los prejuicios no sólo de los participantes sino también de sus hijos y hasta sus nietos que han oído tantas veces el mito contado desde una perspectiva específica.

El material de este capítulo requiere, quizás más que ningún otro, algo de introducción y material de fondo. Al considerar la época de la Segunda República (1931-1939) nos encontramos con que hay dos mitos comunes que han sido construidos para explicar lo que pasó. Según una versión de la historia, la guerra civil española se basó simplemente en una insurrección de un grupo de generales fascistas —con la ayuda de la Alemania de Hitler y la Italia de Mussolini— contra el gobierno legal y democrático de España, que había sido elegido por el pueblo español y que en ese momento se encontró abandonado por las democracias de Europa y por Estados Unidos porque estos países no querían arriesgar una confrontación con Hitler. Según esta versión de la verdad, la rebelión de los obreros fue simplemente una reacción lógica al acto ilegal de los generales. Opuesto a esta narrativa está el punto de vista que en 1936 el gobierno había perdido totalmente el control del país, que los obreros y los campesinos se apoderaban ilegal e impunemente de las fábricas y de las tierras de cultivo, que los comunistas, que actuaban bajo órdenes provenientes de Moscú, constituían el máximo peligro contra el cual los generales tomaron medidas necesarias y heroicas. Los partidarios de estos dos mitos hasta tenían diferentes nombres para los dos grupos de combatientes. Unos se referían (y se refieren) a la España republicana y los fascistas mientras que para los otros había una España nacional contra los rojos.

Referencias importantes

En la lectura el autor se refiere a eventos y personajes importantes de la época, y a algunos libros que tratan de esta parte de la historia de España. Algunas explicaciones facilitarán la lectura del capítulo.

En la época de la Segunda República hubo tres épocas fundamentales. Al principio el poder estaba en manos de una coalición de partidos de la izquierda y del centro. En 1934 hubo elecciones generales y la derecha, que estaba mejor organizada que la izquierda, quedó en el poder. En 1936 hubo elecciones otra vez pero en esta ocasión los varios grupos de la izquierda habían formado una coalición y pudieron ganar. La tragedia principal de la Segunda República fue el hecho que durante los varios períodos los grupos e individuos de la oposición no aceptaron los resultados de las elecciones y se lanzaron al conflicto armado y a las rebeliones.

En la lección preliminar hemos visto la cita del líder de la Falange, que explicaba que si la derecha perdía las elecciones, conseguiría la victoria mediante la lucha armada. Una figura importante de la izquierda, Largo Caballero decía lo mismo, aunque el izquierdista Manuel Tuñón de Lara no quiera reconocer que hay un paralelismo entre ambas proclamaciones.

Al comentar el libro de historia de Tuñón de Lara, Díaz-Plaja se refiere a la rebelión de los mineros en Asturias de 1934. Fue un alzamiento bastante violento y los mineros cometieron atrocidades. El gobierno, que en esa época, era de derecha, atacó a los mineros con una violencia y una crueldad injustificable. Los dos lados cometieron crímenes contra la humanidad, pero los escritores de derecha y de izquierda presentan los eventos distorsionados según sus propias preferencias políticas.

Hablando de la guerra civil, Díaz-Plaja se refiere a dos eventos muy conocidos en España que hace falta explicar. Poco después del comienzo de la guerra, las fuerzas de Franco lograron dominar gran parte del oeste de España. Pero en el centro, cerca de Madrid, las fuerzas del gobierno mantuvieron el poder. Así ocurrió en Toledo, una ciudad a 65 kilómetros de Madrid. Los militares rebeldes, con unos 1800 nacionalistas, bajo el mando del Coronel José Moscardó, se refugiaron en el Alcázar de Toledo, donde se quedaron resistiendo los ataques de las fuerzas del gobierno por diez dramáticas semanas. El heroísmo de Moscardó es reconocido incluso por los partidarios de izquierda.

El otro evento mencionado es los ataques aéreos cometidos por los nacionalistas contra las ciudades de Madrid y Barcelona. El propósito de estos ataques fue psicológico. Franco quería desanimar a la población civil y hacerles pedir la paz a cualquier costo.

También se mencionan varias batallas y se comentan las perspectivas de apologistas de ambos lados. Veamos pues, cómo se escribe la historia de conflictos recientes cuando los que la escriben se identifican con un protagonista o con el otro.

LECTURA: ASÍ SE ESCRIBE LA HISTORIA

En 1976, el autor de este libro, al que habían censurado durante el franquismo una obra en la que pretendía decir la verdad sobre la guerra civil, temió que a partir de entonces, se iba a decir todo lo contrario, o sea que los malos iban a ser los buenos y los buenos los malos, con la misma pasión que antes, pero al revés. Con lo que seguiríamos mintiendo a las nuevas generaciones. Y así ha resultado.

¶1   Muchos estuvimos presentes, pero, como es lógico, sólo algunos **jerifaltes** supieron de verdad lo que estaba pasando y de ello contaron lo que les convenía, que es lo que acostumbran a hacer los políticos. Los demás supieron lo que vieron u oyeron desde el **rincón** que les había **deparado** la suerte al empezar la contienda. Incluso los que intervinieron en batallas decisivas — BRUNETE, BELCHITE, GUADALAJARA, PASO DEL EBRO— se enteraron de un fragmento de lo que en realidad ocurrió; en técnica cinematográfica eran **primeros planos,** impresionantes a menudo pero sin una visión panorámica imposible de obtener desde su punto de observación. *characters*
lugar
ofrecido

foreground

¶2   Por ello y naturalmente, quien quiso enterarse de lo ocurrido tuvo que fiarse de los historiadores, esos hombres que se dedican a explorar el pasado a través de los documentos escritos, añadiendo, si se trata de hechos recientes, los verbales. Tras reunir material los seleccionan y ordenan y de él extraen las consecuencias que permitan al lector saber lo que pasó, cómo pasó y por qué pasó.

¶3   Lo malo es que la historia, cuando reciente, no es sólo pedagogía. Intenta además justificar una causa; en cierto sentido se trata de continuar de forma académica la propaganda realizada durante la guerra y el historiador en ese caso sigue utilizando el mismo vocabulario e ideas que animaron a su bando anteriormente. En principio y desde luego las fuerzas en acción se dividen en buenos (los suyos) y en malos (los **contrincantes).** Todas las acciones se ven a través de ese prisma y los adjetivos utilizados dependen de quien actúa de protagonista; así la «crueldad» del enemigo se convierte, cuando se trata de los nuestros, en «máxima energía»; la **emboscada** puede ser «traidora» o «**hábil**» dependiendo que la hagan unos u otros. Los muertos en la **retaguardia** enemiga son «asesinatos» mientras que entre nosotros se trata de trágicos incidentes. Este juicio personal no se limita a la política o a la guerra. Los escritores de la otra zona son «**sedicentes** intelectuales» mientras los de la nuestra son «brillantes pensadores». También puede cambiar el aspecto físico: Nuestros enemigos

ambush
skillful
rear guard

falsos

soldados tienen siempre aspecto sano y mirada clara y los contrarios
cowardly meager   ofrecen un aire **huidizo** y expresión **mezquina.** Así fue la *Historia de
la Cruzada*[1] de Joaquín Arrarás, por ejemplo, y todas las demás que
leyeron los niños españoles durante cuarenta años. Se basaban en
premisas claras: Una España destrozada por la masonería, el separatis-
prone   mo y la anarquía, víctima **propicia** para caer en las manos rojas de
Moscú y, por el otro lado, un ejército y la parte sana del pueblo
español que al mando del general Franco derrota el mal y coloca a
España en el camino del IMPERIO de nuestros gloriosos antepasados.

¶4   Esta historia es la que, decíamos, se aprendió hasta la muerte
del Caudillo. A partir de 1976, la versión cambió totalmente y llenó
store windows   los **escaparates** del país en forma de libros. Según esa versión una
República legalmente constituida y en paz fue asaltada criminalmente
por los «fascistas» ayudados por Hitler y Mussolini, y contra la
voluntad unánime del pueblo español que no pudo resistir esa
superioridad de medios. En la España Nacional se cometieron
unmeasurable   crímenes **sin tasa** mientras en la España Republicana esos crímenes se
accidentales   convertían en muertes **fortuitas** debidas a la reacción instintiva y
lógica de un pueblo que se había considerado vendido y traicionado.

¶5   El representante más importante de la nueva historiografía es
Manuel TUÑÓN DE LARA, que en *Historia 16*, vol. II, pags. 105 y 106,
describía así la rebelión de Asturias de 1934.

restraint   ¶6   «Los revolucionarios ejercieron una **represión** enmarcada en
reflexes   **reflejos** muy tradicionales, así el anticlericalismo que dio lugar a 33
muertes y la ejecución de 30 guardias civiles. De personal estrictamente civil ninguna estimación hace pasar de ocho las víctimas de los
revolucionarios.

números   ¶6   La réplica represiva alcanzó **cotas** muy elevadas; numerosos
fusilados sin previo juicio por fuerzas mandadas por LÓPEZ OCHOA
perpetrados en el patio del cuartel de Pelayo. Cronistas muy proclives
a la derecha admiten que el número de ejecuciones ilegales durante la
represión pasó de 200.»

¶7   Obsérvese la forma de redactar las noticias y en ese caso de la
historia. Los curas muertos «por reflejos tradicionales», es decir en
cierto modo *lógicamente,* fueron 33 y desde luego no forman parte de

---

1.   Una historia de la guerra civil desde el punto de vista de los franquistas, que consideraban que su rebelión
era una defensa del cristianismo contra los ateos comunistas.

los estrictamente civiles propiamente dichos, como si la **sotana** les *cassock*
situara claramente entre las fuerzas del ejército enviado desde Madrid.
Si aplicáramos esa forma de ver las cosas al bando contrario ¿cuántas
de esas «ejecuciones ilegales» se hicieron con mineros que acababan
de **soltar** las armas con las que habían combatido a la República, el *put down*
régimen legal entonces establecido? Era, no lo olvidemos, un régimen
elegido por la inmensa mayoría de los españoles, que en ese año de
1934 habían decidido que preferían el centro derecha a la izquierda.
Eso no les pareció bien al PSOE, al PC que provocó luego a la CNT
en Asturias ni a la ESQUERRA y ESTÁT CATALÁ en Cataluña, y su
sublevación fue exactamente la misma que la de la derecha cuando se
negó a aceptar el resultado de los **comicios** que en febrero de 1936 *elecciones*
dieron la ventaja a las fuerzas progresistas. En aquella España de los
años treinta los políticos estaban dispuestos a aceptar el resultado
electoral... Siempre que les fuera favorable, pero no en caso contrario.
A favor de su honradez, hay que decir que no ocultaron sus propósitos.
Tanto LARGO CABALLERO, como CALVO SOTELO, José DÍAZ como
José Antonio PRIMO DE RIVERA advirtieron claramente a sus apasiona-
das huestes que iban a las urnas con la intención de ganar, pero que si
por casualidad la **Reacción** (o la **Revolución**) triunfase en ellas *derecha izquierda*
saldrían a la calle a impedir que sus propósitos prosperaran. A nadie
al parecer se le ocurrió notar la contradicción que significaba acudir a
unas elecciones para **acatar** el resultado sólo si ése era favorable. *respetar*

¶8   La «programación» del individuo a través de la educación
recibida y de la experiencia de la guerra según en qué lado estuviera
hacen difícil la imparcialidad auténtica. Hay cosas que no pueden
ocurrir en su bando. El general Salas, por ejemplo, es un hombre que
ha hecho esfuerzo honestos y eruditos para desmitificar las **cifras** de *estadísticas*
la guerra dadas por apologistas de ambos lados, consiguiendo que en
muchas ocasiones sus estadísticas fueran aceptadas por historiadores
del bando contrario. Pero yo recuerdo una aparición televisiva suya
en la que al hablar de los ataques aéreos a Barcelona en 1937 y 1938,
protestó de la expresión «bombardeos masivos». Nunca hubo
bombardeos **«de alfombra»** en esa ciudad, dijo enfáticamente, como *massive*
ocurrió en VARSOVIA o ROTTERDAM más tarde. Yo estaba en
Barcelona en esa época y he ayudado a sacar más de un cadáver de las
ruinas y todos los testigos estarán de acuerdo conmigo en que si no
fueran «masivos» fue porque entonces no había aparatos ni proyectiles
que pudieran realizarlos, pero el intento de asustar a la población civil
para que exigiera el final de la guerra existía tanto entonces como en

el Madrid de 1936.[1] La línea divisoria entre cien bombas y mil obedece a un puro cálculo táctico y económico porque la intención de destruir y de matar es tan implícito en el primer caso como en el segundo.

¶9   Dadas esas premisas no es raro que a la hora de escribir la historia de la guerra civil tuviera que ser un extranjero —Hugh THOMAS— quien hiciera la primera versión objetiva, aún con los defectos propios de su lejanía racial y espiritual de nuestra contienda. Y como era lógico su trabajo fue considerado franquista por la izquierda y rojo por el Gobierno de Franco, que prohibió la venta de la edición inglesa y especialmente de la española, en la que con innumerables notas a pie de página los editores forzaban su interpretación de los hechos hacia la óptica republicana.

¶10   Era el primer intento de imparcialidad, y al Gobierno no le gustó nada como tampoco a los militares. El país no estaba maduro para el examen imparcial de la guerra civil y la próxima persona que tuvo esa experiencia fue quien **redacta** estas líneas. En 1963 creí que era verdad el **propósito aperturista** proclamado por FRAGA IRIBARNE y presenté a la **censura previa** un original apoyado en dos circunstancias que creía útiles para conseguir el permiso de publicación: (a) Se trataba de un volumen más dentro de la colección «Historia de España en sus Documentos» y por ello no podía decirse que fuera un libro oportunista. (b) Como sus compañeros de los siglos XVI, XVII, XVIII, XIX y XX (1900 a 1923) (1923 a 1936) se limitaba a presentar los textos contemporáneos de cada acontecimiento, procurando ofrecer siempre ambos **lados de la moneda política.** El libro fue aprobado, quizá porque los encargados de revisarlo —empezando por Fraga— no habían tomado parte en la conflagración. He notado que los que no estuvieron en ella, aun siendo totalmente de derechas no se sienten tan solidarios de un bando como los que al luchar en las **trincheras** se acostumbraron durante tres años, a ver en el enemigo el símbolo de toda maldad. Para éstos la simple posibilidad de presentar documentos de ambos lados con las mismas páginas y tipografía les parecía, como mínimo, una falta de respeto. Si además esos documentos decían la verdad aunque fuese negativa para los vencedores la cosa **rozaba** el sacrilegio. Sencillamente no estaban acostumbrados y yo lo supe a mis expensas cuando recibí este **oficio**: «Lamento comunicarle que deberá considerar provisionalmente nula la **diligencia de circulación** de su obra *La Guerra (1936-1939)*, ya que aún no ha sido

escribe
openness
prior censorship

puntos de vista

trenches

bordered on

message
permiso para
publicar

---

1.   Cerca del principio de la guerra las fuerzas de Franco atacaron a Madrid, y bombardearon los barrios de los obreros para desanimar al pueblo.

cumplido un requisito exigido para **determinada** clase de obras por el
decreto de 23 de septiembre de 1941 de la Presidencia de Gobierno.»

esta

¶11 El Decreto aludido era el que reservaba al Ministerio del
Ejército la resolución final sobre la publicación de obras en las que se
aludiesen a nuestra contienda; ante la indignación de los **cuadros**
castrenses que habían leído el original, el Ministerio de Información
y Turismo había buscado la única **salida** que le quedaba tras haber
autorizado oficialmente la obra, y algún funcionario recordó esa
legislación que tras muchos años de no aplicarse había caído en
desuso. Seguía el Oficio: «Le agradecería mucho que **hasta tanto** se
le informe de la resolución definitiva usted mismo ordenara, puesto
que es editor además de autor, la retención de todos los ejemplares de
la edición citada.»

jefes militares

solución

hasta que

¶12 Luego esperaban que Dios me guardase muchos años y tras el
título «P. El Director General de Información» una **firma** ilegible,
muestra típica del **desprecio** con que la administración española de
siempre —no sólo la franquista— ha tratado al españolito **de a pie,**
que no tiene **ni siquiera** el derecho de saber quien nos escribe, nos
informa o como en este caso, nos **conmina.** El **membrete** del Oficio
decía: «Ministerio de Información y Turismo. Dirección General de
Información» y el nombre de la sección correspondiente que era
«Orientación bibliográfica», encantador eufemismo ya comentado de
los muchos que empleaba entonces el equipo del señor Fraga Iribarne,
empeñado en lavar la cara —sólo la cara— del régimen.

signature
disdain
everyday
not even
threatens
letterhead

¶13 Mi reacción normal fue ir lógicamente a protestar a Robles
Piquer, cuñado de Fraga que era el director general de Informaciones.
Efectivamente, se trataba de una iniciativa del Ministerio del Ejército;
efectivamente ellos no podían hacer nada para permitir la venta del
libro en esas circunstancias. Pero ¿dónde queda la autoridad del
Ministerio que autoriza una obra y luego **se vuelve atrás?** Me
recordaron que el Ejército es el Ejército... procurarían, sin embargo,
buscar una solución... claro que si yo mientras tanto me dedicaba a
hacer declaraciones a LE MONDE todo **se iría a rodar.** Le dije que
había dedicado muchos años de mi vida a aquel libro, que me había
fiado de la autoridad que creía superior en ese campo hasta el punto
de editar por mi cuenta la obra y que si me la retiraban, *Le Monde*
sería sólo uno de los periódicos del mundo que me oiría. Además les
precisé que me negaba a quitar una sola página del libro a menos que
me probaran que el documento que se insertaba en ella era falso. Me
dijo que no se trataba de quitar sino de añadir. ¿Añadir? Sí.
Resultaba que el grupo militar creía que había exceso de documentos

reverses itself

would be lost

aseguré

del lado rojo sobre el nacional. En términos precisos lo que se me pidió para conciliar la situación embarazosa del Ministerio con la fuerte presión militar, es que yo añadiese a la obra más documentos del lado «bueno». El hecho de que el libro estuviera ya impreso se *dodged* **soslayaba** colocando el nuevo material como apéndice. Lo pensé largamente y accedí; en algunos casos me fue fácil porque efectivamente tenían razón en recordarme que yo no había tocado apenas el episodio del ALCÁZAR DE TOLEDO; aunque lo había considerado *unnecessary* **ocioso** por ser excesivamente conocido, tenía evidentemente interés histórico. Aparte de eso mi pequeña venganza consistió en introducir *denial* entre los nuevos textos el formal **desmentido** de Franco sobre la responsabilidad que tenía en el bombardeo de GUERNICA, alegato que cuando se publicó en un periódico inglés en 1937 tenía ciertas posibilidades de ser creído, pero que en 1963, después de las declaraciones de los responsables directos, los aviadores de la LEGIÓN CÓNDOR, resultaba de lo más contraproducente para el bando nacional.

cuts ¶14   El libro, pues, salió a la calle con añadidos, pero sin **cortes** ni *changes* **remiendos;** fue ampliado en las siguientes ediciones y hoy sigo considerándolo con vanidad relativa, ya que no hablo yo sino «ellos», el único libro totalmente imparcial de nuestra contienda.

Muertos buenos y muertos malos

¶15   Durante muchos años no bastó en España estar muerto por *de guerra* causas **bélicas.** Haber caído con el grito de «¡Arriba España!» en los labios o con el de «¡Viva la República!» significaba estar en la gloria celestial y terrestre en el primer caso y en el olvido oficial y total en el segundo. Y esa elección previa de campo tenía también valor en el caso de supervivencia. Los excombatientes de Franco mostraban su condición en las condecoraciones del pecho y el aire seguro con que caminaban, mientras los excombatientes de la República lo mostraban en el aire huidizo y tímido con que explicaban su caso: «A mí me sorprendió la guerra en zona "roja" (no se podía decir republicana) y *join the ranks* no tuve más remedio que **incorporarme a filas** aunque mis ideas... tú ya las conocías.»

de lugar ¶16   La diferencia **topográfica** en el origen de la contienda dio motivo a un chiste que simbolizaba una historia tan triste como repetida. Dos amigos separados por la guerra cuentan sus experiencias al reencontrarse. «Yo —dice el primero—estaba en La Coruña cuando se inició el Movimiento Nacional. Me incorporé al ejército y en EL EBRO me hirieron gravemente y tuvieron que amputarme una pierna; ahora, ya ves (señalaba su **solapa**) soy Caballero Mutilado por la Patria.» *lapel*

¶17 «Pues a mí —contestaba el otro —me cogió la guerra en Barcelona. Llamaron a mi **quinta,** combatí en diversos frentes y en el de Córdoba un morterazo me dio en la pierna que también tuvieron que cortarme. Ahora sólo soy un "**jodío cojo**".» *farm*

damned cripple

¶18 Los nombres de los que habían pertenecido al bando franquista fueron inscritos en la pared de la iglesia de su pueblo cuando ésta era lo suficientemente grande para que cupieran todos, y en otros casos, en la lápida que los centros y casinos del país colocaron en lugar más visible del local social. El epígrafe generalmente era el de «caídos por Dios y por España» porque ambas denominaciones habían sido **incautadas** por el bando vencedor, que en ningún caso podía admitir *usurped* que un protestante o católico republicano hubiese muerto con el nombre del Ser Supremo en sus labios o que un combatiente socialista se sacrificara pensando en el mejor porvenir para su España. Esas dos palabras eran exclusivamente para uso de unos pocos elegidos, es decir los franquistas.

¶19 A menudo la lista estaba presidida por el **caído** más importante *casualty* de la época: José Antonio PRIMO DE RIVERA, como símbolo nacional por encima de los muertos locales. Una excepción a esa costumbre la **ocasionó** el cardenal SEGURA que se negó a que el nombre figurase en *causó* la **fachada** de la catedral de Sevilla, invocando las leyes **canónicas** *façade* eclesiásticas que lo prohibían. Al parecer fue el único templo que consiguió librarse de la lápida a pesar de la **cólera** falangista. *anger*

¶20 «Muerto» podía ser cualquiera pero «caído» sólo podía ser del bando vencedor. Esa palabra eufórica y altisonante era la traducción literal del *Gefallen* con que las tropas de Hitler recordaban sus muertos. La idea era honrar a los antiguos «camaradas» desaparecidos, otro adjetivo nazi y fascista que la Falange adoptó para llamar a sus miembros a pesar de la resonancia comunista que ese calificativo tenía en España.

¶21 El **apoteosis** de ese **culto** un poco morboso a los muertos existe *epitome worship* en piedra **berroqueña** en el VALLE DE LOS CAÍDOS[1] que desde el *dura* primer momento se estableció que se refería a los «nuestros», es decir,

---

1. Monumento construido por el gobierno de Franco supuestamente dedicado a los muertos de ambos lados pero juzgando por los discursos de Franco es de verdad un monumento a la victoria de las fuerzas franquistas.

a los del bando nacional. Cuando se terminó el monumento con
mayor presencia que estética —José Bergamín dijo agudamente que
le recordaba el Metro de Moscú y yo que he estado en ambos sitios
coincido con él— fue inaugurado solemnemente por el jefe del Estado
y muchos españoles que soñaban con la reconciliación creyeron
ingenuamente que al hacerlo, hablaría del final «real» de la contienda;
que no habría ya vencedores ni vencidos bajo el inmenso e igualitario
manto de la muerte. Naturalmente se equivocaron. En esa ocasión
Franco pronunció un discurso en el que sólo recordó la victoria
haciendo hincapié en la protección divina que en aquella misma fecha
les había permitido capturar un buque cargado de municiones destinado
a la defensa de Bilbao, lo que contribuyó eficazmente al triunfo final
en la CAMPAÑA DEL NORTE.

buried
negotiations
remains

¶22   Para ser precisos hay que añadir que en ciertos momentos, quizá
pensando en el extranjero y su reacción, se habló de que allí iban a
estar **enterrados** muertos de ambos lados y al parecer se hicieron
gestiones con algunas familias de «rojos», los cuales lógicamente se
negaron a entregar los **restos** de sus parientes para la propaganda
franquista. De todas maneras ésta es la consigna que todavía hoy
repiten sin demasiada convicción los guías del monumento a los
numerosos visitantes que realmente se impresionan con el tamaño de
una basílica que, si no es más larga que la de San Pedro en Roma, fue
como se dijo a su tiempo para guardar el debido respeto a la iglesia
papal.

¶23   Lo que parece claro es que jamás en la historia ha habido unos
difuntos, para usar una frase de moda, más utilizados.

«Historia viva»

broadcast

¶24   Al principio de 1985 comenzó una **emisión** informativa sobre
la guerra civil, antecedentes y consecuencias, con el genérico título
Historia viva. La emisión de ese programa que llevamos Rafael
Abella desde Barcelona y yo desde Madrid, nos permitió obtener unos
del alma   informes interesantes de la situación **anímica** española en lo que se
refiere a nuestra tragedia nacional. Los estudios de audiencia
realizados, la experiencia recogida a través de las llamadas telefónicas
y la correspondencia recibida permiten deducir que la población
interesada por el tema puede dividirse en dos grandes categorías: (a)
Los que honradamente quieren saber lo ocurrido, ya que por su edad
no han podido ser testigos y han tenido que ajustarse a las contradicto-
rias versiones leídas y oídas después. Esos españoles llamaban
praises   haciendo **elogios** en general de la intención del programa para luego
formulate   **elaborar** preguntas precisas y concretas sobre ese tiempo. y (b) Los

que por su edad estuvieron en la guerra y que por razones cronológicas eran ya una minoría. Estos comunicantes se distinguían por dos características esenciales: Una, la seguridad de **estar en lo cierto** y dos, el **reforzamiento** del ideal que entonces les llevó a combatir. Ese ideal es mucho más fuerte en los llamados nacionales, probablemente porque se sienten heridos en sus sentimientos por las nuevas teorías (para ellos) que se publican hoy en los periódicos y revistas. Aunque la emisión intentaba tener un carácter pedagógico a base de preguntas, esa clase de ciudadanos más que preguntar, contestaban. En general contaban su caso y de él sacaban la idea general de una situación. Si sucedió algo horroroso en ese pueblo y en ese momento, multiplicaban el hecho por la extensión total de España y aseguraban que así eran los «rojos». Exactamente lo mismo hacía el que fue víctima en la zona «fascista». En ambos casos se negaban a creer que los «suyos» hicieron algo parecido.

tener razón
reinforcement

¶25   Ejemplo: una señora llamó al programa para recordar que su padre presidente del Círculo Tradicionalista y «que jamás había hecho mal a nadie» fue sacado de su casa y muerto a tiros por los «rojos» que dominaban el pueblo en los primeros meses de la guerra. La injusticia evidente del crimen la **cegaba** ante la posibilidad de que cosas parecidas las hiciera gente de sus mismas ideas. Pero resulta que los correligionarios de su padre, los Carlistas de Navarra, mataron con la misma sinrazón a alguien cuya única culpa había sido ser presidente del Partido Socialista local, por lo que su hija tenía el mismo derecho a protestar del asesinato.[1]

blinded

¶26   Esa comparación que continuamente realizábamos por micrófonos en general no servía para nada... «todavía tenemos memoria» decía una carta **iracunda** al criticar mi intento de equilibrar ambas violencias. Otro **corresponsal** «nacional» llegaba a más en su intento de desequilibrar la balanza a favor de la maldad «roja». Decía que aun admitiendo que hubiera habido crueldad en ambos lados yo tenía que reconocer que «había grados en la **vesania**». Le respondí por el micrófono que lo lamentaba mucho pero que yo no veía posibilidad de elegir entre el asesino de cuatro personas o el de cinco para «**quedarme con** el primero».

irate
caller

locura

preferir

¶27   No todos los corresponsales tomaron partido. Hubo quien se mostró en contra de la misma idea del programa, por considerar que era mejor olvidar una tragedia tan reciente. «... Historia viva más

---

1.   Es evidente que hubo muchos casos en ambos lados de asesinatos con motivos puramente políticos e incluso personales, sin justificación militar alguna.

revive bien la podían llamar en el caso de hoy **Avivar** la historia. ¡Necesita-
excluyen mos olvidar! La programación es fenomenal, pero ¿por qué no **acotan**
esas fechas tristísimas? Después que pase el tiempo, que no vivan
testigos que llevan el dolor en su carne.»

¶28 La idea es bella pero desgraciadamente en algunos casos
habíamos comprobado que ese dolor no desaparecía con la desapari-
ción física de los testigos. La tragedia se transmitía a los miembros de
la familia que aun siendo pequeños crecen con la obsesión.

¶29 En la emisión realizada el 12 de diciembre de 1985, en vez de
un personaje o una época se comentaba el libro dirigido por Tuñón de
Lara para la Editorial Labor sobre la guerra civil. Desde el primer
momento se provocó una discusión entre el grupo situado en Barcelona
y yo en Madrid, cuando se inició el debate con esta pregunta: «La
guerra civil ¿se veía venir?» Yo contesté que sí apoyándome en las
belicosas declaraciones de los principales líderes de 1936 tales como
Largo Caballero, José Antonio Primo de Rivera, Calvo Sotelo y la
Pasionaria. A eso contestó Tuñón muy irritado que eso no era cierto
not at all **en absoluto** y que la propaganda franquista, en vista de que no podía
hablarse ya de un solo culpable en la guerra —la izquierda— había
decidido que fueran dos con la misma responsabilidad, mientras la
verdad era que no había más que un responsable de la catástrofe, la
derecha, que las matanzas habían empezado el 17 de julio en Melilla[1]
orders y que el general MOLA, semanas antes, había dado **consignas** precisas
para acabar violentamente con cualquier resistencia que se opusiera al
movimiento.

¶30 La discusión radiofónica con Tuñón de Lara me dejó un mal
sabor de boca porque me demostraba ser verdad lo que intuí en 1976
al empezar la transición y que ya he comentado. Al parecer estamos
condenados a seguir viendo nuestro pasado con un solo ojo.

---

1. La rebelión de los generales comenzó con el alzamiento del cuartel en Melilla (en África). Tuñón de Lara
sugiere que antes de aquella fecha los republicanos no habían hecho nada para provocar la guerra.

Preguntas

1. ¿Cuáles son algunos de los factores discutidos por Díaz-Plaja que distorsionan la
historia de eventos recientes?
2   ¿Cómo son diferentes las dos versiones básicas de la historia de la Guerra Civil?

3. ¿Por qué cree vd. que Tuñón de Lara no incluye a los sacerdotes dentro de la categoría de «personal estrictamente civil»?

4. ¿Cómo pueden considerarse iguales los casos de sacerdotes y de mineros según Díaz-Plaja?

5. ¿Cómo son similares las rebeliones de izquierda (1934) y derecha (1936) según Díaz-Plaja? ¿Qué diferencias ve Vd.?

6. ¿Cómo compara Díaz-Plaja los bombardeos de la guerra civil y los de la segunda guerra mundial?

7. ¿Cuáles son las ventajas y las desventajas de una historia escrita por en extranjero según Díaz-Plaja? ¿Está Vd. de acuerdo?

8. ¿Cómo se resolvió por fin la publicación del libro de Díaz-Plaja sobre la guerra civil? ¿Qué le parece la venganza del autor?

9. Sabemos que a Franco no le gustaban las manifestaciones y alabanzas públicas que tanto deseaban Hitler y Mussolini. ¿Cuál puede haber sido su motivo por la construcción de *Valle de los caídos*?

10. ¿Por qué cree Vd. que los «rojos» mataron al presidente del Círculo Tradicionalista? ¿los carlistas al del Partido Socialista?

11. ¿Está Vd. de acuerdo con la conclusión del capítulo?

La coherencia — estructuras anafóricas.

Un recurso lingüístico que establece coherencia entre una oración y la siguiente es la *anáfora*. El caso mejor conocido es la pronominalización en que una frase pronominal se refiere a algún sustantivo de una oración anterior:

> *Dos amigos separados por la guerra cuentan sus experiencias al reencontrarse. «Yo — dice **el primero** — estaba en La Coruña cuando se inició el Movimiento Nacional.»*

La frase **el primero** equivale a 'el primer amigo' y se establece así un lazo entre el diálogo y la primera oración.

Hay casos de anáfora en español que no son tan obvios. Por ejemplo se puede omitir un verbo en vez de repetirlo.

> *Los malos iban a ser los buenos, y los buenos (iban a ser) los malos.*

A veces la pronominalización con **lo,la,los,las** acompañado de un adjetivo equivale a 'the [adj] ones'.

> *Se dedican a explorar el pasado a través de los documentos escritos, añadiendo, si se trata de hechos recientes, **los verbales**.*

La frase **los verbales** equivale a 'los documentos verbales' (o sea relatos).

Ejercicio sobre la anáfora.
Explique los elementos indicados en las oraciones siguientes. ¿A qué se refiere cada elemento anafórico? ¿Cómo contribuye a la coherencia del capítulo?

Con **lo** que seguiríamos mintiendo a las nuevas generaciones. (Introducción)

Por **ello** y naturalmente, quien quiso enterarse de lo ocurrido tuvo que fiarse de los historiadores. (¶2)

Eso no les pareció bien al PSOE. (¶7)

Siempre que **les** fuera favorable. (¶7)

He notado que **los** que no estuvieron en **ella** no se sienten tan solidarios. (¶10)

Esas dos palabras eran exclusivamente para uso de unos pocos elegidos, es decir los franquistas. (¶18)

Lo más importante es que sea evidente a qué se refiere cada pronombre u omisión anafórica. Por ejemplo, lo siguiente presenta un problema: *Pablo y yo estábamos charlando con su hermano. Dijo que había visto una película interesante.* ¿Cuál es el sujeto de **dijo**? También existe una dificultad con lo siguiente: *Cerca de la clínica muchos ciudadanos bloqueaban la entrada, protestando contra el aborto, con lo cual no estoy de acuerdo.* ¿Con qué no esta de acuerdo el escritor — con el aborto, o con el acto de bloquear la entrada de la clínica?

Para conversar y escribir

1. ¿Es más fácil escribir la historia de eventos recientes, o es mejor esperar que pase algún tiempo?

2. ¿Qué ventajas y qué desventajas tiene un extranjero para escribir la historia de la guerra civil española?

3. ¿Qué opina Vd. de la censura? ¿Hay una diferencia entre la censura de pornografía y la censura política? ¿Hay ideas que no deben expresarse? ¿Qué opina Vd. de la orientación hacia lo «políticamente correcto»?

4. ¿Qué similaridades y qué diferencias hay entre el programa de *Historia viva* y los «talk shows» de la radio estadounidense?

9. LA MONARQUÍA

Introducción.

En noviembre de 1975, después de la muerte de Francisco Franco, fue proclamado Rey de España don Juan Carlos I de Borbón. Con esta simple ceremonia se efectuó la restauración de la línea alfonsina de la dinastía de los Borbones. Franco mismo insistía en usar la palabra **instauración** en vez de **restauración** para indicar un rompimiento con el pasado, y la creación de una nueva monarquía derivada de su sublevación de 1936.

La institución de la Monarquía en España se asocia con períodos de gloria como la reconquista y el establecimiento del imperio español. Pero en otras épocas, y sobre todo durante el reinado de los Borbones, se asocia con la decadencia, la dominación extranjera, y la ineficacia. Fue un rey Borbón que entregó el país a Napoleón en 1808. El rey anterior a Juan Carlos, su abuelo Alfonso XIII, reinó desde 1902 hasta 1931 — un período de crisis política que incluyó la dictadura de Primo de Rivera y terminó cuando Alfonso tuvo que abandonar el trono y se declaró la Segunda República.

Después de establecer su régimen, Franco proclamó que España era una monarquía sin rey, y que él nombraría su sucesor. Rechazó las pretensiones del hijo de Alfonso, don Juan de Borbón, porque veía en él tendencias democráticas. Franco demostró gran interés en la educación de don Juan Carlos y en conformidad con un acuerdo entre Franco y don Juan, se dispuso que don Juan Carlos se educaría en España, pasando por las tres academias militares, y recibiendo educación universitaria en Madrid bajo tutoría privada de un grupo de profesores. Torcuato Fernández Miranda (el «director» de la transición mencionado en el capítulo uno) fue nombrado preceptor (tutor principal) del entonces príncipe Juan Carlos y fue el gran maestro político del futuro Rey. Durante esos años Juan Carlos iba formando unas ideas sobre España bien contrarias a las de Franco.

Por fin en 1969, Franco nombró a don Juan Carlos como su sucesor. En esa ocasión don Juan Carlos juró fidelidad a las leyes orgánicas de España, que incluían una especificación de los principios «inmutables» del Movimiento Nacional. Aquellos principios, claro, no eran nada democráticos, y se puede pensar que Franco no habría nombrado a don Juan Carlos si se hubiera dado cuenta de sus sentimientos verdaderos.

Después de acceder al trono, Juan Carlos I usó los mismos mecanismos legales y políticos establecidos por el régimen de Franco para desmantelar el Movimiento Nacional y crear un gobierno democrático. Como hemos visto en el capítulo sobre el ejército, don Juan Carlos también rescató esta joven democracia en 1981 cuando un segmento de las fuerzas armadas quiso tomar el poder.

LECTURA: La Monarquía — esa sorpresa.

bow (of a boat)

Una institución considerada antigua y «obsoleta» por tantos españoles se ha convertido en la **proa** de lo moderno, de lo justo, de lo libre y de lo demócrata. El milagro se debe a un hombre llamado Juan Carlos.

La Monarquía

de los palacios

would shelter
fricciones

enlightened

sole judge
would emerge

¶1   Hace años los partidarios de la Monarquía en España eran una minoría; en ella figuraban los aristócratas nostálgicos de los viejos tiempos **palaciegos** a los que se habían unido unos cuantos políticos convencidos de que la solución de la era posfranquista estaba en una cúpula monárquica que **albergase**, sin entrar en los **roces** partidistas de la política, los diversos grupos que tenían que configurar la nueva España democrática. Se trataba pues, de una extraña unión de gente de carácter tradicional y gente de carácter «**ilustrado**». Los primeros pensaban sólo en el pasado y los segundos sólo en el futuro; para unos el Rey era el único señor posible por decisión de la historia; para otros el **único árbitro** que podía llevar a buen puerto la España que **surgiera** tras la muerte de Franco.

faded

defendiese

link

falangistas

resolver

¶2   Insisto en que esas dos agrupaciones eran de una pequeñez numérica angustiosa. La inmensa mayoría de los españoles veían la monarquía como un tema lejano y distante de su conocimiento y de sus aficiones. Para la izquierda representaba algo **periclitado** que había desaparecido para siempre en 1931 y el hecho de que la **propugnase** Franco la hacía más odiosa a sus ojos. La fotografía, tan repetida, del príncipe Juan Carlos junto al Caudillo les hacía pensar en una **concatenación** entre los dos sistemas, por lo que al presunto heredero se le veía con desconfianza si no con antipatía. En cuanto a la derecha general, la franquista, había sido preparada desde el final de la guerra civil para que odiase todo lo referente al régimen histórico español. Los «**Flechas**» cantaban animados por sus jefes, «no queremos reyes idiotas» y los textos de historia recordaban continuamente a los estudiantes que la decadencia de España había empezado con los Borbones; que éstos no habían sabido **solventar** ninguno de los problemas que afectaban a la patria, haciéndola desembocar en la malvada República de cuyos excesos habíamos salido gracias a la espada victoriosa del Caudillo. El pretendiente don Juan había sido atacado por la prensa del régimen, la única que podían leer los españoles entonces, con motivo de los manifiestos en que pedía públicamente que se devolviese a España el régimen monárquico

y con él la democracia.   Cuando las relaciones entre Estoril[1] y El
Pardo[2] empezaron a mejorar, el trato a don Juan pasó del odio a la
negación de su existencia.   Hasta 1955 no pudo publicarse en un
periódico español su fotografía y aún en ese momento —fue en ABC
y con motivo de su **fiesta onomástica**— se precisó estrictamente por   *Saint's Day*
parte de la censura el tamaño, mínimo, en que podía aparecer.

¶3   En cuanto al Príncipe, aún después de su nombramiento como
tal (1969) se procuraba que su figura no fuera excesivamente popular.
El silencio oficial a que se le sometía provocó en la gente la impresión
de que se trataba de persona **poco dotada** para la comunicación,   *unskillful*
incluso de poca inteligencia, impresión que pasó incluso al extranjero.
Recuerdo que en una visita a Chile y en un almuerzo en «La Unión»,
lugar de elite de Santiago, un **comensal** me preguntó si era verdad que   invitado
el príncipe era tonto.   «Mire usted —le contesté —no sabía que en
este almuerzo íbamos a tratar del índice de inteligencia de nuestros
líderes, es decir de PINOCHET o el futuro rey de España, pero ya que
se ha planteado la pregunta, quiero contarles una anécdota; en un viaje
a París don Juan Carlos se encontró con un antiguo compañero de
colegio refugiado político en Francia al que le dijo: ¿Sabes que en
España creen que soy tonto? Señores —resumí —no conozco a
nadie que, siendo tonto, haga esa pregunta porque el que lo es de
verdad no **intuye** que su incapacidad intelectual sea pública».   sabe

¶4   Así estaba la imagen de la Monarquía al principio de la década
de los setenta; vista por la mayoría de los españoles, y por razones
distintas, de una forma que oscilaba entre el odio y la indiferencia.

¶5   Hoy, asombrosamente, esa **estampa** ha cambiado totalmente.   imagen
Todos los observadores del panorama político español están de acuerdo
en que casi todo nuestro pueblo es ahora monárquico o, si se quiere
precisar más, es «Juancarlista». La actitud hacia el régimen antiguo
puede seguir manteniendo un recelo histórico, pero la que nos une con
el actual monarca es definitivamente amistosa. De esa admiración, de
esa **entrega**, sólo difieren tres grupos mínimos: los comunistas de   *submission*
extrema izquierda, el PC marxista-leninista que sigue **enarbolando** la   levantando
bandera republicana al lado de la roja, los falangistas «auténticos» que
no pueden aceptar el desvío hecho por el Estado, de las líneas
marcadas por el general Franco y, curiosamente, los únicos monárquicos de verdad, no pragmáticos, que había en el pasado.

---

1. Lugar de residencia en Portugal de don Juan de Borbón.

2. Residencia del Caudillo, Francisco Franco.

Esos se quedaron decepcionados al comprobar que la realidad era muy distinta de su sueño monárquico, que ese rey, a pesar de las insinuaciones que se le hicieron al subir al trono, no pensaba en absoluto *nobles* resucitar a los **gentilhombres** de S.M. con Ejercicio y Servidumbre ni a las Damas con iguales cometidos; que no iba a nombrar Grandes de *put your hat on* España con la ceremonia habitual «**cubríos** don Fulano» ni aceptaría besamanos ni Tedeum en Palacio.[1] Por otra parte, muchos de ellos se sintieron profundamente turbados cuando al ser invitados por su categoría social a las fiestas de Palacio, se encontraron con que tenían que compartir mesa y manjares con representantes de la nueva España política y sindical, muchos de los cuales habían tomado parte en la persecución de sus familiares durante la guerra civil. En algunos casos *pompous* esa sorpresa disgustada se convirtió en incidente **aparatoso**. Un duque *annoyed* se levantó **airado** con su mujer de un banquete en el Palacio Real cuando vio entrar, como otro invitado más, a Santiago CARRILLO. El aristócrata explicó su actitud más tarde recordando que la pluralidad política, que él aceptaba en principio, no lo obligaba a comer con quien consideraba responsable de la matanza de PARACUELLOS, donde habían caído varios parientes tanto de él como de su esposa.

¶6   Son excepciones que confirman la regla puesta en manifiesto justamente en la lista de invitados aludida. El Rey, con esa diversidad social y política reflejada en ella, estaba cumpliendo su promesa al aceptar la corona de España. La de ser rey de todos los españoles sin diferencias de derechas e izquierdas, marqueses o jefes de sindicato. Y naturalmente sin discriminar según el pasado de cada uno.

estructura ¶7   Y lo ha hecho deshaciendo el **entramado** que Franco —ahí
inteligencia falló su reconocida **astucia**— estaba seguro de haber dejado «**atado**
well secured **y bien atado**». Poco a poco, con paciencia de santo y actividad **de**
behind the scene **pasillos** menos santa, fue resolviendo la difícil circunstancia, la de un
caged up rey liberal **enjaulado** en una legislación dictatorial[2], logrando llevar
al país desde un estado fascista a una democracia plena. Se valió para
legal pundit ello de dos hombres claves: FERNÁNDEZ MIRANDA, el **leguleyo** que
jefe de estado conseguía lo que el Rey no podía decir o insinuar como **primer**
espada y a su lado un vivaz y ágil peón de confianza llamado Adolfo
Suárez que maniobró en la calle, en la prensa y en los círculos de
el Parlamento presión mientras el primero lo hacía en **las Cortes**. Importantes los

---

1. Gentilhombres ... Palacio: Referencias a tradiciones aristócratas del pasado que los monárquicos «de verdad» hubieran querido ver reintroducidos por don Juan Carlos.

2. Al ser nombrado heredero, don Juan Carlos había jurado fidelidad a las leyes fundamentales introducidos por el régimen de Franco.

dos pero ninguno de ellos hubiera podido llevar a cabo su misión de no estar apoyados por la figura de don Juan Carlos que, además de ser el cerebro de la operación, era también su paraguas **valedor** cuando las medidas tomadas resultaban **intragables** para el franquista. Por otra parte, en el triunfo de la imagen en que vive hoy el mundo, España no es una excepción, y la visión de un Monarca de buen aspecto físico que en las ceremonias oficiales **lleva la cabeza** a personalidades de otros países — incluso en Gran Bretaña— agrada a la gente. Les gusta también su sonrisa, ese romper las filas policíacas para dar la mano al pueblo (¿cuánto había hecho eso Franco?); les encanta verle **deslizarse** por una **pendiente** sobre los esquís o agarrar el **timón** de un **barco de vela** y esa admiración y afecto la trasladan y amplían a la familia, especialmente a la reina, una auténtica «profesional» de la realeza en el mejor de los sentidos, siempre dispuesta a acudir a toda clase de ceremonias, con memoria fácil para recordar amablemente circunstancias de la vida de quien la salude.

¶8 Y las dos **infantas** y sobre todo ese Príncipe[1] que miles de hogares españoles han «**prohijado**». «¿Has visto qué guapo?» Cuando llegó a superar al Rey en estatura hubo en muchas casas una alegría cómplice: «¡Fíjate, más alto que su padre!» Pero es que en él además tenemos los españoles una esperanza de continuidad, de que siga la **racha de suerte** que en este país, tan afortunado en arte, paisaje e individuos famosos, no acostumbra a soplar al tratarse de nuestros políticos. Con la continuidad de la dinastía ven la continuidad de un arbitraje tan necesario en los enfrentamientos apasionados de nuestro país.

¶9 Del respeto que los españoles tienen a la Monarquía da idea el hecho de cómo los medios de comunicación la tratan. No existe una ley que prohíba aludir a la familia real de forma indiscreta. No hablo del insulto al Rey que sí está penado sino de la forma en que se podría comentar la ropa que viste, la gente que trata o algún defecto físico que pudiera tener. Esto jamás se menciona en los textos y en la elección de fotografías los directores de publicaciones rechazan las que los presentan de forma poco estética o ridícula, lo que sería muy fácil dada la insistencia con que las cámaras les persiguen día a día, hora a hora.

¶10 En la televisión, el primero de los españoles, por voluntad popular y de la Constitución el más respetado entre nosotros, tiene en

---

1. Felipe de Borbón, príncipe de Asturias y heredero al trono.

protector
hard to swallow

is taller than

slide   slope
helm   sailboat

hijas del rey
adopted

lucky streak

notable

TVE la consideración que merece... sólo cuando es noticia y en ese caso tampoco de forma preferente ni **destacada**. La actividad de Su Majestad surgía en medio del programa como un acontecimiento más en la serie donde ha salido el Consejo de Europa, un terremoto en Chile, la lotería de Madrid y «¡ah, sí!» *además* el Rey se desplazó ayer a Omán donde fue recibido por el jefe del Estado de aquel país. Y si la colocación de la noticia no es prioritaria el trato recibido por parte de los comentaristas tampoco resultaba excesivamente respetuoso. Una de las locutoras nuevas se refirió a la pareja real durante su estancia en

first name alone

Barcelona usando **el nombre de pila** de ambos **a secas** Así nos enteramos que «Juan Carlos y SOFÍA» visitaron el museo de Montjuic. En la vida real el presidente González inclina la cabeza levemente,

mirada

pero la inclina, ante el Rey. Televisión Española le echaba una **ojeada** amistosa, algo así como una palmadita en el hombro: ¡Qué!, ¿dando una vuelta?

¶11   La situación es tan obvia que un hombre tan poco dado a las quejas sobre el trato que le dispensan los medios de comunicación como el Monarca tuvo que decírselo medio en broma a J. M. Calviño cuando éste fue a la Zarzuela[1]: «Oye, hasta mis hijas me hacen notar la forma con que nos tratáis.» Respuesta de Calviño: «Pues nada, cuando venga el Consejo de Televisión tírele usted de las orejas.»

¶12   Igualmente ocurre con el dibujo humorístico. El único que se atreve a situar a don Juan Carlos entre sus «animalitos» es el gran PERIDIS y aun en esas descripciones gráficas el Monarca, dentro de la exageración caricaturesca, es presentado siempre como un hombre entregado totalmente a su deber y consciente de las limitaciones a que le obliga la Constitución que ha jurado; sale más como un padre que

mischief

se preocupa de las **travesuras** de sus hijos que como un jefe que intente imponer su voluntad.

¶13   Estamos, pues, muy lejos de la forma sarcástica con que la oposición trataba a ALFONSO XIII, el último jefe de Estado español que actuó con libertad de prensa. Hoy, el único órgano periodístico que critica abiertamente al Rey es el poco difundido del Partido Comunista Marxista-Leninista, que, fieles a su republicanismo histórico, considera al Monarca como mero sucesor de Franco y defensor de la oligarquía que oprime al proletariado español.

¶14   Todos los demás han adoptado, sin prepararlo ni ponerse de acuerdo, la actitud de la prensa británica ante la Corona. Procuremos

---

1. La residencia de la familia real, que ellos eligieron a preferencia del Palacio de Oriente.

dar de la institución una imagen amable precisamente porque no nos obliga nadie a ello; tratemos a la Monarquía con respeto porque se trata de algo consubstancial con todos nosotros; es la institución común y nos interesa mantenerla por encima de los **chismes** que se puedan contar de la vida de otros ciudadanos.

gossip

¶15   Naturalmente que tanto en el caso británico como en el español se presupone que esa familia real hace honor al respeto que recibe, es decir, que su vida está entregada a su pueblo total y desinteresadamente. Si la reina ISABEL II o el rey don Juan Carlos se viera envuelto en un asunto **turbio** de tráfico de divisas o de influencia política, si robara o matara, lógicamente la prensa de aquí como la de allí reivindicaría el derecho de expresar libremente el juicio que le mereciera. Pero mientras, como ocurre ahora, cumpla con su deber, los medios de comunicación han decidido gentilmente dejar a la familia real al margen del chismorreo e insinuaciones que usan al hablar de los demás españoles, excepto algunas simpáticas referencias al posible **noviazgo** de las infantas. Sin pretenderlo, prensa y radio, hacen suya la teoría de la obra de ROJAS ZORRILLA, *Del Rey abajo, ninguno...* puede salvarse de la crítica. Él, sí.

muddy

engagement

¶16   He empezado este capítulo hablando de los pocos monárquicos que había en este país en los años cuarenta. En los ochenta el único referéndum que el Gobierno estaría seguro de ganar por una mayoría tan aplastante que parecería **amañado** sería el de preguntar a los españoles: «¿Queréis que siga el Rey?»

falsificado

Preguntas.

1.   ¿Cómo se explican las varias actitudes que había con respecto a la Monarquía en la década de los setenta?
2.   ¿Por qué cree Vd. que Franco no quería que don Juan Carlos fuera muy popular?
3.   ¿Por qué han cambiado las actitudes de los españoles en la actualidad?
4.   ¿Por qué se enfadaban los aristócratas en las fiestas de Palacio?
5.   ¿Qué estaba seguro Franco de haber dejado «atado y bien atado»?
6.   ¿Qué representa el príncipe Felipe para los españoles?
7.   ¿Qué significado tiene el tratamiento que reciben los reyes en la televisión?
8.   ¿Qué diferencias hay entre la familia real en España y en Gran Bretaña?

Elementos de estilo

Un aspecto de la retórica que es mucho más difícil enseñar, es cómo el estilo del autor puede contribuir al interés de un ensayo. En general, el principiante, y sobre todo el extranjero, debe comenzar escribiendo ensayos con un estilo simple y directo. Además el estilo es algo muy personal, y no tiene mucho valor que un escritor trate de adornar sus escritos simplemente imitando recursos observados en los escritos de otros. Pero el lector debe tratar de observar las características estilísticas de los buenos ensayistas, y eso le puede ayudar a desarrollar un estilo propio más tarde cuando tenga más experiencia.

Un aspecto del estilo de Díaz-Plaja que podemos señalar, que es generalizable, es el uso de un sistema de imágenes todas relacionadas entre sí, que aumenta no solo el interés, sino también la coherencia. Un grupo de palabras escogidas por Díaz-Plaja tienen que ver con los barcos y el mar, lo cual es especialmente apropiado en el caso de la Monarquía porque don Juan Carlos es aficionado a la navegación en barco de vela.

En la introducción de este capítulo, se menciona que la Monarquía bajo don Juan Carlos se ha convertido en la **proa** de lo moderno. Otras imágenes del mar o del agua de este capítulo son las siguientes: **llevar a buen puerto** (¶2), **desembocar en la malvada república** (¶2). En otros capítulos hemos visto: **babor, estribor, se iba a pique, naufragio, el rompeolas de todas las Españas, el caudal, la ruptura de la presa, impidió que la corriente sexual se desbordase, las agitadas aguas del gusto español, la ola erótica.**

Otras imágenes que ha usado el autor para referirse a la monarquía son **la cúpula, primer espada** — una referencia tradicional para los monarcas, y la idea que fue **autor** de la transición, que Díaz-Plaja ha atribuido a Fernández Miranda. Finalmente podemos notar la comparación de los años de la guerra civil y régimen de Franco con una **herida.**

Es importante no exagerar el uso de este recurso, si cada dos o tres líneas de un ensayo contiene alguna imagen, el resultado parece un poco pesado.

Para conversar y escribir.

1. Compare las actividades del público inglés y del público español hacia varios miembros de sus familias reales.

2. En la actualidad, se suele considerar que las monarquías son sólo adornos con funciones puramente ceremoniales. ¿Es verdad esto en España?

3. ¿Cree Vd. que después de algún tiempo España terminará siendo una república? Explique su respuesta.

10. LA IGLESIA

Introducción.

Durante gran parte de la historia de Europa, y especialmente de España, la Iglesia católica ha disfrutado de una relación mucho más estrecha con los gobiernos civiles que la que caracteriza el mundo contemporáneo. Durante siglos el Papa y los monarcas alternaban entre la cooperación y el conflicto.

En España particularmente, desde la época de la reconquista, ha existido una identificación fuerte entre los conceptos de lo «español» y lo «cristiano». Y en España este último término quiere decir «católico». La Reforma que introdujo el Protestantismo en muchos países tuvo muy poco éxito en España, principalmente debido a una institución famosa que fue la Inquisición.

Desde aquella época hasta muy recientemente el impacto de la

Iglesia en la vida cotidiana de los ciudadanos ha sido mucho más intrusiva en España que en otros países occidentales. Durante la Segunda República se proclamaron la libertad de religión (libertad de «culto» es el término usual en español), y la separación de la Iglesia y el Estado. Pero estas iniciativas fueron negadas en 1934 cuando ganó las elecciones una coalición de derecha, y otra vez en 1939 con la victoria de Franco.

Durante el franquismo, hubo un grado de libertad — se permitían otras formas de religión con tal que no se manifestaran de ninguna manera en público. Siguió, desde luego el subsidio del Estado a la Iglesia católica — el Estado pagaba los sueldos del clero y contribuía a la reconstrucción de iglesias y conventos destruidos durante la guerra civil. También el régimen de Franco promulgó varias leyes en conformidad con las doctrinas católicas: prohibición del divorcio, de los productos contraceptivos y del aborto.

Con la transición, se podría creer que todo iba a cambiar. Pero como explica Díaz-Plaja en el capítulo que sigue, no ha cambiado tanto la situación. Existe, eso sí, la libertad de culto, pero en cuanto a la separación de la Iglesia y el Estado, los cambios han sido lentos y pocos. Siguen los subsidios del Estado a la Iglesia, aunque de una forma un poco difícil de cuantificar.

LECTURA: La Iglesia militante ... y acomodante.

«Con la Iglesia hemos dado» no «topado»[1] como se cita
habitualmente, sigue siendo **leit-motiv** de la historia española.
Aquí intento recordar el papel desempeñado por el sacerdote
en nuestra patria en los últimos años, desde el mártir al
diplomático.

tema repetido

Iglesia militante

¶1   Nunca le ha ido mejor el adjetivo definidor. La Iglesia fue en
guerra civil militante y aun beligerante y la única justificación posible
para su entrada en **liza**, olvidándose de la idea pacífica de Jesús, fue
que antes de **bendecir** unos fusiles, había sido ya **blanco** de otros
fusiles. La frase del alcalde que el 14 de abril de 1931 telegrafió a
Miguel Maura, flamante ministro de la Gobernación: «Proclamada la
República en este pueblo, ¿qué hacemos con el cura?», dejó de ser una
divertida anécdota para convertirse en una realidad dramática; de
despiste ideológico pasó a realidad sangrienta. Con excepción del País
Vasco que mantuvo simultáneamente el respeto al gobierno legal y a
los sacerdotes en la calle y en los **frentes** como **capellanes** castrenses,
la zona republicana restante vio levantarse la «**veda** del cura» con
resultados **espeluznantes**. En mi recuerdo de adolescente figura un
hotel de Arenys de Munt (Barcelona) cuando comenzó el **alzamiento**
y con él la revolución y la guerra. El mismo 18 de julio vimos subir
a las patrullas antifascistas del pueblo que incendiaron la iglesia y tras
saquearlo cerraron el seminario situado a su lado. Los sacerdotes
profesores vestidos de paisanos se refugiaron en el hotel hasta que la
noche del mismo día recibieron una llamada telefónica de un miembro
moderado del Partido burgués «ESQUERRA REPUBLICANA» advirtiendo
que el Comité revolucionario del que formaba parte había decidido,
por mayoría de votos la muerte de los curas. Al llegar los asesinos **en
potencia** los religiosos naturalmente habían desaparecido y en algún
caso lograron cruzar la frontera francesa relativamente cercana. Otros
cayeron cazados como conejos por revolucionarios de otros pueblos a
quienes los de Arenys de Munt, un pueblo de la Costa Brava en
cataluña, habían advertido.

combate
bless   target

error

fronts   chaplains
prohibición
asombrosos
uprising

plunder

in full force

¶2   Porque caza era y como piezas se les buscaba por **matorrales**
y detrás de los árboles en el campo, en los cuartos **trasteros** y los
sótanos en las ciudades. Las posibilidades de desaparecer eran

underbrush
attics

---

1. «Con la Iglesia hemos dado» *It seems we've come upon the church* es una cita del **Quijote**. Frecuentemente
se cita mal, sustituyendo **topado** *bumped into.*

mayores en una aglomeración urbana pero en cambio existía allí el
peligro de los **porteros** que en su mayoría simpatizaban con una   *doormen*
situación que les permitía imponer su autoridad a unos petulantes
inquilinos, aquellos que hasta entonces les habían considerado apenas   habitantes
dignos de un saludo desdeñoso. Así cayeron muchos denunciados
mientras otros fueron traicionados por el aspecto físico que tantos años
de vestirse y moverse con un hábito habían fijado para siempre. La
detención equivalía casi siempre a la muerte por fusilamiento en un
rincón de los alrededores de la ciudad. Otros encontraron un protector
eficaz que pudo **alegar** ese mérito en la persecución que se inició más   *claim*
tarde, por el lado contrario, a la entrada de los nacionales. «Escondió
a un cura en su casa» fue argumento eficaz utilizado por los abogados
defensores del acusado de ideas izquierdistas.

¶3   A veces en los pueblos se intercambiaban patrullas y los de
Berga mataban al cura de Vergés mientras los de Vergés «**paseaban**»   mataban
al de Berga, pero eso era sólo cuando en la mente de los verdugos
existía la posibilidad de que algún día pudieran pedirles cuentas los
testigos que les conocían. En términos generales no se temía esa
posibilidad porque estaban convencidos de que la revolución había
triunfado y **la** «**clerigalla**», como la aristocracia y la burguesía, había   los curas
perdido para siempre.

¶4   La enemistad a la Iglesia se ampliaba del individuo al local
que fue como en mi pueblo de veraneo, la primera víctima de las
agresiones populares, de la misma manera que había aflorado en otros
movimientos revolucionarios anteriores. Al incendiar un templo los
revolucionarios sentían confusa y ancestralmente —el fuego es el gran
purificador de siempre— que destruían el **cerco** que les había   *fence*
oprimido desde niños. Resulta significativo que la aludida frase de
Don Quijote a su **escudero** en la aldea de El Toboso : «Con la Iglesia   *squire*
hemos dado, Sancho» se transformara con los años e inconscientemen-
te en «con la Iglesia hemos topado, Sancho». El concepto pasaba de
precisar simplemente una **ubicación**, a simbolizar un obstáculo en   encuentro
camino de los españoles hacia el progreso, camino que interrumpía el
inmovilismo de la Iglesia.   *inflexibility*

¶5   El ataque a iglesias y conventos tenía a menudo el componente
de una curiosidad malsana. Las novelas por entregas del tardo
romanticismo, *Los secretos del convento, Las víctimas de la Inquisi-*
ción, con **grabados** expresivos, habían llevado a muchos a suponer   *engravings*
que tras los muros de una institución religiosa existían dramas
inconfesables. Por ello se sacaron y exhibieron en la calle las **momias**   *mummies*
encontradas en las **bóvedas** de la iglesia de los Capuchinos de   *crypts*
Barcelona deduciendo por la postura de algunos cadáveres las torturas

to try to   a que habían sido sometidas las religiosas «quizá por **pretender** escapar del convento».

robo   ¶6   Los actos antirreligiosos como las matanzas, el **saqueo**, la destrucción de obras de arte produjeron un disgusto extremo en los estamentos antifascistas pero burgueses que dominaban la opinión en Francia, Inglaterra y los Estados Unidos. El europeo liberal se enteró *mobs*   con horror de los excesos de las **turbas** en Madrid, Barcelona, Valencia y Málaga y esa actitud influyó probablemente en los gobiernos de París y Londres que reemplazaron el lógico apoyo militar a una república legalmente constituida por un convenio de «no intervención» que sólo resulta razonable si a uno le desagradan ambas partes del litigio. A sabiendas de esa falta los republicanos realizaron una gran labor de propaganda intentando explicar aquellos excesos por la antigua simpatía del clero español por la derecha militar y civil (lo cual era cierto) y la participación activa de los párrocos en los primeros momentos de la sublevación (lo cual era mentira). Que uno de los sacerdotes hubiera disparado desde el campanario contra la multitud que asaltaba el templo no justificaba la quema de todas las demás. En realidad, la única institución religiosa desde la que se tiró largamente contra los antifascistas fue el Convento de Carmelitas de Barcelona y en ese caso los que lo defendían no eran los religiosos sino parte de los militares sublevados que lo habían ocupado en su intento de apoderarse de la Ciudad Condal.

¶7   Si las muertes de religiosos fueron más numerosas en Cataluña se debe probablemente a que sus mayores enemigos, los anarquistas y los comunistas extremos del POUM[1], eran también más potentes en esa región.

¶8   Otros intentos de justificar las matanzas de sacerdotes fueron aún más absurdas. Con motivo de los bombardeos de Barcelona por los aviones franquistas, la Delegación de Propaganda de la Generalitat mandó al VATICANO fotografías de los niños muertos preguntando al Papa qué opinaba de esa acción de los «CRUZADOS». La carta fue contestada en correcto catalán, probablemente por el cardenal Vidal y Barraquer, exiliado de las dos Españas, por religioso en la republicana y por catalanista en la de Franco. En ella se recordaba que Pío XII había deplorado siempre las muertes violentas en la guerra pero añadía que también podrían haberle mandado fotos de los sacerdotes asesinados por «los gloriosos defensores de la libertad». A esa acusación velada, Jaime Miratvilles, responsable entonces de la

---

1.   Partido Obrero de Unificación Marxista, fundado en España en 1935.

imagen del Gobierno autónomo, contestó enviando la fotografía de unos sacerdotes todos ellos jóvenes, elegantísimos, con sus sotanas nuevas y bien peinadas que **empuñaban** unos fusiles alrededor de un cañón de artillería ligera. La mentirosa imagen digna de una foto de feria, quería demostrar que los curas habían sido los primeros en empuñar las armas contra los trabajadores.

clutched

¶9   La campaña contra la Iglesia siguió incluso cuando cesaron los «paseos» de los primeros meses. Durante toda la guerra civil como ya dije no hubo en la zona republicana, con la excepción referida del País Vasco mientras se mantuvo libre, una sola iglesia abierta públicamente al culto. En algunos casos se decía misa en capillas privadas que tenían un vago derecho de extraterritorialidad como las delegaciones del gobierno vasco en Madrid, Barcelona y Valencia o las del rito protestante protegidas por embajadas extranjeras y que además no despertaban la **inquina** de la izquierda española como las católicas. Hubo sí, un intento de **reanudar** el culto católico cuando el ministro vasco Irujo, tanto por sentimiento propio como por conveniencia política, hizo pública su decisión de que se reanudara el culto. La sarcástica reacción del periódico anarquista *Solidaridad Obrera* de Barcelona (25 de mayo de 1937) fue elocuente: «¿Qué quiere decir restablecer la libertad de culto? ¿Se puede volver a decir misa? Por lo que respecta a Barcelona y a Madrid no sabemos dónde se podrá hacer esta clase de pantomima. No hay un templo en pie ni un altar donde colocar un **cáliz**... ¿Será esa libertad acaso el que puedan salir procesiones por las calles? Si es así **no les arrendamos la ganancia** y el invitarles a ello señor Irujo no es quererles bien. ¡Libertad de cultos! ¿No habíamos quedado en que la Iglesia había sido en la rebelión de julio un beligerante más?»

hatred
resume

chalice
corren peligro

¶10   Pero el intento de dar una sensación de libertad religiosa prosiguió. El gobierno de Negrín[1] en 1938 **eximió** del servicio de armas a los sacerdotes católicos y yo mismo presencié en la Gran Vía de Barcelona un vergonzante entierro católico que, por si acaso, no había sido anunciado con antelación. Su misión única era servir para que las cámaras cinematográficas oficiales registrasen el acontecimiento y lo mandasen al extranjero para demostrar la libertad de que gozaban los católicos con la república.

exempted

¶11   Pero eso está todavía lejos de la incorporación de la Iglesia a los destinos de España. A la agresión roja el catolicismo responde con la agresión blanca; los sacerdotes no disparan físicamente contra

---

1. Negrín fue jefe del gobierno de la República durante la guerra civil (1937-39).

los soldados republicanos pero animan a otros a hacerlo. Sus grados máximos —cardenales, obispos, canónigos— bendicen las armas con

muertes

que se van a causar las mayores **bajas** posibles al «enemigo de Dios y de España» y colaboran —desde el cardenal GOMÁ al «MOSÉN MILLÁN» de SENDER— a las ejecuciones de «rojos», procurando salvar el alma de los condenados pero sin hacer el menor intento de salvar sus vidas. Hay naturalmente excepciones como la del obispo Olaechea que en una homilía dada en Pamplona y que naturalmente será ocultada por los medios de comunicación en el resto de la España franquista, lanzó un grito angustioso contra las ejecuciones de rojos que se efectuaban en Navarra. No sirvió de nada aunque fue un bello intento como el que más tibiamente y al terminar la guerra hizo el

unión

cardenal Gomá al hablar públicamente en otro texto de «**concordia**» palabra tan desagradable al régimen franquista en aquel tiempo que prohibió la difusión del documento.

¶12   Quizá tampoco la hubiera creído nadie porque desde hacía dos años la Iglesia se había comprometido totalmente con el Gobierno de Franco y su política en la «carta colectiva» de los obispos españoles.

emphasized
animosidad

En ella se **hacía hincapié en** las virtudes cristianas del régimen, pero mucho más en la **animadversión** al bando contrario mencionando la crueldad de que habían dado muestra los rojos en relación con las personas y templos católicos y, como contraste, el respeto tenido hacia la Iglesia por los franquistas. Esa «Carta» fue la ratificación documental de una unión Iglesia-Estado que había de confirmarse en los años

aprobación
mantle
parish priests

que siguieron. Por parte de la primera significaba el **beneplácito** oficial de los obispos recibiendo a Franco bajo **palio** en sus templos y saludando brazo en alto en las ceremonias, de los **párrocos** repitiendo desde el púlpito las mismas consignas que aparecían en la prensa y los muros de los edificios.

¶13   La Iglesia sirvió también para conseguir la unidad idiomática

proclamada
parishioners

preconizada por Franco. Así, el administrador apostólico de Barcelona advierte el 27 de mayo de 1939 a los **feligreses** que la enseñanza deberá ser cristiana, católica y siempre en castellano, «igual que había recomendado la jerarquía católica vasca al ocupar aquella zona los nacionales».

¶14   Por su parte el Estado acepta todas las recomendaciones que le hace para borrar la legislación liberal de la Segunda República. Se suprime el divorcio, planteando problemas sin fin a los que habían creado nuevos hogares, y naturalmente se anula el matrimonio civil

underhanded

considerado «concubinato **disimulado**». Termina la coeducación en las escuelas de primera y segunda enseñanza para evitar los riesgos que trae la promiscuidad, se impone el culto a la Virgen en las escuelas. Y desde luego en el Registro Civil no podrá inscribirse un nombre que no figure en el **santoral**. Naturalmente, las normas para las playas dictadas por el Estado para el verano estaban en la más pura línea de la moral católica.

lista de santos

¶15   La prensa, la radio, el libro, la obra teatral y el cine será tan vigilada por lo que **atañe** a la Iglesia, o sea la moral, como la que preocupa al Estado, es decir, la política. Y cuando haya un choque entre ambas prioridades ganará desde luego la Iglesia.

concerns

¶16   La católica era asimismo, la única iglesia con derecho a gobernar públicamente las almas españolas. Otras iglesias estaban simplemente toleradas lo que quería decir que, dentro de su domicilio particular, podían ejercer su culto pero para evitar la malsana curiosidad de cualquier español que quisiera saber lo que decían las «falsas sectas», estaba rigurosamente prohibido colocar una señal identificadora en el exterior. Un luterano de paso por España podía acudir el domingo a su templo siempre que supiera exactamente la calle y el número donde se ubicaba, porque en la puerta no existía la menor identificación.

¶17   Aun así de segregados y por tanto poco peligrosos, en algunos casos los JÓVENES DE ACCIÓN CATÓLICA, **acuciados** — o al menos fácilmente perdonados — por sus párrocos, irrumpieron en alguno de esos locales (concretamente ocurrió en Salamanca) destrozando Biblias y **mobiliario**. Esto irritó lógicamente en el extranjero y especialmente molestó a Truman, presidente a principios de los años cincuenta de los Estados Unidos y devoto baptista... además de masón, otro gremio perseguido por Franco. Por ello, aun obligado por su estamento militar a tener buenas relaciones con España, dio rienda suelta a su enfado en una disposición legal que quizá mucha gente ignore. Cuando el grupo derechista del Congreso consiguió pasar una ley prohibiendo la entrada en los Estados Unidos de quienes hubiesen sido miembros de un partido comunista en cualquier lugar del mundo, el Presidente la vetó por considerarla ociosa y poco política pero cuando el proyecto fue aprobado de nuevo con una mayoría de dos tercios que, según la Constitución hacía imposible el veto presidencial, Truman tomó su pequeña venganza añadiendo al proyecto legislativo una **coletilla** para que, entre los no admitidos, figurasen también ex miembros de otro partido totalitario llamado «Falange Española Tradicionalista y de las JONS». Con ello sabía que molestaba a los **propugnadores** de la ley en cuestión — propagandistas acérrimos de la causa de Franco en los Estados Unidos.

animados

muebles

apéndice

sponsors

¶18   La discriminación religiosa fundada en el principio de que sólo había *una* religión verdadera no cesó durante años.   Cuando los jóvenes protestantes españoles y extranjeros creyeron que, dada la aproximación buscada de Franco a los anglosajones vencedores de la guerra, podían realizar libremente su campaña de evangelización se encontraron con más de una desagradable sorpresa.   Yo tuve en mis manos en los años cincuenta la circular con que una parroquia de Madrid ponía en guardia a sus **feligreses** ante la posible visita de esos «herejes» y el texto **no tenía desperdicio**: «Si llama a vuestra puerta un joven o una joven de buena **presencia** que os diga que sólo quiere hablar con vosotros de Jesucristo y de sus doctrinas, no le rechacéis. Al contrario: recibidlo amablemente, hacedle pasar y que se siente en vuestra sala, ofrecedle café y sin que se dé cuenta... avisad a la policía.»   Que naturalmente le detenía en el acto por intentar desviar al buen español del camino recto.

parishioners
was excellent
appearance

¶19   El idilio entre los dos poderes duró unos treinta años (1936-1966) con pocas excepciones.   Una, quizá la más inesperada para la derecha, fue la del cardenal Segura que afrontó a Franco con la misma determinación con la que lo había hecho con la República.   El cardenal que según algunos hubiera sido santo en el siglo XIII, pero que resultaba un inoportuno en el XX, llevó su rigidez moral más allá de lo que preconizaba el Régimen, llegando a prohibir con amenaza de excomunión el «**baile agarrado**» en su diócesis de Sevilla.   Pero por el otro lado se negó a sumarse a la alianza de sus colegas con las autoridades civiles; nadie le vio saludar brazo en alto, prohibió que en su catedral se grabara el nombre de José Antonio como había ocurrido en otras iglesias españolas y desaparecía de Sevilla cuando se anunciaba la visita de Franco para no verse obligado a entrar con él en el templo bajo palio.

close dancing

¶20   Este pulso duró toda la guerra y bastantes años detrás de ella, pero Franco se negó siempre a llegar a la confrontación directa con el cardenal.   Alguien le oyó decir: «Se ha **empeñado** en que le convierta en mártir y no le voy a dar ese gusto.»   Sólo cuando las relaciones con el Vaticano fueron mejores movió a sus diplomáticos para conseguir que el Papa nombrase un obispo auxiliar en Sevilla lo que servía para recortar la autoridad del rebelde **prelado**; poco después la maniobra se consumó al ser llamado Segura al Vaticano.

insistido

figura eclesiástica

¶21   ...dónde según me contaron allí, volvió a surgir el santo del siglo XIII a que aludía la frase.   Cada uno de los cardenales destinados en Roma son además párrocos de una iglesia de la ciudad y los elegantes prelados de la Curia pensaron que ese rudo español solo se merecía la más modesta de las parroquias del Trastévere.   Pero con gran asombro de los medios vaticanistas, Segura no sólo no protestó por esa designación, sino que, al contrario de lo que hacían sus colegas, decía misa diariamente en su parroquia, visitaba a los enfermos y socorría a los pobres del barrio durante todo el tiempo que allí estuvo antes de morir en el destierro.

¶22   Con la excepción señalada, la Iglesia española se mantuvo al lado de Franco con toda lealtad hasta que empezó la agitación de los hombres de la Iglesia.

¶23   Según lo cuenta el cardenal ENRIQUE Y TARANCÓN —y hay pocos mejor informados de ese tema— la relación estrecha entre Iglesia y Estado empieza a **hacer aguas** en 1965. Hasta entonces los obispos están en su mayoría dispuestos a mantener los **vínculos** con el régimen, pero en esas fechas van llegando al obispado sacerdotes más jóvenes que, al no haber vivido la tragedia de la guerra civil, no tienen el mismo compromiso moral y coinciden poco después con la proclamación del SEGUNDO CONCILIO VATICANO que declara a la Iglesia defensora de la libertad religiosa en la **convivencia** civil, lo que chocó naturalmente a los gobernantes españoles. Para juzgar lo lejano que estaba el Régimen franquista de ese ***aggiornamento*** de la Iglesia hay que recordar de nuevo la frase con que CARRERO BLANCO despidió a los obispos españoles que iban al Concilio: «Recuerden vuestras Eminencias que España ha sido siempre ***martillo de herejes.***»

deteriorar
relaciones

comunidad

modernization

persecutor   heretics

¶24   No es raro pues que cuando en 1969 los obispos españoles reunidos reclamaron la independencia de todo poder político y económico, aceptaron el pluralismo de los cristianos y se comprometieron a luchar por la implantación de la justicia social, la reacción gubernamental fuera impresionante. Parecía que les habían traicionado la gente de quien más se **fiaban** y a quien más habían ayudado, y así se lo hicieron saber por vía diplomática al Papa que, naturalmente, había dado ya el visto bueno a esa tentativa de **desenganchar** a la Iglesia de un sistema político odiado en la mayor parte del mundo civilizado. En cuanto a la extrema derecha, mostró en la calle su odio al cardenal TARANCÓN, a quien creían principal causante de aquella tendencia a separarse del franquismo. En época del entierro de Carrero Blanco las voces «Tarancón **al paredón**» sonaron altas y se repitieron en innumerables pintadas por los muros de Madrid. Que un príncipe de la Iglesia fuera amenazado por el fusilamiento en la España de Franco era la más asombrosa muestra del cambio que en las relaciones del Estado y la Iglesia se habían producido en pocos años. Naturalmente —no **en balde** es español el refrán que cita a alguien como «más papista que el Papa»— la **Reacción** siguió considerándose depositaria de la verdad y al Pontífice y su representante en España como víctima de la propaganda envenenada realizada

trusted

disengage

to the firing squad

en vano
derecha

por las adversas campañas que sólo buscaban la destrucción de lo que Franco proclamó «la reserva espiritual del occidente».

¶25   Pero aparte de esa disociación moral y social llegó otra más grave. La preconizada por los sacerdotes que creían más en la fidelidad a un concepto nacional-regional que en la idea de la «sagrada unidad de España».

¶26   La primera rebelde fue Cataluña. El clero catalán sentía y pensaba en catalán y creía que su obligación era hacer llegar la voz de Cristo a los feligreses en la misma lengua con que hablaba en su hogar. Así, al principio con timidez y luego más audazmente, fueron utilizando ese idioma en sermones y hojas parroquiales hasta que sobrevino el choque. Luis de Galinsoga, director de LA VANGUARDIA, un antiguo monárquico entregado totalmente al franquismo acudió un día a oír misa en Barcelona y al notar que se decía en catalán el sermón, se salió indignado dejando escrita una tarjeta de protesta al párroco.

¶27   Éste, sincera o astutamente, le comunicó que alguien había utilizado probablemente ese papel sin su permiso a lo que Galinsoga contestó arrogantemente reivindicando su autoría y ratificando las afirmaciones anticatalanistas proferidas en él. Naturalmente, el párroco mostró la tarjeta a cuantos pudo y el teléfono funcionó aquellos días en Cataluña como el más eficaz de los tam-tam; con una reacción colectiva proporcionada a la ofensa, a los dos días centenares de suscriptores se daban de baja[1] en *La Vanguardia española*, como se *advertisers* llamaba entonces, los **publicitarios** retiraban sus anuncios y en todos *newsstands* los **quioscos,** montones del periódico hasta entonces más vendido de la región mostraban claramente la protesta del público.

¶28   Era el principio de una actitud del clero local que prosiguió con mayor intensidad en los años siguientes. El centro de la actividad catalanista era tradicionalmente Montserrat donde el abad Escarré aprovechaba *Serrá d'Or* la revista del monasterio exenta de censura por ser propiedad de la Iglesia, para mantener el fuego sagrado de unas reivindicaciones nacionalistas que definía con una fórmula precisa: «Somos españoles pero no castellanos.» La inquietud del Gobierno subió cuando el fraile benedictino, no contento con airear sus opiniones entre sus paisanos, las comunicó al enviado especial de *Le Monde*, el periódico que más preocupaba al Régimen por entonces. Fraga Iribarne que había llegado al Ministerio de Información y

---

1. Cancelaban sus suscripciones al periódico.

Turismo hablando de una posible apertura, cerró rápidamente las **compuertas** al enterarse de aquellas declaraciones; se endureció la censura y se publicó en forma de **contrabatería** un extenso **folleto** en el que se contradecía al abad Escarré cuando éste afirmaba que Madrid negaba el derecho de manifestarse públicamente a la cultura local, enumerando la serie de revistas y libros autorizados hasta aquel momento en lengua catalana. (No se mencionaba el hecho de que los diarios en vernácula estaban prohibidos.) Pero sobre todo el ministro ponía énfasis en la ingratitud de una autoridad eclesiástica atacando a un Régimen que tanto había hecho por la Iglesia.

floodgates

answer pamphlet

¶29   Las espadas quedaron en alto. Como en el caso del cardenal Segura los servicios diplomáticos de Franco consiguieron que Roma llamase allí al abad Escarré por tiempo indefinido y la calma volvió a la Iglesia catalana pero fue por poco tiempo.

¶30   En el País Vasco tardó más la Iglesia en manifestarse por nacionalizar sus ritos, pero cuando lo hizo sus acciones fueron más sonadas. Se hablaba sí, de un clero simpatizante de las reivindicaciones maximalistas e incluso de la protección —escondite, dinero— que ejercían a menudo con los **etarras** perseguidos, pero no había como el caso de Cataluña un fenómeno religioso-cultural como Montserrat que sirviese de **aglutinante** ni un Galinsoga que se escandalizase en Bilbao de un sermón en **euskera.** El lenguaje **autóctono** no se usaba en las grandes ciudades y en los pueblos hasta las autoridades militares encontraban natural que los curas dijesen sus **prédicas** en el único idioma que los «**casheros**» comprendían.

de ETA

unifier

Basque

nativo

sermones   nativos

¶31   Hasta que un día el obispo de Vizcaya, monseñor AÑOVEROS, publicó la homilía defendiendo el derecho de los vascos a sus libertades. Fue una **campanada** con un eco mucho mayor de lo esperado porque sonó el momento en que el fin de Franco parecía acercarse y sus partidarios estaban especialmente tensos ante una situación que **se les iba de las manos**. Fue entonces cuando el matrimonio al parecer indisoluble del Régimen y la Iglesia Católica, pareció romperse definitivamente. El Gobierno expulsó del país a monseñor Añoveros y monseñor Añoveros respondió, Derecho Canónico en mano, que no se iba y que quien le forzase a ello físicamente podía contar desde luego con la excomunión. La posibilidad increíble de que a un ministro de Franco se lo impidiera acercarse a los Sacramentos... naturalmente no ocurrió. Como en el caso de Segura, el Caudillo supo guardarse la irritación propia y calmar la de sus ministros ante aquel desafío a la autoridad máxima. La excomunión era impensable y por tanto también lo era la expulsión. Monseñor Añoveros se quedó y con él lo hizo la libertad del

clarion call

se les escapaba

episcopado Vasco de mantener sus ideas respecto a las almas y a los cuerpos bajo su custodia.   Desde entonces no las ocultan incluso cuando parece que deberían hacerlo.   Si cae un guardia civil o un militar dicen en privado que lo sienten y que la violencia es mala venga de donde venga, pero si cae un etarra en el País Vasco francés o español se apresuran a salir públicamente con una homilía en la que se acusa prácticamente a las Fuerzas Armadas del Estado de asesinato.

¶32   Con la transición y el cambio la actitud del pueblo hacia la Iglesia ha pasado de aceptar pasivamente aquella fuerza con que obligaba a todos los ciudadanos a aceptar las obligaciones morales, desde el bañador en la playa al sacramento del matrimonio, a la de rechazar cualquier homilía, decreto y opinión de la Iglesia sobre cualquier tema público que ocurra.   Por ejemplo, se han levantado voces del Partido Liberal al Comunista indignadísimas ante la condena que los obispos españoles han hecho del aborto calificándole de «presión intolerable» sobre Gobierno y conciencia ciudadana.   Yo intento entonces recordar a los coléricos que la Iglesia tiene perfecto derecho, como institución o como conjunto de ciudadanos, a repudiar un proyecto de ley con el que no están de acuerdo.   El hecho de que esa opinión no pueda llegar, afortunadamente, a prohibición legal les permite sentirse tan libres como el español que se manifiesta en sentido contrario y de la coacción aludida sólo pueden ser víctimas los que, sintiéndose católicos practicantes, no estén de acuerdo con las enseñanzas de la Iglesia en su vida particular.   Lo mismo ocurrió cuando la presentación en Madrid y otras ciudades del filme francés *Je vous salue Marie*.   Las manifestaciones que se produjeron frente a los cines donde se proyectaba esa película irritaron extraordinariamente a los laicos españoles.   De la misma forma que en el caso anterior yo sostenía que los católicos tienen perfecto derecho a rezar ante el local donde se proyecta una cinta que creen ofensiva para sus principios e incluso mostrar pancartas o carteles exhortando al público a que no entre a ver algo que puede causar su condena eterna.   Lo que no *podían* hacer esos manifestantes, les decía, era impedir físicamente que la gente en uso de su libertad de «ir al infierno» comprase su entrada
picket   y accediese a la sala, de la misma forma que un **piquete** obrero puede informar que está en huelga, pero no que le va a partir la cabeza a quien intente ignorarla.   Era inútil.   Para los españoles que habían visto durante decenas de años que un mandamiento de la Iglesia equivalía a una orden judicial, cualquier tentativa del episcopado para manifestar su libertad de opinión lo consideraban un claro intento de coaccionar la libertad ajena.   Otra vez «con la Iglesia hemos *topado* Sancho»
motto   volvía a ser su **lema** y su temor.

¶33   También irrita mucho a la izquierda que en Roma se hable de promover la causa de algunos mártires de la guerra de España. Obedeciendo probablemente a un convencimiento profundo, imbuido por siglos de religión y reforzada por los años franquistas de que los actos de la Iglesia tienen fuerza de ley, socialistas y comunistas se levantaron en armas cuando se habló de este asunto. ¿Qué pretenden? ¿Qué quieren? ¿Qué fantasmas intentan resucitar? En discusiones sin fin intenté otra vez sin éxito, recordar a mis oponentes que su postura intransigente permitiría una vez más a la Iglesia alegar que el Gobierno socialista la perseguía. Que los obispos tenían todo el derecho del mundo a pedir al Papa que se abriese el proceso de beatificación[1] de sus llamados mártires; que Juan Pablo II tenía todo el derecho del mundo a declarar a esos mártires, beatos, y más tarde santos si le parecía conveniente y justo y que ellos, los socialistas, tenían tanta autoridad para protestar de ello como la que tendrían los cardenales en el caso de que toda España realizase un homenaje multitudinario a Pablo Iglesias, apóstol del socialismo. Lo que no puede hacer la Iglesia de hoy, afortunadamente, es obligar a los españoles de cualquier ideología a entrar en los templos para venerar los restos de esos mártires o a seguirlos en una procesión como ocurría en los tiempos del franquismo. Pero en su casa —que ya no es la nuestra— puede realizar las honras y ceremonias que le apetezcan sin que nadie pueda interferir en ellas y ni siquiera quejarse.

¶34   Cuánto tiempo va a durar esa situación incómoda en las relaciones Iglesia y pueblo es cosa que no sabemos en este momento. Probablemente después de algunos decenios aquella sombra gigantesca **cernida** sobre España se empequeñezca hasta convertirse en una   amenazadora organización a la que se acojan a gusto muchos españoles y a la que vean, como una cosa ajena pero no hostil, otros muchos. En fin lo que ya ocurre en países como Francia, Inglaterra, Alemania, Estados Unidos sin el menor trauma por parte de unos y de otros.

La Iglesia por dentro

¶35   Como Hamlet, la Iglesia se debate entre el ser o no ser, dadas las circunstancias socioeconómicas del momento, pero el intento de seguir la corriente en lugar de luchar contra ella está teniendo mucho menos éxito de lo esperado. Cuando más se acerca al pueblo, cuando más antitradicional y severa quiere ser, cuando más comprensiva, menos gente acude a los templos. Los fieles de antaño se le van, porque si Dios es tan misericordioso y generoso que no necesita de

---

1. Declaración del Papa que una persona muy virtuosa está en el paraíso y se le puede dirigir oraciones.

fórmulas ¿para qué seguir yendo a la Iglesia?

approachable ¶36   El error de principio está en querer hacer **abordable** lo que por esencia no lo es. La misa no debe decirse «mirando al público y dando la espalda a Dios» y debería haber mantenido el latín, lenguaje internacional, que permitía al viajero, por una parte, sentirse igualmente inmerso en la ceremonia al oírlo en la iglesia de un país extranjero aunque el acento fuera distinto y al mismo tiempo mantenerlo en la fórmula lejana y para muchos incomprensible que requiere lo que se dice. Porque es inútil que con el castellano, francés o el inglés se quiera hacer más claro algo tan infinitamente oscuro para *wafer consecration* nuestro intelecto como que Dios baja a la **hostia** en la **consagración** *be resurrected* o que los muertos van a **resucitar.**

i.e., Díaz-Plaja ¶37   Tampoco ayuda mucho a la fe colectiva la teología de la liberación. Según **este profano** lo entiende los fautores de esta nueva idea con el brasileño BOFF a la cabeza, pretenden que la Iglesia católica está equivocada y no sigue el camino de Cristo. Eso mismo decía LUTERO y tomó el único partido posible en estas circunstancias, es decir, dejarla y fundar otra religión. Pero el teólogo Boff y los suyos piensan lo contrario. Es curioso que los mismos que acusan al *arrogancia* Papa de **soberbia** por empeñarse en mantener la verdad antigua no noten que mayor soberbia es la suya al asegurar que, desde su experiencia personal, es el Pontífice el equivocado a pesar de la asistencia «técnica» de los cardenales.

¶38   La Iglesia, acusan, es ilógica y no saben que la Iglesia se ha mantenido siempre *precisamente* por ser ilógica y llamar al corazón del individuo y no a su cerebro, lo que resulta mucho más importante cuando la angustia se apodera de nosotros. No es lógico que Dios de pronto le oiga a uno y cure al familiar enfermo olvidándose del vecino o que permita la firma del contrato o que se realice la venta que esperábamos. No tiene nada de razonable que Dios se olvide súbitamente de los mil pecados que uno ha cometido y le mande al *repentance* cielo a través de una simple voluntad de **arrepentimiento** por parte del pecador. No es lógico ni razonable pero los católicos así lo creen y así lo solicitan.

¶39   El carácter vago, casi fantasmal de la Iglesia, empezando por el aspecto grande y sombrío de los viejos templos es lo que ha atraído siempre a los fieles. Intentar aproximarla al pueblo no tiene la menor posibilidad de acertar. Ese cura que dice la misa de cara a los fieles, en vez de acercarse a ellos les muestra un rostro por lo general poco *graceful prayer* **agraciado** que en realidad les distrae de la **oración** porque lo ven demasiado cercano al que contemplan cada día en su casa y en la

oficina. Humanizar la Iglesia es *contradictio in términis* para decirlo
en el lenguaje que quieren **desterrar**.

banish

El fenómeno del Opus Dei[1]

¶40   En un cierto momento la Iglesia española no desiste de mandar
a la sociedad o de imponer su moral pero procura infiltrarse en ella
para desempeñar mejor su papel de protector de almas.   Es el
momento del OPUS DEI creado por aquella mezcla de **maño** rústico y
florentino astuto que se llamó el Padre ESCRIVÁ[2].   En términos
históricos el Opus es el segundo *aggiornamento* de la Iglesia en su
lucha por un poder que se le escapaba.   El primero, tratando de
recuperar en las casas particulares a la gente que se alejaba del
convento por el influjo del Renacimiento y los libros erasmistas, fue
la COMPAÑÍA DE JESÚS[3] que jugó hábilmente las dos cartas de la
enseñanza y de la confesión a sabiendas que con ellas iban a dominar
desde el aula y desde el sacramento de la penitencia, tanto la inteligencia como la pasión de los hombres.

aragonés

¶41   Pero los JESUITAS por mucho que se hubieran alejado del
claustro y entrado en los palacios tenían una barrera infranqueable: la
impuesta por su hábito. Había lugares donde un **hijo de San IGNACIO**
no podía ir habitualmente porque resultaba demasiado conspicuo, tal
la Universidad o la discoteca cuando ahí, en esos sitios, estaba
precisamente el grupo de jóvenes que iban a gobernar el día de
mañana.

jesuita

¶42   El Opus llegó a cubrir este vacío. Yo estaba en Roma cuando
consiguieron el reconocimiento oficial del Papado a su misión y tuve
ocasión de hablar con algunos de sus miembros elegidos — igual que
en el caso de los jesuitas — entre los más destacados de cada **facultad**
o escuela técnica. En el Opus, noté en seguida, puede haber fanáticos
y muchos lo son, pero no hay tontos. El promedio intelectual de sus
miembros es tan elevado que multiplicaba la eficacia de la minoría
que, dadas sus exigencias, pertenece a la orden. Su revolución
religiosa consiste entre otras cosas en unirse a la sociedad incluso en
lo que ésta tiene de frívolo y así viven en lugares elegantes, asisten a
fiestas en los salones más refinados sin olvidar jamás — eso me

school

---

1. Opus Dei, secta de la religión católica que sube al poder bajo Franco.

2. Padre Escrivá de Balaguer. Sacerdote español fundador de la Organización del Opus Dei. Fue muy polémica
su beatificación en 1991.

3. La ordén de los jesuitas, fundada por San Ignacio de Loyala.

hair shirt
tuxedo

obscurecer

decían — su misión espiritual. «Nuestros muchachos — me contaba una afiliada de Roma— van a los bailes pero llevan el **cilicio** bajo el *smoking*». Su éxito posterior fue creciente; y aunque algunas deserciones pongan de manifiesto en libros reveladores unas maniobras que no son tan santas como proclaman sus principios, eso no parece **empañar** la fuerza de la institución que durante años ocupó puestos de la máxima importancia en el Gobierno del Estado. Franco llegó a tener varios ministros de la Orden, pero sería ridículo decir que fue su instrumento. Por el contrario, el Generalísimo los utilizó como había utilizado al Ejército, a la Iglesia, a la Falange, a la Banca cuando le convino; porque eran buenos tecnócratas cuando hacía falta restablecer la economía española, católicos fervientes y, especialmente importante entonces, con poderosos amigos en el extranjero.

revolved around

¶43   La curiosidad popular **se volcó sobre** esos recién llegados a la política, una curiosidad mucho mayor que la habitual hacia los gobernantes debida al misterio que rodeaba sus actuaciones; para empezar negándose a admitir si pertenecían o no a la orden cuando eran preguntados sobre ello. Eso ha cambiado después. El misterio seguía en lo referente a sus relaciones con la Iglesia tradicional (unos obispos estaban a su favor y otros no), a su influencia política, a sus bienes temporales. Como en el caso de los jesuitas cuya fama heredaban, la sombra de sus actividades resultaba a menudo desproporcionada y probablemente mayor que la verdad; así cuando había alguna duda sobre una decisión política se aseguraba: «lo ha hecho el Opus»; igualmente cuando se ignoraba el nombre del dueño de unos almacenes o de una empresa se repetía muy seriamente: «Es propiedad del Opus.»

unnoticed

¶44   La intención del Opus de pasar lo más **inadvertido** posible en la vida pública ha chocado en los últimos treinta años con la realidad de dos escándalos financieros. El primero fue el de «MATESA»[1] con un protagonista llamado Vila-Reyes, miembro de la Organización como lo eran varios ministros que le respaldaban. Su enemigo era el denominado el grupo «azul», es decir, de falangistas que mantenían una cierta distancia con los ambientes eclesiásticos, lo que provocó que saliera a la luz pública el negocio de falsos envíos al extranjero de los telares Matesa. La revelación dejó boquiabiertos a los españoles de entonces, no porque ignorasen que existía corrupción y fraude empezando en las altas esferas, sino porque éstas se exponían al

details trial

público por vez primera con **pelos y señales**. Hubo un **proceso**;

---

1. Los telares Matesa fueron causa de un escándalo financiero, en el cual estaban involucrados varios ministros del Opus.

una serie de **inculpados** dejaron sus puestos y finalmente se aprovechó una de las manifestaciones a favor de Franco para que éste, «agradecido», **indultara** a alguno de los procesados más relevantes.

acusados

perdonara

¶45   La verdad es que la situación de la Iglesia española en el día de hoy ha quedado de forma extraña y sin obedecer a ninguna lógica. La tradición religiosa sigue pesando de tal forma que choca con cualquier legislación progresista que se **plantee** de acuerdo con el **triunfo arrollador** de la izquierda. Lo curioso es que la gente está tan acostumbrada a la presencia eclesiástica que no se da cuenta de ello, pero la contradicción es flagrante. Obsérvese que la Constitución de 1978 asegura la separación total de la Iglesia y el Estado y además define a este último como laico. Y, sin embargo, ese Estado paga todos los años al estamento religioso español trece mil setecientos sesenta y cuatro millones de pesetas que en su mayoría proceden de los Presupuestos Generales. Es decir, que salen del bolsillo de todos los españoles incluidos los diez millones de votantes por el PSOE que lo hicieron para que España, de acuerdo con la frase de AZAÑA, «dejase de ser católica».

proponga

stunning victory

¶46   La misma duda y vaguedad existe en la enseñanza. La asignatura de Religión es voluntaria, pero sólo en lo que se refiere a la católica porque las otras no se imparten. Las escuelas privadas o **confesionales** reciben ayuda del Estado pero sus profesores no podrán ser expulsados por sus creencias aunque éstas sean anticatólicas. Doble injusticia. Las escuelas católicas deben ser subvencionadas por los padres que las prefieran para sus hijos y, por otra parte, la dirección de ellas tienen perfecto derecho a expulsar a los profesores que no compartan las ideas del centro.

religiosas

¶47   El mismo equilibrio inestable existe en los signos externos del catolicismo. ¿Hay que mantenerlos para agradar a los creyentes? ¿Quitarlos para no ofender a heterodoxos, agnósticos o ateos? La mejor definición de esa indefinida situación la dio hace poco el director provincial de Educación de Guadalajara cuando la presión popular en Molina de Aragón obligó a la autoridad a reponer los crucifijos que el responsable de una escuela había hecho quitar de las aulas: «Los símbolos religiosos —afirmó la autoridad enfáticamente — no están prohibidos ni son obligatorios». (ABC, 6 de diciembre de 1985)

¶48   Pero la Iglesia sigue pesando sobre las costumbres del país. Por ejemplo: ¿Qué hacen en una España oficialmente laica la festividad laboral de la Asunción de la Virgen, de la Inmaculada Concepción de Nuestra Señora (15 de agosto y 8 de diciembre respectivamente)?

Todavía el Jueves y Viernes Santo responden a una tradición más vacacional que otra cosa y sirven para esa institución típicamente española que es el «puente»[1] terminando el trabajo el Miércoles Santo. Eso es cierto hasta tal punto que en Uruguay, país que sí es laico de verdad y oficialmente, le llaman a esos días «Semana de Turismo», vacando oficinas y **talleres** igualmente; sin embargo, ¿qué relación tiene el dogma de que subió la Virgen al cielo o que haya sido concebida sin pecado original para que los españoles dejen de trabajar? Ésa podía ser una conmemoración **fastuosa** de puertas de la Iglesia para adentro, pero ¿motivo para irse al campo o a la playa? La estadística de los deberes religiosos españoles hace más absurdo ese respeto por las fiestas señaladas. Del *Informativo Foessa* publicado en 1983 con datos desde 1975 (en plena transición y principio del cambio) resultaba que los católicos practicantes, es decir, los que sienten como algo importante las advocaciones de la Virgen antes aludido, eran sólo el 32,5 por 100 de la población total. A la iglesia dominical iba sólo el 22,3 por 100 (qué harían los otros «practicantes» a esa hora del domingo?) Y, sin embargo, a la hora de dar su religión se dicen católicos los «no practicantes» o «poco practicantes» alcanzando otro 45 por 100. Parece claro que esa incongruencia — ser de una religión pero no asistir a sus ceremonias — ocurre en España por motivos históricos. Son muchos años de vida religiosa, muchos años de asociar la idea de la patria con el catolicismo, para atreverse a romper claramente con la segunda aun mostrándose indiferente a sus actos...excepto naturalmente los que tienen un contenido social y ceremonioso. Así, en 1981, el 96 por 100 de los matrimonios españoles se celebraron en la iglesia y hoy a pesar de los **loables** intentos para dignificar y embellecer el matrimonio civil, no habrá cambiado mucho el porcentaje.

fábricas

lujosa

praiseworthy

¶49   La indiferencia religiosa española está curiosamente unida a la seguridad y confianza en su existencia como revela la reacción del limpiabotas andaluz ante las tentativas del obispo protestante, llegado como falso turista, para atraerle a su Iglesia: «Yo no creo en mi religión *que es la verdadera* ¿y voy a creer en la suya?» Efectivamente, el número de conversos a las sectas protestantes es minoría en España y desde luego muy inferior al de los ateos y agnósticos. Si falla la doctrina católica, parecen pensar, es que fallan todas.

---

1. Cuando un feriado cae martes o jueves, generalmente se toma también el lunes o viernes correspondiente.

Preguntas.

1. ¿Por qué dice Diaz-Plaja que el adjetivo **militante** le va bien a la Iglesia?

2. ¿Cómo se trató a los curas en la zona republicana? ¿Cuál fue la única excepción?

3. ¿Por qué dice mucha gente «con la Iglesia hemos **topado**» en vez de «dado» como había puesto Cervantes en el *Quijote*?

4. ¿Qué tipos de cuentos de los conventos clasifica Diaz-Plaja de falsos?

5. ¿Cuál fue la reacción en las democracias liberales cuando se supo de las matanzas de religiosos en España? ¿Qué medidas específicas tomaron esos países?

6. Específicamente ¿qué dice Diaz-Plaja sobre las actitudes y las acciones del clero durante la guerra?

7. ¿Cómo trataban de justificar las matanzas de sacerdotes los republicanos?

8. ¿Cómo eran las relaciones entre la Iglesia y el gobierno de Franco después de la guerra?

9. ¿Qué beneficios derivan las dos partes de estas relaciones?

10. ¿Cuánto tiempo duraron las buenas relaciones?

11. ¿Qué había hecho el cardenal Segura que había disgustado a Franco?

12. ¿Qué factores contribuyeron al deterioro de las relaciones Iglesia—Franco?

13. ¿Cuál fue la cuestión que determinaba la actitud del clero de Cataluña hacia Franco?

14. ¿Qué diferencias ve Vd. entre el Opus Dei y los jesuitas?

11. SUPERVIVENCIAS ...

... incluso de lo que queremos olvidar.

Es la parte más comprometida y quizá polémica del libro. Queramos o no queramos, lo sepamos o seamos ignorantes de ello, la España de hoy siente y reacciona todavía motivada por la tragedia que ocurrió de 1936 a 1939 y la subsiguiente dictadura. Incluso la Transición y el Cambio son, sin querer muchas veces, producto de aquella época; unas veces por seguir los mismos caminos **a ciegas** y otras por hacer justamente lo contrario... también a ciegas.

blindly

Supervivencias

¶1   La guerra civil **imprimió** carácter en los españoles y no lo digo con ninguna satisfacción. Pero es evidente que en el comportamiento de la gente hay todavía reacciones y expresiones que hacen recordar la **semilla** que unos hechos dramáticos les dejaron en memoria o que recibieron de las palabras de sus padres en forma de herencia, no por intangible, menos auténtica.

estableció

seed

¶2   Una herencia, tanto de la guerra como de la paz que la siguió, es el espíritu mesiánico. Han sido muchos años en los que el españolito de a pie no podía decidir para nada en sus destinos. Primero resolvían por él NEGRÍN o Franco; luego ya sólo quedó el general para **dictaminar** su suerte, la de sus familiares y la de sus vecinos, y los medios de comunicación no hicieron más que repetir **machaconamente** esa dependencia total. La Justicia no era la del Estado sino la de Franco, la política no era la del Gobierno sino la de Franco; se mencionaba la generosidad de Franco y la España de Franco. Eso ha calado en gran número de españoles; aparte de sus ideas políticas, sigue la sensación de que alguien situado muy arriba es el que puede decidir lo que será su vida, sin la menor intervención por su parte. Y cuando desapareció Franco... quedó el Rey. Es en vano que la prensa explique y el mismo monarca reafirme continuamente, que su poder está estrictamente limitado por la Constitución. **Da igual.** El pueblo español dejó de creer en sí mismo en 1936 y se acogió como un huérfano a la cómoda idea de que alguien de arriba es el dueño de sus destinos. Y así cuando don Juan Carlos llega a un pueblo el

determinar
insistentemente

no importa

mayor   **alcalde** le explica con toda clase de detalles que el lugar necesita una conducción de agua o una fábrica de zapatos a lo que el Rey contesta siempre que hará llegar esa justa petición al ministro correspondiente, papel de intermediario o de agente de enlace que es lo único que le permite la legislación vigente; son razones claras pero que la gente no cree demasiado. Le ven desfilar rodeado de ceremonia, vivir en

ostentation   palacio y para la mente simplista que ha asociado siempre el **Fasto** y el Mando en los tiempos de Franco, la división de poderes actual no resulta fácil. Por mucho que se empeñen los medios de comunicación cualquier asociación de vecinos enfrentada con un problema manifestará altamente que «si hace falta llegaremos al mismo Rey».

Fórmulas que perviven

¶3   Había durante el franquismo y aparte de la política propiamente dicha, un estado de ánimo, una forma de actuar del Gobierno en relación con el pueblo, que José AUMENTE en un artículo publicado en *El País* y titulado «Sobre la adulteración neofranquista de la política» cree que sigue exactamente igual después de la caída de Franco y de su régimen. Hay un mecanismo —dice —que pudiéramos calificar como estabilizarse en la inercia. Se trata de «dejar pasar el tiempo» como el mejor método para que se disuelvan los problemas. Igualmente se mantiene de aquellos tiempos la designación de «yo o el caos», es decir, de plantear al electorado el riesgo de buscar una

destruya   alternativa política que **dé al traste con** una situación estable. El miedo a Fraga o el temor a los comunistas son factores muy importantes para aceptar lo malo conocido antes de lo bueno por conocer y eso

surveys   explica el resultado de los **sondeos.** Igualmente importante se mantiene la idea de conseguir la estabilidad socioeconómica aunque ello cueste tolerar transgresiones legales y corrupciones profesionales «porque no hay que crear nuevos problemas». Eso, naturalmente, permite la creación de una nueva casta de nuevos ricos dentro de la

hace callar   llamada nueva clase política a la que se le **acalla** con beneficios prácticos. De la misma manera que actuó Franco con los falangistas puros lo hace el FELIPISMO[1] con la mayoría de los llamados socialistas.

self-rightousness   ¶4   José Aumente piensa que sigue también el **triunfalismo** y la manipulación tan típicos de la era franquista. Se nos compara continuamente con otros países para exaltar las cosas positivas del régimen y ocultar o justificar las negativas. Su culminación es el último eslogan «mucho y bien» —que parece la propaganda de un

---

1. Política de Felipe González.

hipermercado— para calificar la labor del gobierno socialista. Y *supermarket*
como para ser triunfalista hay que manipular los datos, eso es lo que
hizo el PSOE en el debate sobre el estado de la nación.

¶5   Y, por último, es importante la política de representación hecha
en función de la Televisión. «El público cada día participa menos y
sólo asiste a la política a través de lo que le cuentan como si se tratase
de un espectáculo» (*El País*, 3 de noviembre de 1985).

Partidistas sí; del partido no

¶6   La política está en la calle y sigue interesando a los españoles;
no hay más que ver la lista de los libros que han alcanzado la
categoría de *best seller* y apreciar en el apartado de «ensayo» que las
obras que **copan** los primeros lugares son las que recuerdan, cuentan, *ocupar*
explican, desmienten, **vaticinan** nuestro pasado o nuestro porvenir *profetizan*
político. Parece que los españoles aun después de tantas revelaciones
y tantos descubrimientos, no se han cansado de revisar lo que ocurrió
y especular sobre lo que vendrá. La abstención en las elecciones
celebradas y a pesar del carácter perezoso y fatalista del español
—dos tremendas razones para no votar— no ha sido demasiado
elevada, y la política sigue viva en las páginas de los periódicos, en la
radio que invita constantemente a ministros, diputados y senadores a
conversar entre ellos y a contestar a preguntas de los ciudadanos que
evidentemente no dejan de hacerlas. No es casualidad que uno de los
programas de más éxito de TVE fuera ayer «LA CLAVE»[1] y hoy
«DEBATE»[2] que en su gran mayoría tocan temas de carácter político.

¶7   Resulta, pues, que el español, quizá para vengarse de tantos
años de abstinencia, se muestra como un «animal político» y defiende
con ilusión un programa gubernamental, o el de la oposición, y, sin
embargo, ese mismo «animal político» se niega a convertirse de
aficionado en profesional; ese «animal político» rehúsa meterse en una
jaula; ese votante, en fin, rechaza la invitación a inscribirse en el *cage*
partido que según él afirma, continua e incluso violentamente a veces,
es el mejor de los que están en lista y que más nos conviene a todos
los españoles.

¶8   Efectivamente, las cifras que se dan son increíbles... pero por

---

1. Programa de TVE donde se discuten temas de carácter político mayoritariamente, pero también económico, social e internacional.

2. Como «La Clave», es un programa de TVE donde se discute de política entre otros temas.

lo pequeñas. Un partido como el PSOE que alcanzó casi diez millones de votos en las elecciones tiene, según confesión propia, ciento sesenta mil **afiliados.** Alianza Popular que obtuvo cinco millones de **sufragios se vanagloria** de tener algo más de doscientos mil, diferencia que no resulta tan extraña si se piensa en la mayor capacidad económica del personal de la derecha y su mayor interés en la lucha, precisamente por estar en la oposición es más clara la necesidad de que la colaboración de los enemigos del PSOE se demuestre de forma abierta y económica.

members   votes

is proud

¶9   Y si ésas son las cifras de los partidos mayoritarios es evidente que las de los que los siguen da **rubor** mencionarlas. En la campaña gallega Adolfo Suárez anunció lleno de optimismo que CDS[1] había alcanzado en la región la cantidad de doscientos afiliados, número al que probablemente ni siquiera llegaban los miembros regionales del Partido Comunista, «Esquerra», etc.

vergüenza

¶10   A mi entender esa desproporción dramática entre quienes sólo creen en una organización y quienes ratifican esa creencia con sus firmas y **abono mensual** obedece a otra de las supervivencias de la guerra civil; una supervivencia que se llama memoria. Cuando en cada una de las zonas en que se dividió España se decidió acabar con la gente partidaria de la otra, la forma de llevar a cabo la acción homicida fue buscar en los archivos del Partido que tenía que ser destruido, como organización primero y en la vida de sus componentes después. Y así la quema de **mobiliario,** de banderas y signos que en general seguían al asalto del centro enemigo se detenía al llegar al **fichero.** «Eso no lo queméis que nos va a hacer falta», decía el jefe y más tarde, con lentitud y paciencia, los futuros asesinos iban sacando de él nombres y direcciones. Luego no había más que hacer una lista y proceder metódicamente para ir a buscarlos uno por uno y darle «su merecido». Así fueron descubiertos, anotados y castigados los miembros del PCE, PSOE, Izquierda Republicana, Masonería, UGT, CNT en la zona franquista y los de CEDA, FE y de las JONS, Agrarios, Monárquicos, Tradicionalistas en la zona Republicana.

monthly payment

furniture

list of members

¶11   Esto naturalmente se supo entre los **atemorizados** familiares «encontraron su **ficha** en la **sede** del Partido» y la noticia se transmitió como parte de una historia, pero también para prever un peligro futuro: «No hay que apuntarse a nada... nunca se sabe» y aún hoy que la gente tiene una razonable idea de que ese tipo de cosas han

terrorized

membership card

headquarters

---

1. Centro Democrático Social.

pasado, que no se va a matar a nadie por creer en una cosa o en otra, por ser de derechas o de izquierdas, se mantiene la precaución. Uno puede discutir, declararse de un lado o de otro, votar en conciencia... pero todavía procura evitar que su nombre y domicilio aparezca en una ficha que un día pueda caer en manos asesinas.

¶12   Es una explicación creo que válida. El miedo — se dice — es libre. El miedo sobre todo tiene memoria. Sí. Es la única explicación de que un partido de diez millones de votos cuente con ciento sesenta mil socios, y que cinco millones a la hora de la verdad sean poco más de doscientos mil.

La policía

¶13   Siempre me ha hecho gracia ese intento de cambiar la imagen de las instituciones o individuos trocándoles el nombre o el uniforme. Los odiados y temidos miembros de la Policía Armada pasaron a ser de la Policía Nacional y su traje gris se convirtió en marrón. Menudo cambio... para nada.

¶14   Porque los individuos siguen siendo los mismos y sus reacciones viscerales idénticas. Si alguien le insulta se irritan; si les tiran piedras lanzan botes de humo y si les disparan balas contestan con balas. Eso que ocurre en todas las policías del mundo produce aquí un cierto malestar basado en la memoria del tiempo franquista. Los guardias no se consideraban entonces «guardianes de la paz» sino protectores de un orden tiránico y por mucho que se intente hoy explicar al ciudadano medio la diferencia que hay entre el obediente a Franco y el que sigue a un ministro nombrado por los elegidos democráticamente, el recelo **subsiste**. La asociación «policía igual a sobrevive violencia indiscriminada» se mantiene hasta llegar a formas que serían ridículas de no ser trágicas al revelar actitudes básicamente injustas. Hace un par de años una muchacha con aspecto de drogada provocó un escándalo en el autobús en que yo viajaba, ofendiendo al conductor y a los que le dieron razón que éste tenía. El vehículo se detuvo, unos guardias municipales se presentaron y la chica fue requerida para que les acompañara a la comisaría a lo que se negó insultando ahora a las fuerzas del orden. Ante la imposibilidad de convencerla los agentes solicitaron la presencia de un colega femenino para que la cogiera de los brazos y la obligara a bajar del coche. Frente a éste se había **arremolinado** el clásico grupo de curiosos y cuando, **pataleando** la *formed kicking* muchacha fue forzada a bajar se oyó un grito de aviso: «¡No la peguen!» Cuando allí la única que pegaba era la delincuente.

¶15   Tengo que creer que se trata de otro fenómeno de supervivencia. Muchos años de ver a la policía detener a alguien sólo por ser enemigo del Glorioso Movimiento Nacional, nos han preparado para descubrir en cualquier acción de las Fuerzas del Orden una injusticia, que en el caso del disparo resulta un intento de asesinato. Y ello ha llegado a tal punto que ningún agente se atreve a sacar el arma aun

ladrón   estando amenazado por el **atracador** por temor a las posibles consecuencias. Cuando se mató a un famoso miembro del GRAPO en

insistió   una calle de Barcelona la prensa **hizo hincapié** en que el bandido

take aim   acusado de varios asesinatos no había llegado a **apuntar** con el revólver que llevaba en el bolsillo al inspector que le mató. Al parecer y según una teoría, insisto, basado en el recuerdo de cuando disparaban primero y luego preguntaban, el agente tenía que:

a) esperar a que el delincuente sacase su arma y que le apuntase; b)

be sure   **cerciorarse** de que el arma no era de juguete sino una pistola

shoot   auténtica; y c) esperar que le **disparasen** primero para que no hubiera duda de que tenía intención de matarle... lo que hubiera hecho

anticipate   exactamente si no **le toman la delantera**. Todo este proceso mental

mencionada   está originado y explicado por la referencia histórica antes **aludida**. El guardia o policía que defendía la dictadura a tiros no puede defender la democracia con la misma eficacia porque aquí no hay precedentes de un Gobierno representativo que impida con todas sus fuerzas que sus ciudadanos sean víctimas de unos malvados.

¶16   Este problema no se llega ni siquiera a plantear en Francia, la nación vecina que inventó en 1772 los «DERECHOS DEL HOMBRE Y

infrinja   DEL CIUDADANO» y que sin tolerar que los **conculque** el gobernante actual, tampoco permite que lo haga el criminal. Si los atracadores de

hostages   un banco se llevan unos **rehenes** para proteger su retirada, la policía

stationed   especializada **apostada** en la casa frontera les cazará uno a uno con un tiro en la cabeza sin que en todo el país surja la menor protesta ante el expeditivo método de librarse de un asesino en potencia. Aquí se diría que el atracador no había disparado contra el policía y por tanto éste no tenía derecho a matarle. Igual actuarán en la libre y democrática Suiza, en la República Federal de Alemania, en Bélgica, en Holanda... en los Estados Unidos sacar un cuchillo contra un agente de la autoridad aunque sea a cinco metros de distancia, significa que el delincuente es una amenaza con la que hay que acabar para bien de todos los ciudadanos que han votado libremente para poder circular libremente por la calle; y en Dinamarca hace poco el jefe de la Policía aseguró que tirarían a dar al que amenazase a alguien con una

syringe   **jeringuilla** infectada de SIDA «porque era un asesino en potencia». Cuando se nos termine ese complejo que nos hace ver al perseguido como el inocente y al perseguidor como el tirano, quizá podamos llegar a una situación segura en las calles.

¶17   Además cualquier intervención policial se considera una limitación a la libertad de expresarse. En la inauguración solemne del curso académico de la Universidad de Madrid (octubre de 1985) un grupo de estudiantes que protestaban por el precio de las tasas se introdujeron en el Aula Magna situándose frente a la tribuna y de cara al público con una **pancarta** que explicaba sus reivindicaciones. Era *poster* una típica muestra de interferencia forzada de un acto público y solemne, el sabotaje a una ceremonia que en cualquier país del mundo sería prohibido por la policía y castigado por la prensa. Aquí no. Aquí el Rectorado no se atrevió a llamar al 091 y la prensa sostuvo, al menos en parte que «a pesar de la presencia de esos jóvenes, al orador se le seguía oyendo». Uno piensa cuál sería la reacción de ese periodista si, estando hablando con un amigo en la calle, alguien se colocara entre los dos con una bandera dejándole ver a su interlocutor sólo a medias... Pero el recuerdo de los «grises» cargando contra los estudiantes de la Universidad en los años sesenta influye de tal manera en los medios de comunicación que la reacción final de los profesores asistentes al acto al expulsar por la fuerza a los que se oponían a él, fue considerado un exceso violento, casi un gesto fascista. Y lo más asombroso. Los estudiantes expulsados pusieron una denuncia a la policía y una protesta al Rectorado «por malos tratos».

¶18   No hay manera de hacer comprender a los nuevos demócratas que la libertad propia se detiene justamente en el momento en que **coarta** la libertad ajena. El **huelguista** inglés o americano tiene *restricts striker* perfecto derecho a presentarse en la puerta de la fábrica donde trabaja para exponer en voz alta y con letreros el motivo de su **paro**. Con *strike* ello intenta conseguir, tanto la solidaridad de sus compañeros, como el conocimiento por parte de los clientes habituales de la empresa, de la injusticia que cometen los propietarios contra su gente, para que desistan de efectuar allí sus **pedidos**. Pero lo que no puede hacer el *compras* huelguista es impedir físicamente el paso a quienes, con la misma libertad que tienen ellos para no acudir, decidan trabajar o comprar en aquel establecimiento. En EE UU los huelguistas tienen incluso que estar continuamente en movimiento para no formar en ningún momento una masa compacta que impida el tránsito y la policía está allí para que se cumplan aquellas libertades.

¶19   Sí, el recuerdo de las injusticias del pasado pesa como una **losa** sobre las actividades del presente. Los titulares de los periódicos *tombstone* muestran más a menudo el temor de la prensa a que las fuerzas del orden se excedan que el respeto a la verdad exacta. «Policía mata joven en un bar», dice, por ejemplo, el **encabezamiento** de la noticia. *headline* Y el español medio se irrita ante el hecho hasta que, leyendo los párrafos siguientes, se entera que el «joven» en cuestión entró en el bar con una pistola pidiendo el dinero y las joyas, que al hacerlo con un agente de paisano este sacó su arma reglamentaria y que en el tiroteo siguiente el atracador cayó muerto. Por lo que la «víctima» evidentemente dejó de serlo.

¶20   Hace poco un taxista me contaba el caso de un colega suyo al que dos muchachos llevaron a un **descampado** amenazándole con una **navaja** intentaron **despojarle de** un dinero ganado tras dura **jornada laboral.** Reacción indignada del taxista que, siendo experto de «kárate», desarma al primero produciéndole una **luxación** en un brazo y **tiende** al otro de un certero puntapié dirigido a la **barbilla.** Llega la policía **jubilosamente acogida** por el trabajador que cuenta el caso esperando recibir una felicitación por su heroica conducta. Se realizan las **diligencias** pertinentes, no aparece la navaja que habían **esgrimido** los atracadores y el testimonio de éstos, los dos con antecedentes penales y que explican lo sucedido como una pelea entre el taxista y ellos por motivos **nimios,** reduce la situación a la validez de dos testigos contra uno. Dado que ambos presentan lesiones el taxista es condenado a **indemnizarlos** con ¡cuarenta y cinco mil pesetas!

¶21   Es uno de los mil incidentes que ocurren todos los días. Sería tremendo que la Democracia, que tanto costó implantar en las altas esferas, se perdiera en las bajas de cualquier ciudad española pero me temo que éste va a ser el camino que sigamos si la Igualdad que, tantos años, fue menospreciada desde arriba, sea igualmente despreciada ahora desde abajo. En el franquismo el rico tenía siempre la razón contra el pobre y el policía contra el ciudadano de a pie. Hoy ambos están en inferioridad desde el comienzo de la acción. El delincuente habitual puede **menospreciar** los derechos del ciudadano quitándole el de circular al detenerle; el de su integridad física al herirle con su navaja o **destornillador,** el de la posesión de su dinero y joyas al **arrebatárselo,** pero en cuanto sea él el agredido por la reacción del humillado, herido y robado, la víctima primera tendrá que pagar por haber ejercido algo tan connatural con el hombre como la legítima defensa.

¶22   Sería tremendo que eso produjese a su vez una reacción y que la gente de a pie empezase a querer substituir a jueces y policías de los que se considera **desasistido** utilizando sus propios medios. De la misma manera que el GAL intentaba pagar a la ETA con igual medicina podría ser que surgieran en las calles españolas grupos de «vigilantes» como llaman, precisamente en español, en EE UU, a quienes intentan proteger a los ciudadanos libres de la dictadura de unos cuantos **desalmados.** Y sería trágico porque esa actitud que nace por una lógica y humanísima actitud de proteger la vida y los bienes amenazados puede, con el tiempo, pasar de bandas defensivas a ofensivas, de impedir que se vulneren unos derechos a tratar de imponer unas voluntades; al fascismo en fin.

¶23   Con lo que nuestro trágico ciclo comenzaría de nuevo.

Matando, ese familiar gerundio

¶24   El «**Abate** Marchena»[1], interesante personaje a caballo del *Abbot* dieciocho y del diecinueve, tenía una curiosa teoría de por qué la literatura del Siglo de Oro, especialmente el teatro, está tan encargada de violencia. Lo que ocurría, dice Marchena, es que el Imperio español había sido creado por la fuerza; a tiros y **estocadas** los *golpes de espada* españoles habían entrado en Italia, Francia, Flandes, Portugal, Alemania y **las Indias**. Al haber sido el resultado tan gratificante *América* —no había más que ver el poderío alcanzado por sus reyes— consideraban naturales y lógicos la **coacción,** el empleo de la fuerza *coercion* y el **derramamiento** de sangre y por ello no vacilaron en reflejar estas *spilling* características como algo normal en las obras dramáticas.

¶25   He recordado este precedente al intentar explicarme el **apego** *fondness* a la idea de la muerte de los españoles en los últimos años. Aparte de que siempre ha existido una familiaridad constante en el hispánico con el proceso final (el «¡ay, me matas!» en el orgasmo y el «¡te mato!» de una madre al hijo **travieso** es inconcebible **allende fronteras**) estoy *naughty* convencido de que esa propensión a hablar de la muerte obedece a *en otros países* nuestra reciente guerra civil. Fueron tres años feroces que el recuerdo de los familiares puede multiplicar fácilmente por veinte, tres años en los que se encontró natural acabar con la vida de uno porque era sacerdote y con la de otro porque era dirigente sindical, porque leía el *ABC* o porque estaba suscrito a *Frente Rojo*, porque iba mucho a misa o se acercaba demasiado a la Casa del Pueblo.

¶26   Esta actitud permisiva a juzgar por las noticias de todos los días sigue viva y presente en nuestra idiosincrasia. No se trata ya de la minoría asesina que en todas las sociedades del mundo constituye un **fleco** constante de su **urdimbre,** la de los que creen que una *fringe / make up* ideología —llámese ETA o BATALLÓN VASCO ESPAÑOL, GUERRILLE- ROS DE CRISTO REY, GRAPO o TERRA LLIURE[2]— baste para justificar la muerte de un ser humano, porque ésos aun siendo

---

1.   Poeta, erudito y eminente humanista español que llevó una vida llena de aventuras.

2.   Grupos terroristas españoles. Véase el Glosario.

hyenas
trigger

peligrosos por su fanatismo siguen siendo pocos. Lo que me preocupa más, son las **hienas** que siguen a esos carniceros, los que no se atreven a oprimir el **gatillo** pero que les encanta que lo hagan otros por ellos. Son los que en las Provincias Vascas gritan en las manifestaciones «ABERTZALES»: «ETA, mátales» y los que frente al Congreso una madrugada de febrero de 1981 entonaban la misma petición, con signo político contrario: «¡TEJERO, mátales!»[1]

is not limited

grupos
scathing

importancia

pedestrian
vanities
tonterías amenaza

¶27   Se dirá: Pero todos esos son políticos, gente fanática de una idea que quieren ver triunfar. Desgraciadamente esa plaga **no se ciñe** a los grupos minoritarios. Cualquier taxista, camarero, portero —y cito justamente **gremios** que por tradición han sido más susceptibles a sufrir el aire despectivo de los de «arriba»— es **tajante** al hablar de la vida humana: «Dos tiros hay que darles», «yo los colgaba de los pies hasta que murieran», «habría que cortar de raíz esta mala hierba» y con ello no se refieren sólo a terroristas de **envergadura**, de los que además de matar ponen en peligro la existencia de la misma sociedad, sino cualquier atracador que sea detenido, cualquier drogadicto que asalte a un **peatón**, incluso del que se apodera de un bolso haciendo caer a la propietaria. «Hay que dejarse de **pamplinas,** de derechos humanos y de **zarandajas**. Hacer un buen **escarmiento**. Ya verías cómo se acababa todo y podríamos salir tranquilos a la calle.»

¶28   Esta postura es general y cruza fácilmente las barreras económico-sociales del país. El rico es partidario de la pena de muerte porque tradicionalmente ha existido y la historia para él es maestra a la que hay que seguir a ciegas, además de considerarla medio eficaz para impedir que le quiten su riqueza; la clase media porque no tiene la protección —casa sólida, criados— del rico y sí algunas pocas

jewels

alhajas familiares que le parece monstruoso que le arrebaten. Y el pobre porque muchas veces su trabajo diario depende de la tranquilidad ciudadana y ésta según su mentalidad queda garantizada sólo por una mano de hierro que termine con la vida de quien amenace la de sus semejantes.

¶29   Esta actitud es tan común que un referéndum que se convocara en España sobre la vuelta a la pena de muerte tendría probablemente un apoyo masivo hasta llegar a la mayoría absoluta y el gobierno socialista hace bien en no convocarlo si piensa mantener su actitud humanista en contra de la pena capital. En este aspecto el sistema vigente se parece al del siglo XVIII antes mencionado cuando una

---

1. Se refiere al intentado golpe de estado de 23 de febrero 1981. Uno de los líderes del intento fue el General Tejero.

minoría «ilustrada» imponía su criterio moderno, higienista, liberal, laico a una mayoría de españoles anticuados, sucios, absolutistas y entregados totalmente a la Iglesia.

¶30　　Este **desfase** entre el intelectual y la masa es internacional y el ejemplo más flagrante lo dan los Estados Unidos donde el sistema federal ha permitido que varios Estados hayan votado por reacción visceral contra las ideas humanitarias que triunfan en Washington o en Nueva York. Por cierto que al **reanudar** las ejecuciones los norteamericanos, ha quedado **desmentido** el carácter disuasorio que se alega a favor de la pena de muerte, ya que el crimen no ha descendido en los Estados donde el asesino sabía que iba a ser ejecutado por gas, por electricidad, por la **soga,** a tiros o por la inyección letal. El error inicial está en suponer que el presunto asesino se detendrá ante esa posibilidad cuando tampoco piensa permanecer toda su vida en la cárcel. La ceguera del apasionado o el cálculo del profesional, les impiden detenerse ante esa posibilidad futura. A ese argumento contestan los partidarios de la pena capital, que, al menos «aquél» no volverá a matar; lo mismo que me han respondido en España cuando les planteé el tema de la inutilidad, como amenaza, de la pena de muerte.

contradiction

restore
contradicted

noose

¶31　　No sé si en América lo que les anima a esa actitud reaccionaria sea todavía el cruel espíritu de la frontera, pero aquí sí estoy convencido que la sangre que corrió a **chorros** durante la guerra civil nos ha familiarizado demasiado con ella. Es difícil intentar una sociedad de tolerancia para vivir en paz, si cualquiera de nosotros está dispuesto a castigar con la muerte a quien dé un paso fuera de ella.

spurts

Conclusión

¶32　　Saber de dónde vienen los fantasmas que todavía nos **atosigan** es, creo yo, buen sistema para que se borren para siempre de nuestra mente. Todos somos hijos de nuestro tiempo; esperemos que en este caso, consigamos independizarnos de él para que no nos ahogue con su presencia.

torment

¶33　　Ha sido una herencia amarga. Liquidémosla lo antes posible para empezar de nuevo, limpios de toda culpa. Al reconstruir nuestro estado, reconstruimos nuestra propia vida. ¿Lo intentamos entre todos?

Vocabulario

abono payment
abordable approachable
absoluto, en not at all
abstenerse to abstain
acallar to silence
acarrear to cause, to incur
acatar to respect
acceder to gain access to
acentuar to accentuate, intensify
acercarse to approach
acérrimo bitter
acoger to welcome, to receive, to accept
acogida reception, welcome, refuge
acomodador usher
acompasado rhythmic
acotar to limit, to exclude
acritud animosity
acuciar to prod
acudir to go somewhere, to make use of something
acuñado coined
achacar to attribute, to impute
adquirir to obtain
adrede on purpose
advertir to warn
afanoso laborious
afear to disfigure
afición taste, inclination
afiliado member
aflorar to crop out, to appear
afónico silent
afrentoso outrageous
afrontar to confront
agarrar to cling to
agarrarse a to grasp at
aggiornamento modernization
aglutinante unifier
agobiar to oppress
agraciado graceful
agradecer to thank someone for something

agraviado wronged, offended
agredir to attack, to assault
agresión aggression, attack
agrupación empresarial trade organization
ahogar to drown
airado annoyed
aire, ir a su to do its own thing
airear to air, to discuss
airoso graceful
ajuste settlement
alambicado rarefied
albergar to house, to shelter
albornoz bathrobe
alborotar to stir up
alcalde mayor
aldabonazo knock (on a door)
alegar to claim
alfombra rug, carpet
alhaja jewel
aliado ally
aliadófilo supporter of the Allies
aludir a to refer to
alzamiento uprising
alzar to rise, to raise
allende beyond
amañado falsified
amargo bitter
ámbito scope
amenazar to threaten
amigable friendly
amordazar to muzzle
andas litter, stretcher, bier
anhelo craving, longing
animadversión animosity, resentment
animar to encourage
anímico of the soul
anodino innocuous, ineffective
ansia anxiety, anguish
antaño long ago
anteojeras blinders
anteponer to give more weight to

antinomia opposition
antipatía dislike
anuncio advertisement
añejo old, antique
añoranza nostalgia, desire
aparatoso pompous
apego fondness
aperturista one who favors openness
apetecido desired
apostado stationed
apostar to bet, to wager, to prefer
apoteosis epitome, deification, climax
apreciar to esteem, to respect
apresurar to hurry
aprovisionarse to resupply
apuntar to take aim
aquejado afflicted
ara altar; **en aras de** for the sake of
árbitro sole judge
arca coffer, treasury
ardoroso vehement
argüir to argue
argumento plot (of a story)
arrebatar to carry or snatch away
arremolinar to mill around
arrendar to rent
arrepentido repentant
arrepentimiento repentance, second
    thoughts
arrojar to hurl, to throw out
arrollador sweeping
asaltar to attack
ascético strict, severe
asestar to aim, to deal (a blow)
asistencia attendance
asombrosamente surprisingly
astillero shipyard
astucia intelligence
atado y bien atado well secured
atañer to pertain to, to concern
atemorizado terrorized
aterrado terrified
atosigar to torment
atracador thief
atraco holdup

atreverse to dare
atuendo clothing
audaz bold
auge acme, boom
aupar to lift
autóctono native
avasallar to dominate
avivar to revive
babor the port (left) side
baja fallen soldier
baja, darse de quit working, cancel a
    subscription
balbucear to stammer
balde bucket; **en balde** in vain
baluarte stronghold
barajar to shuffle
barbilla chin
barco de vela sailboat
barón baron, powerful person
barrera barrier
barretina a Catalan beret
bata de cola decorative dress used in
    Andalusian dance
baza victory, card trick, important
    principle
beatificación beatification
bélico war-like, of or pertaining to war
bendecir to bless
beneplácito approval
berrear to bawl, cry loudly
berroqueño hard (rocks)
bibliófilo book collector
bigote mustache
bisoñez inexperience
blanco target
bloqueo blockade
bocamanga sleeve
boceto outline, draft
bofetada slap in the face
boqueada gasp of death
borrego ignorant
bóveda crypt
brecha opening (wound)
briosamente emphatically
brotar to bring forth

bucear to search
búho owl
burdo coarse, rough
buzón mailbox
caballerosidad chivalry
cabellera head of hair
cacareado much heralded
cacería hunting expedition
caído casualty
cainita fratricidal
cairel wig, fringe
calar to pierce, to sink in
caldo de cultivo breeding ground
caldo broth
calibrar to measure
cáliz chalice
calumnia slander
calladamente quietly
callejero (adj.) street
campanada clarion call
campar to stand out
canónicas ecclesiastical
cantera talent, training camp
cantón an administrative district
capa layer
capellán chaplain
carcajada outburst of laughter
carecer de to lack
carga responsibility
cargo job
cariño affection
cartel poster
casco helmet
cashero local resident
castrense pertaining to the military
casus belli (Latin) cause for war
cauce river bed
caudal wealth, outpouring
ceder to yield
cegar to blind
censura previa prior censorship
centinela guard
ceñirse a to limit oneself to
cerciorarse to make sure
cerco fence

cereales grains
cerebro brain
cerner to hover
cernir to threaten
cerrar to close (to heal)
cicatrizar to form a scar and heal
ciegas, a blindly
cierto, estar en lo to be correct
cifras statistics
cilicio hair shirt
clerigalla clergy (pejorative)
cliente client, dependent state
coacción coercion
coadyuvar to help, aid, assist
coartada alibi, excuse, pretext
coartar to restrain, limit
cobrar to collect
cojo lame
cólera anger
coletazo repercussion
coletilla postscript
comensal guest
comicio election
comillas double quotes
compartir to share
comprensible understandable
comprobar to verify
comprometido compromised
compromiso commitment
compuerta floodgate
concatenación link
concordato ecclesiastical agreement
concordia concord
concretarse to speak specifically about one thing
concubinato cohabitation
conculcar to infringe
confeso confessed
conformar to shape
conglomerado mixture
congraciar to delight
conminar to threaten
consagración consecration
conseguir to obtain
consigna slogan, watchword, order

contienda fight
contrabatería counterattack
contravenir to act counter to
contrincante enemy
controlador air traffic controller
convivencia community
copar to occupy
copas drinks
coraje courage
corresponsal correspondent, caller
corte cut, elimination
corsé corset
cortes parliament
cota quota, number
cráneo cranium
cromatismo color scheme or aberration
cronista historian
cuadrarse to stand at attention
cuadro castrense group of military officers
cuajar to catch on
cuartel barracks
cuartilla sheet of paper
cubríos put your hat on
culto worship
cumbre top, summit
cúpula cupola, dome
chantaje blackmail
chilaba moorish hooded cape
chillar to shriek
chisme gossip
chorro spurt
chulo an arrogant spoiled person
dar con to encounter
dar al traste con to destroy
de a pie common, everyday
decenio decade
decreto decree
defenestrar to unseat
degenue small talk
degustar to taste
delantera, tomar la to anticipate
demencial demented
denodado brave
deparar to offer

depurado purged
depurar to purify
derecha right
deriva, a la adrift
derramar to pour, spill, shed
derroche waste, extravagance
derrota defeat
derrotado conquered, defeated
desafiar to defy, to challenge
desafuero excess, outrage
desahogo brazenness
desahuciado deprived of hope
desaire slight, snub, disregard
desalmado brute
desaparecer to disappear
desasistido abandoned
desbordarse to overflow
descabezado headless
descalabro setback, misfortune
descampado vacant lot
descaradamente blatantly
desdén disdain
desempeñar to perform (a role)
desencadenarse to break loose
desenganchar to disengage
desfase contradiction
desfilar to march (as in a parade)
desfile parade
desgarrado impudent
deshacerse to fall apart
deshinchado flat (tire)
deshora, a inopportunely
desligarse disentangle
deslizarse to slide
deslumbrar to dazzle
desmán excess
desmentido (adj.) contradicted
desmentido (noun) denial
desmentir to belie
desmesuradamente unproportionately
despechado spiteful
desperdicio waste
despiste error
despojar to rob
despojo booty, spoils

desprecio disdain, contempt
destacado conspicuous
desterrado exiled, banished
desterrar to banish
destornillador screwdriver
desvergonzado shameless
detentar to possess or hold unlawfully
detentor usurper
determinado a certain, this
dictaminar to form an opinion, to judge, to dictate
diligencia de circulación permission to publish
diligencia investigation
dirigente director, party leader
discrepar to disagree
disgregador divisive
disimulado underhanded
disparar to shoot
divisa foreign currency
doblaje dubbing
doblez duplicity
donostiarra of or from San Sebastian
dotado de endowed with
dotado skillful
duelo bereavement, hardships
ebrio drunk
economato company store, military shop
echar agua al vino to weaken
echar andar start taking action
efeméride noteworthy occurrence
ejercer de to practice as, to work as
elaborar to formulate
elegir to elect, choose
elogio praise
elogioso laudatory
emboscada ambush
emboscado in ambush
embriaguez drunkenness
emisión broadcast
emisora radio station
empañar to make dull
empeñarse en to insist on
emprendedor enterprising

emprender to begin
empresario business leader
empuñar to clutch
en absoluto not at all, absolutely not
en aras de for the sake of
enarbolar to fly (a flag)
encabezamiento headline
encaminarse a to be directed towards
encuadernado bound
encuesta survey
ende, por therefore
endosar to endorse, to unload, to present
enfrentamiento confrontation
enfrentarse con to cope with
enganchado burnt-out
engendro production, ill-conceived plan, monstrosity
engrasado greased
enjaulado caged up
enredado involved
ensalzar to praise
enseña ensign
entablar to start
enterrar to bury
entramado structure
entrañamiento firm grasp
entreabierto ajar, half open
entrechocar to collide
entredicho, poner en to malign
enturbiar muddy up
envergadura importance
enzarzarse to get involved
epatar to impress
erguido erect
esbozo sketch
escala scale, stopover
escalado escalated, exaggerated
escaparate store window
escapatoria escape
escaramiento menace
escarceo escapade
escarnio ridicule, scorn
escindir to divide
escisión fission, division

escoger to choose
escollo stumbling block
escudarse to justify oneself
escudero squire
esforzadamente bravely, vigorously
esgrima fencing, swordsmanship
esgrimr to wield
espada sword
españolito de a pie everyday Spaniard
espectro ghost
espejismo mirage
espeluznante surprising
esperanzado hopeful
espingarda Catalan shotgun
espurio spurious
estamento order, echelon of society
estampa image
estatal of the state
estilete stylet
estimado esteemed, respected, well-liked
estival summer (adj.)
estocada thrust (with a sword)
estrecho (noun) strait
estrepitosamente noisily
estribar to consist
estribor starboard (the right side)
estropear to damage
etarra member of ETA
euskera Basque language
exacerbado exaggerated
eximir to exempt
éxito success
extirpar to exterminate
extrañarse to be surprised
faccioso insurgent
facultad school
fachada façade
falo phallus, penis
falto lacking
fallecido dead, deceased
fanfarrón braggart
fasto ostentation
fastuoso magnificent
fatídico ominous

fautor accomplice
feligrés parishioner
férreamente forcefully
férreo (adj.) iron, hard, absolute
fiarse de to trust
ficha membership card
fichero list of members
fiesta onomástica Saint's Day
filas military squadrons
filias likes, preferences
filípica criticism
fingir to pretend
firma signature
flagelo whipping, punishment, scourge
fleco fringe
fobias dislikes
folleto pamphlet
forjar to fabricate
fortuito accidental
forzado forced, obligatory
franco generous, open
franquear to entitle one to something
frente military front
frondoso abundant
fusilamiento execution by shooting
galardón prize
galgo greyhound
galimatías gibberish
gallego Galician
garúa a Proto-Basque language
gatillo trigger
gentilhombre nobleman
germanófilo supporter of Germany
gestación gestation, initiation
gestión negotiation
gesto gesture
gitano gypsy
goce enjoyment, pleasure
golpe, de suddenly
grabado (adj.) engraved
grabado (noun) engraving
gracia, tener to be comical or enjoyable
grado (military) rank
granadino from Granada

granjería benefit
gremio guild, group
guasa joking
guerra war
guión script
guionista script writer
guipuzcoano of or from Guipúzcoa
hábil skillful
hachís hashish
hartazgo boredom
hasta tanto until
hemiciclo semicircle, chamber of the lower house
hereje heretic
herencia inheritance
herida wound
heterogénea heterogeneous, mixed
hiena hyena
hilera row (mountain range)
hincapié, hacer to emphasize
hipermercado supermarket
hiriente cutting, stinging
hogar home
hombro shoulder
hongo mushroom
hornacina niche, shrine
hostelería living arrangements, hotels
hostia communion wafer
huelga strike
huelga strike
huelguista striking worker
huella trace, mark
hueste follower
huidizo cowardly
igual, da it doesn't matter
ikastola Basque language school for children
ilustrado enlightened
impedir to prevent
imprimir to print, to impress
imputar to blame
in situ on location
inadvertido unnoticed
incautado appropriate
incautar to usurp

incluso even
inculpado accused
indagar to question, to interrogate
indemnizar to compensate
índole kind, class, nature
indultar to pardon
ineficaz ineffective, ineffectual
infamante insulting
infanta princess
inferir to inflict
infrahombre subhuman
infructuosamente fruitlessly
ingenioso witty
ingenuo naive
ingreso entrance, admission, earnings
inmovilismo inaction, inflexibility
inmutarse to be disturbed
inmutarse, sin without batting an eye
inquilino tenant, occupant, inhabitant
inquina hatred
insobornablemente freely, free of bribery
intemperante intemperate, excessive
intervenir to intervene
intestino internal
intragable hard to swallow
intuir to know intuitively
inversiones perversions
invertido inverted, distorted, homosexual
iracundo irate
ironizar to ridicule
irredento inalienable
irrisión ridicule
irrumpir to burst forth
izar to hoist
izquierda left
jadeo panting
jaula cage
jerifalte character
jeringuilla syringe
jodío (jodido) damned (extremely vulgar)
jornada day
jubilación retirement benefits

jubilosamente joyfully
jurídico legal
lacra defect
ladera (ski) slope
lápida tablet
largo long; **dar largas** to delay
lazo knot, tie
leguleyo legal pundit
leit-motiv a recurring theme
lema motto
lentejuela sequin
lerdo crude
letanía litany
liar to tie
libertinaje impiety
liebre hare
liza battle
loable praiseworthy
logro achievement
losa tombstone
lucidez brilliance, intelligence
luciente shining
lustro five years
luxación dislocated bone
llanito of or from Gibraltar
llevarle la cabeza a to be taller than
machaconamente insistently
magnetófono tape recorder
maleante hoodlum
malestar malaise, indisposition
malgastar to waste, squander
malsano unhealthy
maltrato poor treatment
malvado evil
mamarracho scribble, scrawl
manar to pour forth
mancillarse to blemish
mandatario chief executive
mandato mandate, term of office
mando command
manía whim
maniobra maneuver, strategy
mano de obra labor force
maño Aragonese
marcharse to leave

marea tide
marioneta puppet
martillo hammer
masonería masonry
matizar to provide a nuance, to equivocate
matorral underbrush
mediatizado subordinated
membrete letterhead
menguado wretched
menospreciar to scorn
mentís refutation
mentón chin
mercado market
metalúrgico metal worker
mezquino meager, mean, stingy, wretched, petty
mimar to pamper, indulge, spoil
mobiliario furniture
mofa derision
momia mummy
moneda coin
monstruo monster
morador inhabitant
morbo corruption
morboso sick
moreno dark-complexioned
morigerado moderate
mozo youth, lad, young person
muslo thigh
nato born, natural
naufragio shipwreck
navaja knife
nefando infamous
nefasto ominous, sad
negar to deny
negrura pessimism
neumático tire (of a car)
nieto grandchild
nimio insignificant
noviazgo engagement
nudo knot
obnubilar to confuse
obús gun
ocasionar to bring about, to cause

ocioso useless, unnecessary
ocultar to hide
oficio missive, message
ojeada glance
ombligo navel
ondear to wave
onomástico of or pertaining to names
oración prayer
ósculo kiss
ovación ovation, praise
pactado agreed to
padecer to suffer, to be a victim of
paisano, de in civilian dress
palabra-clave catch-phrase
palaciego of or pertaining to palaces
paliar to alleviate
pamplina vanity
pancarta placard, poster
pantalla screen
parado unemployed
paraestatal semi-private
paredón wall where convicts are executed by firing squad
parlamentar to argue
paro (noun) strike
párroco parish priest
pasear to take for a walk
pasillo hallway
pasillos, de behind the scenes
pasquín lampoon (graffiti)
patalear to kick
paticorto short-footed
patria native land
patrimonio inheritance
patrio native
payés Catalan peasant
peatón pedestrian
pecar to sin
pelado bald
película movie
pelirrojo redhead
penal prison
pendiente slope
periclitado dangerous
periódico newspaper

perjudicar to damage, to prejudice
perseguido persecuted
persiana venetian blind
persona non sancta undesirable person, pariah
pesadilla nightmare
pesquero fishing boat
petardeo deceit
petulancia flippancy
pie title (of a drawing or chart)
pila, nombre de first name
pinito first attempt
pintada something painted on a wall
pique, irse a to sink, to be ruined
piquete picket
pirotécnico fireworks
pisar to trample
plano, primer foreground
plantear to propose, to pose
pompier unimaginative,
portarse to behave
portavoz spokesperson
portero doorman
potencia power, important and influential nation, force
pradera meadow
precisar to explain
preconizar to proclaim
prédica sermon
predominio predominance
prelado an authority of the church
prensa the press
presa dam
presencia appearance
presidir to preside, to rule
pretender to try, to claim
pretender to try
pretensión claim, effort, pursuit, attempt
previsto foreseen
proa bow (of a boat)
proceder de originate from
proceso trial
procurar to attempt
prohijado adopted

promulgar to proclaim
pronóstico prognostic, prediction
propiciar to propitiate, to facilitate
propicio prone to (do something)
propugnador sponsor
propugnar to defend
prorrogar to extend
proscripto exiled, outlawed, outcast
publicitario advertiser
puente bridge
puntapié kick
puñalada stab
puño fist
pupitre desk
quedarse con to prefer
quiebra bankruptcy
quinta farm
quiosco newsstand
racha de suerte lucky streak
radicar en to be based on
raigambre deep-rootedness
rajatabla, a ruthlessly
rayo thunderbolt
reacción reaction (here, the political right)
reacción reaction, the political right
realizar to carry out
reanudar to restore, to resume
recaer to fall upon
recambio spare part, replacement
recatado discreet
recelo fear, distrust
reclamar to demand
recluido secluded
recolección gathering
recurrir a to resort to
rechazar reject
red network
redacción the editors
redactar to write (an article)
redondear to augment
reflejo reflex
reforzamiento reinforcement
refrenado repressed
refrenar to restrain, curb

regir to govern
rehén hostage
reivindicación claim, demand, reconquest
reivindicar to claim
relajante relaxing
remachar to emphasize
remiendo change
remunerar to pay
renovar to renew
reparto distribution
reportaje news coverage
represalia revenge
represión restraint
reproducción reproduction
resaca hangover
resaltar to emphasize
resquemor resentment
restos remains
resucitar to be resurrected
retaguardia rear guard
retirada retreat
retirar to withdraw
reto threat, challenge
retoño youngster
retraerse to take refuge
retroceder to retreat
revoleo whirling
revolución revolution, the political left
riendas reins
rincón corner
risible laughable
roce friction
roce frequent contact
rodar, irse a to be lost
rodear to surround
rollizo plump
rompecabezas riddle, puzzle
rondón, de uninvited
rozar to border on
rozar to border on
rubor shame
rugido roar
S. M. (Su Majestad) His Majesty
sabiendas, a knowingly

sacudimiento shaking
salida way out of or around some problem
salvedad exception
sangrar to bleed
santoral list of saints
saquear to plunder
saqueo looting
satisfacer to satisfy
saudade (portuguese) nostalgia
secarse dry up
secas, a alone
sede seat (of government), site, location, headquarters
sedicente fake
segar to reap
semanario weekly magazine
semilla seed
seno breast, bosom, core
sentar to seat, to establish
sentido sense; **en ese sentido** thus
SIDA AIDS
sindicato labor union
sintonizar to harmonize
siquiera, ni not even
soberanamente superbly
soberbia haughtiness
sobrado plentiful, excessive
socaire shelter, protection
soez base, mean, vile
soga noose
solapa lapel
solera tradition, standing
soltar to put down
sonado famous
sondeo survey
sorpresa surprise
soslayar to get around something
sostén support
sotana cassock
subsistir to survive
sueldo salary
suelo soil
sufragio vote
superar to surpass

suplicar to implore
surgir to arise, to emerge
taco vulgar word
taconeo clicking of heels
tachar to cross out
tajante cutting, harsh, scathing
tajantemente strictly, totally, absolutely
taller factory
tantear to probe
tasa, sin unmeasurable
telón (theater) curtain
tenacidad tenacity, persistence
tender to knock down
término rank
término medio middle ground
tertulia social gathering
tieso firm, bold; **tenérselas tiesas** to act bravely
timón helm
tirada print run
tomadura de pelo hoax
topar to bump into
tópico cliché
topo mole
topográfica geographical
torpe clumsy, crude
traca string of firecrackers
tramo flight (of stairs)
trance crisis
transeúnte passer-by
transición transition (to democracy)
tras behind
trasero buttocks
trastero attic
trastienda back room
tratar (a alguien) to relate to (someone)
travesura mischief
travieso naughty
trinchera trench (in war)
trinitario three-part
triunfalismo pompous self-confidence
trocar to exchange
tronante thundering

turba mob
turbio muddy
ubicar to locate
ufanamente proudly
úlceras ulcers
urdimbre make up, fabric
urna ballot box
utilizar to use
vagar to wander
vago vagrant
valedor protector
valorar to appraise
valladar defense
vanagloriarse to boast, be proud
vaquero cowboy
vaticinar to predict
vecindad proximity
veda prohibition
vedette star (of a show)

vejar to persecute
verbal oral
verja iron fence, iron gate
vernáculo local language
vesania insanity
vidrioso brittle, touchy
vigencia force, effective period
vigente in force, in power
vinculación bond, tie
vínculo bond, linkage
vitorear to cheer
volcar sobre to revolve around
volcarse hacia to turn to
voluntarioso strong, willful
volverse atrás to reverse oneself
vuelo flare (of a skirt)
yugo yoke, burden
zarandajas foolishness

Glosario onomástico

23-F: El intento de golpe que tuvo lugar el 23 de febrero de 1981.

Abertzales: Nacionalistas vascos; miembros de cualquiera de varios partidos o grupos nacionalistas.

Agustí, Ignacio: Novelista catalán (1913-1974) del ciclo de relatos histórico-novelescos.

Alberti, Rafael: Poeta de la generación de García Lorca, de inspiración popular y surrealista; una de las figuras más altas de la lírica española contemporánea.

Alcázar de Toledo: Batalla de la Guerra Civil. Los militares rebeldes se refugiaron en el Alcázar y allí resistieron los ataques de los republicanos por varias semanas. Por fin fueron rescatados por las tropas de Franco.

Alcázar, El: Periódico de la extrema derecha.

Alfonso XIII: Abuelo del rey Juan Carlos I. Fue rey de España desde 1902 hasta que se proclamó la República en 1931.

Alianza Popular: Una coalición de partidos de derecha, que después de las elecciones de 1989, se convirtió en un solo partido, el Partido Popular (PP).

Alonso, Dámaso: Poeta y filólogo español (1898-1990)

Amín, Idi: Presidente despótico de Uganda de 1971 hasta 1979.

Annobon: Isla de Guinea Ecuatorial. Anteriormente una posesión española.

AP: ver Alianza Popular.

Arafat, Yaser: Líder de la Organización de Liberación de Palestina.

Araquistaín, Luis: Líder socialista durante la Segunda República.

Arias Navarro, Carlos: Presidente del Gobierno bajo Franco y bajo Juan Carlos I, desde 1974 hasta 1976.

Athletic: El equipo de fútbol de Bilbao.

Atocha, matanza de: A fines de enero de 1977, varios derechistas armados asesinaron a cinco abogados laboralistas en un bar de la calle Atocha.

Azaña, Manuel: Escritor y político español, tres veces jefe del gobierno, y presidente del gobierno en 1936.

Baleares: Una comunidad autónoma que consiste de un archipiélago de islas mediterráneas por la costa de Valencia. Las principales islas son Mallorca, Menorca e Ibiza

Barajas: El aeropuerto internacional de Madrid.

Barcelona: Ciudad más grande de Cataluña. Fue la última capital de la República antes del fin de la guerra.

Baroja, Pío: Novelista de la generación de 1898.

Barrio de Salamanca: Barrio elegante de Madrid.

Batallón Vasco Español: Grupo terrorista opuesto a ETA.

Belchite: Ataque republicano en el pueblo de Aragón del mismo nombre. Las fuerzas nacionalistas mantuvieron sus posiciones por varios días antes de rendirse. Fue el último éxito de la ofensiva republicana en Aragón.

Boff, Leonardo: Teólogo brasilero; uno de los creadores de la teología de liberación, una doctrina que sostiene que Cristo es el redentor de los pobres.

Bolchevique: Miembro del sector mayoritario del partido comunista ruso.

Borbones: Dinastía posterior a la de los Habsburgos, instaurado por Felipe V después de la guerra de Sucesión. La familia real española actual sigue perteneciendo a la dinastía de los Borbones.

Brunete: Batalla que tuvo lugar en julio de 1937 cerca de Madrid. Aunque la importancia estratégica del lugar era mínima, la batalla duró tres semanas y hubo miles de muertos. Se recuerda Brunete por el heroísmo y lo trágico del episodio.

Buck, Pearl S: Novelista norteamericana (1892-1973). Premio Nóbel 1938.

Buero Vallejo, Antonio: Dramaturgo español a quien se debe un esfuerzo por modernizar el teatro contemporáneo.

Burgos, Antonio: Escritor español conservador nacido en 1943. Redactor del ABC de Sevilla.

Burgos: Ciudad de Castilla donde los Nacionalistas establecieron su capital durante la guerra.

Calderón de la Barca, Pedro: Dramaturgo español. Una de las figuras máximas del siglo de oro. Autor de *La vida es sueño.*

Calvo Sotelo, José: Jefe del partido político monárquico de Renovación Española en 1935. Su asesinato, en julio de 1936, fue una importante señal de la guerra civil.

Campaña del norte: Al comienzo de la guerra la zona central del norte estaba aliada con la República. Las fuerzas nacionalistas lograron primero separar el norte del resto de la zona republicana, y por fin conquistar completamente este territorio

Carlista, Partido: Partido Político. El nombre se basa en el movimiento de los partidarios de don Carlos, un pretendiente al trono en el siglo diecinueve. Es asombroso encontrar en Izquierda Unida a este partido porque el carlismo está basado en el absolutismo.

Carmen: Ópera de Bizet que presenta escenas estereotípicas españolas en lo que se refiere a toreros, soldados, pasión y muerte.

Carrero Blanco, Luis: Almirante y político español (1903-1973). Fue presidente del gobierno bajo Franco, en 1973, poco antes de su asesinato por ETA.

Carrillo, Santiago: Líder importante del Partido Comunista durante la República y la guerra. Vivió en el exilio hasta después de la muerte de Franco. Volvió a España después de 40 años, y después de una serie de disputas, decidió abandonar el partido.

Castro, Américo: Crítico, ensayista y filólogo español.

Castro, Fidel: Jefe de Estado de Cuba.

Cataluña: Región y Comunidad Autónoma en el noreste de España.

Ceausescu, Nicolás: Presidente tiránico de Rumania. Condenado a muerte en 1989 después de una rebelión popular contra el gobierno comunista.

CEDA: Confederación Española de Derechas Autónomas. Partido conservador durante la Segunda República.

CEE: Comunidad Económica Europea. Asociación creada en 1957 para formar un mercado común en Europa. España fue admitida en 1986.

Cela, Camilo José: Escritor español realista. Premio Nóbel 1989.

Cervantes, Miguel de: (1547-1616) Figura máxima de las letras españolas. Autor del *Quijote* (1605).

Ceuta: Posesión española en la costa de Marruecos.

Cid, Poema del: Poema épico español del siglo XIII.

Círculo Tradicionalista: Grupo conservador del norte de España de las épocas de la Segunda República y Guerra Civil.

CiU: v. Convergencia y Unión.

CNT: Confederación Nacional del Trabajo. Una de las centrales sindicales obreras españolas. Fundada en 1910.

Comunismo: Doctrina formulada por Marx y Engels que interpreta la historia como lucha de clases regida por el materialismo. Doctrina que propugna una organización social en que los medios de producción son propiedad común.

Concordato: Acuerdo entre el Vaticano y un estado. En este caso se trata del concordato firmado por Franco en 1953.

Convergencia y Unión: Coalición importante de Cataluña, cuyo líder, Jordi Pujol, tiene mucha influencia en la política de la región y española en general.

Corsos: Nativos de Córsica, posesión francesa en el mediterráneo.

Cortes franquistas: Las Cortes españolas son el órgano legislativo más importante en el régimen español. Las Cortes franquistas se establecieron en 1942. Su papel era preparar las leyes, pero el Jefe del Estado (Franco) decidía en última instancia.

Costa del Sol: Región turística en la costa mediterránea del sur de España. Conocida por sus playas.

Cruzados: Literalmente, soldados que tomaron parte en las cruzadas. Aquí se usa sarcásticamente para referirse a los curas y su papel durante la guerra civil.

Cuixart, Modesto: Pintor, grabador y dibujante de Barcelona que obtuvo varios premios en el extranjero.

Chaplin, Charles: Actor y director cinematográfico inglés (1899-1977).

Churchill, Winston: Primer Ministro de Gran Bretaña durante la segunda guerra mundial. A pesar del papel heroico que desempeñó durante la guerra, perdió las elecciones que tuvieron lugar un poco después de la conclusión de la guerra.

De Gaulle, Charles: General y estadista francés. (1890-1970) Elegido presidente en 1958 y 1965.

Democristianos: Partidarios de la Democracia Cristiana, filosofía política basada en el concepto de que el poder pertenece al pueblo, y que éste, en su gobierno, debe aplicar los principios cristianos contenidos en el Evangelio.

Derechos del Hombre: Documento escrito en el año 1772 en Francia para estipular y proteger los derechos del ciudadano como tal, pero sobre todo como persona.

Díaz, José: Secretario del Partido Comunista Español durante la Guerra Civil.

Díaz-Plaja, Guillermo: Crítico literario español; hermano del autor de este libro.

Ebro: Batalla de julio de 1938 a orillas del río del mismo nombre. Las fuerzas republicanas atacaron una saliente de los nacionalistas durante un período de más de tres meses. Generalmente se considera un último esfuerzo de una causa perdida.

Eje: Alianza entre Alemania e Italia (1936) a la que se unieron Japón y otros países europeos.

Enders, Thomas: Embajador estadounidense a España durante el mandato de Ronald Reagan.

Escrivá de Balaguer, Josemaría: Prelado español. Fundador del Opus Dei.

Esperanto: Lengua internacional inventada en 1887; no ha tenido mucho éxito.

Esquerra Republicana de Catalunya: Partido político español que defiende un catalanismo de izquierda. Fundado en 1931.

Estát Catalá: Partido separatista catalana fundada en 1922.

Estatuto: Ley que otorga ciertas libertades a las regiones del País Vasco y Cataluña.

Estoril: Ciudad en Portugal donde vivió el pretendiente don Juan en exilio.

Estrecho de Gibraltar: Entrada al mar Mediterráneo desde el Atlántico.

ETA: *Euskadi Ta Azkatasuna* (País Vasco y Libertad). Movimiento separatista vasco con orientación hacia la acción terrorista.

Etarra: Miembro de ETA.

Euskera: Vascuence. La lengua hablada en el país Vasco.

Euzkadi: Nombre en vascuence que se da al País Vasco.

Falangista: Miembro de la Falange Española, o persona con ideas políticas similares a las de aquella organización. La Falange fue un movimiento político de orientación fascista, o sea totalitario, de derecha, anticomunista y basada en las siguientes máximas: «Todo en el Estado, nada contra el Estado, nada fuera del Estado y el líder siempre tiene razón».

FE: Falange Española. El nombre del movimiento fascista en España.

Felipe, príncipe: Felipe de Borbón, príncipe de Asturias, actual heredero al trono español.

Fernández Miranda, Torcuato: Presidente de las Cortes y del Consejo del Reino durante la época de la transición. Fue figura clave en el nombramiento de Adolfo Suárez como Presidente y en el proceso de la reforma política en general.

Fernando Poo: Isla de la Guinea Ecuatorial. Anteriormente posesión española.

Figueras: Ciudad al noreste de España, cerca de Francia, que podría usarse para montar acciones terroristas en ese país.

Flechas y Yugo: Emblema de los Reyes Católicos tomado por la Falange Española. Figuró en el escudo de España hasta que fue suprimido en 1981.

Flechas: Falangistas.

Fraga Iribarne, Manuel: Político español que ocupó varios cargos en el régimen de Franco. Después fue líder de la Alianza Popular durante varios años.

Franquismo: Régimen político dictatorial que impuso el General Franco después de su victoria en la guerra civil (1936-1939). El régimen prohibió los partidos y los sindicatos y entregó al jefe del Estado (Franco) la totalidad del poder real.

Gadafi, Muamar: Jefe de estado de Libia. Derrocó al rey en 1969 e instauró una república de tipo socialista, que se ha convertido en una dictadura.

GAL: Grupos Antiterroristas de Liberación. Nombre por el que se conoce a varias campañas extraoficiales e ilegales de las fuerzas policiales de España contra ETA.

Gala, Antonio: Poeta y dramaturgo español que nació en 1937.

Gallego, Ignacio: Comunista leninista quien se oponía a la evolución del partido. Era partidario del modelo soviético.

García Lorca, Federico: Poeta andaluz (1898-1936). Su creación poética es de calidad excepcional. Murió en condiciones trágicas durante la Guerra Civil.

García Lorca, Francisco: Hermano del poeta Federico. Profesor que se refugió en EE.UU.

Gibraltar: Posesión británica en el sur de España.

Gironella, José María: Novelista español que nació en 1917.

Gobierno socialista: ie., el gobierno de Felipe González.

Gomá y Tomás, Cardenal: Arzobispo de Toledo durante la Guerra Civil; principal portavoz de la iglesia católica en su apoyo de la causa nacionalista.

Góngora, Luis de: Poeta barroco (siglo XVII), máximo exponente del *cultismo* y *culteranismo*. Autor de *Las Soledades*.

González, Felipe: Líder del PSOE, y Presidente de Gobierno desde 1982 hasta 1996.

Gorbachov, Mijail: Secretario General del Partido Comunista de la URSS desde 1985 hasta la disolución de la URSS. Recibió el Premio Nóbel de la Paz en 1990.

Grandes de España: La elite de la aristocracia castellana a partir de Carlos I. Disfrutaban del privilegio de permanecer cubiertos en presencia del rey.

GRAPO: Grupo Revolucionario Antiterrorista Primero de Octubre.

Guadalajara: Ciudad al noreste de Madrid que formó parte de la rebelión nacionalista en 1936 y que después fue ocupada por milicias republicanas. Fue uno de los sitios críticos en la defensa de Madrid.

Guardia Civil: Fuerza armada encargada del mantenimiento del orden en España. Ha sido una institución poderosa y simbólica — instrumento de represión, víctima de las violencias anarquistas y separatistas, uno de los principales apoyos del régimen franquista.

Guardia Mora: Guardia marroquí personal de Francisco Franco durante la Guerra Civil.

Guernica: Ciudad de España, capital política de Vizcaya. A la sombra de su famoso roble juraban los reyes respetar los fueros del pueblo vasco. En 1937 sufrió un bombardeo brutal dirigido por fuerzas alemanas. Inspiró a Pablo Picasso un cuadro famoso que estuvo en Nueva York desde 1939 hasta 1981, y ahora está en el Museo del Prado.

Guerra, Alfonso: Vicepresidente de gobierno bajo González hasta renunciar en 1991. Sigue en su cargo de Vicesecretario del PSOE.

Guerrilleros de Cristo Rey: Grupos de terroristas que durante el franquismo cometían actos de represión que el gobierno no quería llevar a cabo abiertamente.

Guinea: República de África occidental.

Guinovart, José: Pintor español expresionista.

Historia de España en sus Documentos: Un libro de Fernando Díaz-Plaja en el que se presentan documentos originales de la Guerra Civil.

Hitler, Adolfo: Caudillo o Führer del III Reich alemán. Sus agresiones provocaron en 1939 la segunda guerra mundial.

Hoare, Samuel: Embajador de Gran Bretaña en España durante la segunda guerra mundial.

Ifni: Región de Marruecos ocupada por España de 1934 a 1969.

Iglesias, Pablo: Fundador del PSOE y de la Unión General de Trabajadores.

Imperio Español: Conjunto de posesiones de España durante su período de mayor poderío y prestigio mundial. Se usa la palabra también para referirse a este período (1469-1716).

Isabel II de España: Reina de España cuya elevación al trono provocó la primera Guerra Carlista (1833-1839).

Isabel II de Gran Bretaña: Reina de Gran Bretaña desde 1952.

Isabelino: Durante la primera guerra carlista, España se dividió en dos bandos. El primero apoyaba la subida al trono de Isabel II, que se acompañaría con la eliminación de influencias extranjeras.

Islam: Religión y civilización de los musulmanes; el mundo árabe.

Izquierda Republicana: Una alianza del partido Acción Republicana de Azaña con los Radicales Socialistas y los autonomistas gallegos.

Izquierda Unida (IU): Una coalición de partidos en la actualidad que intenta unificar los varios partidos pequeños de la izquierda.

Jomeini: Jefe religioso iraní (1902-1989). Dirigió la oposición al régimen del Sha y estableció una república islámica en 1979.

JONS: Juntas de Ofensiva Nacionalsindicalista. Grupo fascista fundado en 1931 con algunos de los símbolos (las flechas y el yugo) y lemas (España, Una Grande y Libre) que después se asociarían con el franquismo.

José Antonio: ver Primo de Rivera.

Juan de Borbón, don: Hijo del último rey (Alfonso XIII) y padre de Juan Carlos I. Conde de Barcelona y heredero al trono a la muerte de su padre. Renunció a favor de su hijo en 1977.

Juanista: Partidario de don Juan de Borbón.

La Clave: Programa de televisión seguido de discusión en la época del franquismo tardío.

La Codorniz: Revista satírica de la época del franquismo.

Laforet, Carmen: Novelista española que obtuvo en 1944 el Premio Nóbel con su novela *Nada*.

Laiglesia, Álvaro de: Humorista español (1918-1981). Autor de novelas y obras de teatro.

Largo Caballero, Francisco: Líder socialista de la Segunda República. Presidente de gobierno en 1936.

Le Monde: Periódico francés de gran reputación internacional.

Legión Cóndor: Una unidad aérea alemana que participó en la Guerra Civil al lado de los nacionalistas.

Leguina, Joaquín: Presidente socialista de la comunidad autónoma de Madrid.

León: Antiguo reino de España que se unió con Castilla en 1230; región de la España actual; con Castilla la Vieja forma la Comunidad Autónoma de Castilla y León.

Ley de Prensa de Fraga: Ley promulgada durante el franquismo que estableció algún grado de independencia de la prensa, pero que no llegaba a lo que se puede llamar libertad de prensa.

Liberales: Partidarios de una filosofía política que postula el desarrollo máximo de las libertades individuales, se opone a todo absolutismo o totalitarismo, proclama la separación de poderes y combate la planificación en la economía. El término *liberal* en inglés, y sobretodo en EE UU, se usa en referencia a los partidarios de todas estas doctrinas menos la última. El llamado *liberal* estadounidense se muestra a favor de un nivel muy avanzado de planificación económica.

Libia: Estado de África del norte.

Líster, Enrique: General comunista durante la Guerra Civil, y líder de un grupo pequeño comunista.

Lope de Vega, Félix: Dramaturgo español (1562-1635). Escribió mas de mil quinientas comedias, varias de las cuales se incluyen entre las obras maestras del teatro español.

López Ochoa, General Eduardo: Inspector General del Ejército en Asturias en 1934 cuando tuvo lugar la rebelión de los mineros. Según la caracterización de Tuñón de Lara, López Ochoa llevó a cabo el control de la rebelión con excesiva violencia. Otros opinan lo contrario. Incluso fue criticado por los derechistas por su tratamiento humanitario de los mineros.

Luis XV: Rey de Francia entre 1715 y 1774. Se le atribuye a él la frase *Après moi le deluge*.

Lutero, Martín: Reformador religioso de Alemania (1483-1546). Excomulgado por el Papa Leon X en 1520.

Machado, Manuel: Hermano de Antonio, poeta lírico modernista.

Machado, Antonio: Poeta español nacido en Sevilla. Su obra se caracteriza por la sobriedad y emoción.

Madrid de 1936: En noviembre de 1936 la ciudad de Madrid resistió el saqueo de las tropas nacionalistas, demostrando gran heroísmo frente a los brutales bombardeos de barrios residenciales.

Mahoma: Fundador del islamismo.

Maragall, Juan: Poeta de lengua catalana.

March, Ausias: Poeta valenciano.

Marcha Verde: Una migración de 350,000 civiles marroquíes a la Zahara Occidental en noviembre de 1975. Demostró el poder de Marruecos en la región y precipitó la cesión de la zona por España.

Mari Carmen: Nieta de Franco.

Marinaleda: Pueblo andaluz a la vanguardia de las reformas agrarias.

Marruecos: Reino de África del norte.

Martínez Bordiú: Yerno de Franco.

Marx, Carl: Filósofo, sociólogo y economista alemán (1818-1883). Fundador del socialismo scientífico. Autor (con Federico Engels) del *Manifiesto del Partido Comunista*. Expuso su doctrina en contra del capitalismo en *Das Kapital*.

Masonería: (*Freemasonry*). Asociación secreta de personas que profesan principios de fraternidad mutua.

Matesa: Maquinaria Textil del Norte de España. Compañía que fue el centro de un escándalo en 1969 al descubrirse que los subsidiarios latinoamericanos de la compañía habían puesto pedidos falsos con el propósito de generar créditos de exportación fraudulentos.

Maugham, William Somerset: Escritor inglés (1874-1965). Autor de novelas y de obras de teatro.

Maura, Miguel: Político español. Bajo la República firmó un mandato contra la Monarquía y fue nombrado Ministro de la República pero al comenzar la guerra civil, se marchó al extranjero, alejándose de ambos bandos.

Mauriac, Francois: Autor francés, católico, y antifranquista.

Meirás, Señora de: Viuda de Francisco Franco. Título concedido por Juan Carlos I.

Melilla: Puerto de soberanía española en Marruecos.

Mercado Común: Nombre no oficial con el que se suele designar a la Unión Europea.

Mihura, Miguel: Humorista y escritor de comedias (1906-1977).

Mil y Una Noches: (*Arabian Nights*). Una colección de unos 200 cuentos, incluyendo las aventuras de Aladino, Alí Babá y Sinbad. El uso aquí es para indicar que se presentaron muchas excusas.

Milans del Bosch: Teniente general en Valencia que promulgó el estado de guerra en aquella ciudad. Se supone que fue el líder del intento de golpe del 23-F.

Mingote, Antonio: Dibujante y escritor español. Autor de una labor gráfica de gran inventiva y humor refinado.

Mirador de Barcelona: Una revista catalana de la época de la Segunda República.

Miró, Joan: Pintor español de tendencia surrealista.

Mitterrand, François: Político socialista francés; presidente de la república en 1981.

Mola, Emilio: General español que en 1936 asumió el mando del ejército nacionalista en Navarra.

Monárquicos: Partidarios de la monarquía.

Moncloa: Residencia del presidente de gobierno español.

Montejurra: Un monte en Navarra que había sido teatro de sangrientos combates en las guerras carlistas. En 1976, cuando los carlistas hacían su peregrinación anual al lugar, fueron atacados por una banda de derechistas armados.

Montjuich: Castillo fortificado que domina la ciudad de Barcelona.

Mosén Millán: Personaje central de *Requiem por un campesino español* de Ramón Sender. Mosén Millán es un cura de la época de la Guerra Civil que por su identificación con las clases altas traiciona a un campesino después del levantamiento de 1936.

Movimiento Nacional, El: La organización política que durante la época de Franco fue la única que era legal.

Múgica Herzog, Enrique: Dirigente socialista. Ha sido ministro de justicia en el gobierno de González.

Mussolini, Benito: Dictador de Italia en la época de la Guerra Civil española. Fundador y jefe del Partido Fascista.

Negrín, Juan: Médico y político español. Jefe del Gobierno de la República durante la Guerra Civil.

Nixon, Richard M:. Presidente de EE UU 1969-1974. Había sido candidato antes contra John Kennedy, quien ganó las elecciones de 1960. Díaz-Plaja se refiere aquí al éxito de 1968 después de ser vencido en 1960.

OLP: *Organización para la Liberación de Palestina.* Grupo político que intenta establecer un estado palestino. Su líder es Yáser Arafat.

ONU: *Organización de las Naciones Unidas.* Organización mundial que agrupa a prácticamente todos los países del mundo, cuyo propósito es el mantenimiento de la paz y seguridad internacionales.

Ortega y Gasset, José: Pensador y escritor español (1883-1955). Periodista español de la época de la Segunda República. Conocido por sus obras políticas.

Orteguiano: De José Ortega y Gasset, Díaz-Plaja se refiere aquí a su concepto del individuo y su relación al ambiente en que vive.

Osorio y Gallardo: Abogado católico y liberal.

OTAN: *NATO — North Atlantic Treaty Organization.* Un acuerdo militar entre los países de Europa Occidental y EE UU.

Palencia: Una ciudad de León que está cerca de Castilla.

Pamplona: Capital de la Comunidad Autónoma de Navarra. Famoso por la Fiesta de San Fermín y el encierro de los toros.

Paracuellos de Jarama: Un pueblo cerca de Madrid donde los republicanos asesinaron a muchos presos políticos en noviembre de 1936.

Pardo, El: Residencia de Francisco Franco.

Partido Nacional Vasco: Uno de varios partidos locales que promueven sobre todo los intereses de regiones específicas.

Partido Popular: Durante la transición, el partido de la derecha democrática.

Partido Socialista Obrero Español: Partido socialista de España. Era un partido importante durante la Segunda República y tuvo éxito otra vez en las elecciones de 1982.

Pascua Militar: Ceremonia religiosa celebrada por el rey con los altos mandos de las fuerzas armadas.

Pasionaria, La: Dolores Ibárruri, dirigente comunista.

Paso del Ebro: Véase *Ebro.*

PCE: Partido Comunista Español.

Pemán, José María: Autor y orador conservador español (1898-1981).

Pentágono: Nombre que se usa para referirse al estado mayor (jefatura de las fuerzas armadas) de EE UU.

Peñón, el: Gibraltar

Peres, Simón: Político israelí. Presidente del Partido Laborista. Primer Ministro de 1984 a 1986. También sirvió de Primer Ministro en funciones después del asesinato de Yitzak Rabín en 1995.

Pérez Galdós, Benito: Autor de novelas realistas. (1843-1920) Creador de personajes y situaciones llenos de humanidad.

Perich, Jaume: Dibujante de humor. Desde 1966 trabaja en la prensa. Por sus dibujos desarrolla una idea de la actualidad española.

Peridis: (José María Pérez González) Dibujante de humor de caricaturas políticas.

Picasso, Pablo: Pintor español (1881-1973) de diversos géneros — cubismo, surrealismo, composiciones abstractas, expresionismo (ver *Guernica*).

Pinochet, Augusto: General chileno. Jefe de la junta militar que se hizo cargo del poder en 1973.

Piñar López, Blas: Uno de los líderes principales de los *inmovilistas*, grupo que quería mantener vivo el franquismo después de la muerte del Caudillo.

Pirineos: Cadena de montañas entre Francia y España.

PNV: v. Partido Nacional Vasco.

Policía Armada: Quizás el grupo más odiado durante el franquismo. Llevaban armas de asalto y uniformes grises y eran un símbolo de la represión.

POUM: Partido Obrero de Unificación Marxista. Grupo de extrema izquierda fundado en 1935.

PP: v. Partido Popular

Prieto, Indalecio: Líder socialista y varias veces ministro durante la Segunda República.

Primo de Rivera, José Antonio: Abogado y político español (1903-1936). Fundador de la Falange Española. Fusilado en Alicante durante la guerra civil.

PSOE: v. Partido Socialista Obrero Español.

Queipo de Llano: General Nacionalista en Sevilla.

Quevedo, Francisco de: Famoso dramaturgo español del siglo de oro.

Quijote: El personaje literario, creado por Miguel de Cervantes (1547-1616), que antepone sus ideales a su conveniencia y obra en defensa de causas que considera justas, muchas veces sin éxito. Es el prototipo del idealista español. A través de este personaje y su compañero Sancho Panza, Cervantes expresa gran cantidad de aforismos que forman una parte importante de la cultura europea (véase por ejemplo la sección de Cervantes en Bartlett: *Familiar Quotations*, Boston: Little, Brown, and Company, 1937).

Reagan, Ronald: Actor y político estadounidense. Presidente desde 1981 hasta 1989)

Rebelión de Asturias de 1934: Rebelión de los mineros y obreros de Asturias contra el gobierno de derecha que fue elegido en ese año. Fue un conflicto sangriento sobre el que persiste cierta controversia.

Roca, Miguel: Político catalán de buena presencia y presentación.

Rojas Zorrilla, Francisco de: Dramaturgo español (1607-1648). Autor destacado de la escuela de Calderón.

Rotterdam: Ciudad de Holanda que fue atacada en 1940 por la aviación alemana.

Ruedo Ibérico: Editorial fundada en París hacia 1958 por intelectuales españoles exiliados.

Sahara español: Territorios africanos que formaron una provincia española hasta 1976.

Salazar, Antonio de Oliveira: Dictador portugués. Presidente del Consejo de Ministros desde 1932 hasta 1968.

Sánchez Román: Jurista de izquierda moderada.

Sánchez Albornoz, Claudio: Escritor de libros de historia, presidente de la República en el exilio.

Sanjurjo, José: General español (1872-1936) que se sublevó contra la república en 1932 y que murió en un accidente de aviación cuando se preparaba para encabezar el alzamiento de 1936.

Segunda República: Régimen de gobierno que existió en España desde 1931 hasta 1939.

Segundo Concilio Vaticano: Asamblea de obispos y doctores en teología convocada por el Papa Juan XXIII en 1962, y que promulgó varios cambios en la doctrina católica que no agradaban a los tradicionalistas, entre ellos los franquistas.

Segura, Cardenal: Arzobispo de Burgos en 1928 y después Cardenal. Adoptó una actitud beligerante frente a las leyes laicas de la Segunda República. Fue detenido y expulsado por las autoridades republicanas y durante la guerra regresó y ocupó la sede de Sevilla.

Sender, Ramón: Novelista español (1902-1982)

Separatismo: Deseo de algunos grupos e individuos de que una región como el País Vasco o Cataluña se separe totalmente de España para formar un estado independiente.

Serra, Narcís: Ministro de defensa en el gobierno de Felipe González desde 1982 hasta 1991. Después fue nombrado Vice-Presidente.

Serrano Suñer, Ramón: Cuñado de Franco; dirigió la formación de un fuerte gobierno central nacionalista en el que ocupó varios cargos (Ministro de Interior, 1938; Ministro de Relaciones Extranjeras 1940-1942).

Sevilla: Ciudad principal de Andalucía.

Sionista: Partidario del movimiento para la formación de un estado judío moderno en Palestina.

Sofía de Grecia: Actual Reina de España.

Stalin, José: Dictador soviético. Comisario del Pueblo después de la Revolución de Octubre de 1917 y luego secretario general del Partido Comunista.

Suárez, Adolfo: Político español. Líder de la Unión de Centro Democrático y Presidente de Gobierno desde 1976 hasta 1981. Había sido nombrado por Juan Carlos I después de la muerte de Franco y fue elegido en 1977 y 1979.

Tánger: Puerto de Marruecos en el Estrecho de Gibraltar.

Tàpies, Antoni: Pintor catalán de cuadros de intenso dramatismo.

Tarancón, Enrique y, Cardenal: Arzobispo de Toledo en 1964 y Cardenal en 1969. Miembro de la Real Academia de la Lengua española. Se caracterizaba por una viva preocupación social y pastoral.

Tejero: Coronel que con guardias civiles atacó el Congreso de los Diputados en 1981 y tuvo preso al gobierno durante varias horas.

Televisión Española (TVE): Grupo de emisoras de televisión. Son las emisoras oficiales del gobierno y hasta recientemente las únicas en España.

Terra Lliure: Organización política de Cataluña, independentista y violenta.

Tharrats, Joan Josep: Pintor español de Cataluña de obras abstractas a base de papeles recortados.

Thomas, Hugh: Autor de *The Spanish Civil War*—considerado por muchos como el mejor análisis de la Guerra Civil.

Tirso de Molina: Escritor español (1584-1648). Creador de la figura de don Juan.

Torrejón: Base aérea estadounidense cerca de Madrid.

Torrente Ballester, Gonzalo: Escritor gallego. Autor de novelas, obras de teatro y ensayos literarios.

Tradicionalistas: Carlistas.

Tuñón de Lara, Manuel: Historiador español; afiliado a juventudes comunistas en 1932; internado en un campo de concentración en 1939. Se exilió a París en 1946.

TVE: ver Televisión Española.

UCD: Unión de Centro Democrático. Partido del centro que ganó las primeras dos elecciones después de la muerte de Franco.

UGT: Unión General de Trabajadores; federación de sindicatos fundada en 1882; asociada con los socialistas.

UMD: Unión Militar Democrática. Grupo de militares que durante la transición trataron, sin mucho éxito, de efectuar una reconciliación entre las fuerzas militares y la democracia

Unamuno, Miguel de: Escritor, filósofo, y profesor vasco; figura máxima de la generación del '98.

Valencia: Ciudad más grande de la región del mismo nombre en la costa mediterránea. Fue el lugar donde se llevó a cabo una parte importante del intento de golpe del 23 de febrero de 1981.

Valladolid: Ciudad principal de Castilla la Vieja.

Valle de los Caídos: Enorme monumento-mausoleo creado cerca de Madrid por Francisco Franco para conmemorar la Guerra Civil.

Vallejo, César: Escritor peruano que sobresale por su obra poética y por su obra político-social.

Varsovia: *(Warsaw, Poland)* Capital de Polonia. La ciudad fue casi totalmente destruida durante la segunda guerra mundial.

Vaticano: La Ciudad Vaticana; un estado independiente en Roma que sirve de sede de la Iglesia católica.

Vergara, Abrazo de: Vergara es una villa de España (Guipúzcoa) donde se verificó en 1839 la reconciliación entre carlistas y liberales.

Vidal y Barraquer, Cardenal: Arzobispo de Tarragona. Principal prelado progresista durante los veinte y treinta. Apoyó las aspiraciones separatistas catalanas y en 1936 salió exiliado de España.

Vilanova, Royo: Político conservador de la época de la Segunda República.

Vitoria: Ciudad del País Vasco en el norte de España, donde murieron cinco obreros cuando la policía disparó sobre una manifestación.

Zaragoza, Academia General de: Academia militar en España.

Zarzuela: Residencia de los reyes Juan Carlos I y Sofía.

Zilahi, Lajos: Novelista húngaro (1891-1974)

Lecturas suplementarias

Brenan, Gerald. 1964. *The Spanish Labyrinth*. (London: Cambridge University Press) [Análisis del fondo político y social de la Guerra Civil.]

Busquets, Julio, et. al. 1981. *El golpe*. (Barcelona: Ariel) [Los eventos y las causas del golpe de febrero de 1981]

Carr, Raymond y Juan Pablo Fusi. 1979. *Spain: Dictatorship to Democracy*. (London: Hyman) [Énfasis en aspectos sociales y culturales de la transición.]

Díaz-Plaja, Fernando. 1996. (Madrid: Alianza Editorial) *El español y los siete pecados originales*. [Una presentación humorística y cariñosa de la personalidad del español.]

Donaghy, Peter J. and Michale T. Newton. 1989. *Spain: A guide to political and economic institutions*. (Cambridge: Cambridge University Press) [Descripción de todas las instituciones importantes del estado y del gobierno, de política, del sector público, de los sindicatos, de las asociaciones empresariales y de las entidades financieras.]

Fernández-Miranda, Pilar y Alfonso. 1995. *Lo que el Rey me ha pedido*. (Barcelona: Plaza & Janés) [Memoria de la transición basada en los archivos personales de Torcuato Fernández-Miranda, el «director» de la transición. Escrito por parientes suyos, el libro es a veces un poco pesado en sus esfuerzos de justificar y enaltecer todo lo que ha hecho Fernández-Miranda, pero contiene una narración detallada y muy interesante de los acontecimientos básicos de la transición.]

Hooper, John. 1987. *Los españoles de hoy*. (Madrid: Javier Vergara) [Comentarios sobre varios aspectos de la España contemporánea. Incluye capítulos sobre muchos de los temas tratados en este libro: la transición, la Monarquía, el ejército, el estado de las artes, la religión y la Iglesia, la revolución sexual y las autonomías. También existen dos ediciones en inglés publicadas por Penguin Books: *The Spaniards* y *The New Spaniards*.]

Jackson, Gabriel. 1965. *The Spanish Republic and the Civil war*. (Princeton: Princeton University Press) [Un análisis de la época de la Segunda República y las causas de la Guerra Civil.]

Kattán-Ibarra, Juan. 1993. *Perspectivas culturales de España*. (Lincolnwood, Illinois: National Textbook Co.) [Libro de historia y cultura españolas presentadas para el alumno avanzado.]

Madariaga, Salvador de. 1943. *Spain*. (New York: Creative Age Press) [Uno de los libros clásicos para todos los estudiantes de España del siglo veinte.]

Payne, Stanley G. 1976. *La revolución y la Guerra Civil española.* (Madrid: Ediciones Jucar) [Incluye comentario sobre la Guerra Civil protagonizada por la derecha y la revolución que fue la lucha por parte de la izquierda.]

Powell, Charles T. 1991. *El piloto del cambio.* (Barcelona: Planeta) [Comentario sobre el Rey, la Monarquía y la transición.]

Preston, Paul. 1986. *El triunfo de la democracia en España.* (Barcelona: Plaza y Janés) [Un relato bastante completo de los acontecimientos políticos más importantes de la transición.   La versión original en inglés, *The Triumph of Democracy in Spain* fue publicado en 1986 por Methuen Press (London & New York)]

Thomas, Hugh. 1961. *The Spanish Civil War.* (New York: Harper & Row) [El libro más conocido y citado sobre la Guerra Civil.]

Tussell, Javier y Justino Sinova. 1992 *La década socialista.* (Madrid: Espasa Calpe) [Aspectos de la época de Felipe González, con capítulos sobre el tema autonómico, la política exterior y las relaciones entre la Iglesia y el estado.]

Vicens Vives, J. *Aproximación a la historia de España.* (Barcelona: Vicens-Vives) [Un libro de bolsillo que trata en menos de 200 páginas las líneas generales de la historia de España desde los primeros pobladores hasta comienzos de la Segunda República.]

ABOUT THE AUTHORS

Fernando Díaz-Plaja was born in Barcelona in 1918, and thus experienced the Civil War years as a young man. He received the Doctorate in Philosophy and Letters (History) from the University of Madrid. He has taught in Italy, Germany, United States, Brazil, and Spain. He has written more than ninety books dealing with Spanish history, letters, and society. Two recent publications that may be of interest to the reader are **La Segunda República: Primeros pasos** (Barcelona: Planeta, 1995) and **La vida cotidiana en la España de la Guerra Civil** (Madrid: EDAF, 1994). Professor Díaz-Plaja is a corresponding member of the Real Academia de la Historia.

William W. Cressey lived in Latin America as a child and spent his Junior Year at the University of Madrid. He holds a doctorate in Spanish linguistics from the University of Illinois and has held faculty appointments at the University of Michigan, the University of Hawaii, and Georgetown University, where he served as Director of International Programs for thirteen years. He has published extensively in theoretical and applied linguistics and language teaching methodology. He is currently Vice President and Chief Academic Officer of the Council on International Educational Exchange.